岩波現代文庫

定本

酒呑童子の誕生

もうひとつの日本文化

髙橋昌明

Masaaki Takahashi

学術 424

JN053617

岩波書店

掲載図の所蔵・出典は各図の解説に付したが、本文との関連上、二点については次のように省略表記した。

＊逸翁美術館所蔵『大江山絵詞』――逸本

＊サントリー美術館所蔵『酒伝童子絵巻』――サ本

はじめに

いまは昔、酒呑童子《しゅてんどうじ》とつきあいだして間もない頃だった。髙橋さん、酒呑童子というのは、丹後に漂着したシュタイン・ドッチというドイツ人で、彼が飲んだという人の生き血は、赤ぶどう酒だったという説、知ってますか――当時職場の同僚だった考古学者の都出比呂志氏から、そう声をかけられた。なるほど、とは思ったが、私の模索はすでに別の方向に走り出していたので、できた話だという以上にはゆかず、この時はいわば聞き捨てになった。

その後長い長い休眠期間をおいて、再び酒呑童子の謎解きに取り組みだしたある日、作家の永井路子氏から、村上元三氏にシュタイン・ドッチの登場する「酒顚童子」という短編があり、掲載誌は『週刊朝日』の一九五二年(昭和二七)秋期増刊号、との情報をいただいた。コピーを入手すると、なるほどドッチは、フランドルの貴族で冒険家、宋からジパングに渡ろうとして嵐で丹後に漂着、山賊の頭目になった、との筋である。改めて都出氏にたずねたところ、氏は私に語った内容を、ラジオ放送で聞かれたそうで、出所はこの短編かもしれない。しかし、村上氏のものには、赤ワインの一件は出てこない。ちょっと違う。

さらに数カ月後、丹後の現地調査におつき合いいただいた、地元宮津市の大石信氏から、いろいろ教わるところがあった。氏の世代は、童子は丹後の浜辺に漂着した西洋人、と両親や祖父母から聞いたという。大石氏の生まれ年から計算すると、話は大正から昭和初年には、現地で語られていたことになる。

また、これも氏から教えていただいたものだが、一九二八年(昭和三)発表の小川寿一氏の「大江山伝説考」に、「この髪赤しの形容が童子を丹後の海辺に漂着した西洋人を思はせてゐる」「日本海に漂流して丹後海辺に漂着した西洋人がこの山に入り込んで、葡萄酒を飲んでゐた。それを血を飲んだと思ひこんだのかもしれぬ」とある。

多分それを意識しているのであろう、九年後の藤沢衛彦著『日本伝説研究』にも、「或者は、彼こそ丹後の海辺に漂流した西洋人であつて、髪赤しの形容が之を証してゐる。そして、その人間の血を呑むと見たは葡萄酒であつたであらうといひ」と見えている。[*1] 国文学者や伝説研究家も、早くからこの種の解釈に着目していたようだ。あるいは村上氏の短編のネタかもしれぬ。ぶどう酒のことも出てくるから、都出氏の聞いたラジオ番組も、これらに題材を得たのでは。

さらに大石氏は、大江山(千丈ヶ嶽)や天の橋立など現地をご案内いただく道々、当地では西洋人の国籍をロシア人と伝えている、日露戦争による対外緊張が言い伝えを生んださった。

だ源ではないか、近くに日本海軍の舞鶴鎮守府もあったので、とのお考えを聞かせてく

私は、酒呑童子の正体を、紅毛人シュタイン・ドッチとは考えない。本論でさまざまな角度から展開するように、童子の原像は都に疫病を流行らすケガレた疫鬼で、これがすべての出発点である。しかし、以前のような聞き流しではなく、同説の出所と唱えられ始めた時期を探ってみたい、と思う。

なぜかといえば、支配イデオロギーやかたくなな排外主義、反射的な対外恐怖症などと結びついた偏見の構造(意識の鋳型)によって、古代・中世では、国家領域外の民はしばしば鬼的なものと認識された。*2 つまり、鬼が異界をすみかとするように、現実の異国の住民も、鬼同様の存在とみなされたのである。

こうした観念のゆきつくところ、異国のあるものは食人の習慣をもつとされた。一一世紀刀伊《とい》の来襲の時、壱岐・対馬の住人は女真族の風俗について食人すると伝えている(『小右記』寛仁三年四月二五日条)。琉球(沖縄)を「其国《その》は海の中に有り、人を食ふ国なり」と見なしたり(『今昔物語集』巻一一―一二)、蝦夷についても「形体夜叉ノゴトク変化無窮ナリ。人倫、禽獣魚肉等ヲ食トシテ五穀ノ農耕ヲシラズ」とイメージした(梵舜本「諏方社縁起絵詞」巻下)。

ところで、当時異国がひとしなみに鬼国にみたてられたのでなく、この範疇からは、世界帝国であり経済的文化的な超大国である中国は、原則的に除かれている。弱きをくじき強きにおもねるという、日本歴史にくりかえし現れる、「東夷の小帝国」のゆがんだ現実主義である。異国の中でも、朝鮮の人びとにたいする偏見はひとしお顕著だった。朝鮮を指称するのに、高麗や朝鮮王朝という現実の王朝名ではなく、すでに滅びた新羅やコクリ(高句麗)の名を使い続けたのも、こうした態度と関係があろう。

社会意識レベルの偏見や差別感覚は、疫病の流行源についての判断にもみられる。疱《ほう》瘡《そう》(天然痘)は日本前近代の疫病中もっとも恐れられたものの一つであるが、鎌倉前期成立の『続古事談』に「もがさ(疸瘡、疱瘡のこと)と云病は、新羅国よりおこりたり、筑紫の人、うを(魚)かひ(買)ける船、はなれて彼国につきて、その人うつりや(病)みてきたれりけるとぞ」とあるように(第五—六)、古くから朝鮮半島が流行源とみなされていた。

当の朝鮮の方では、疱瘡は朝鮮王朝初期に中国から伝来したとされ、その名も「江南戸口客星」「西神」などと称されたというから、[*3] 日本側の判断とは食い違っているが、ともあれ、病の恐怖と異国への忌避感が相乗しあって、偏見はいよいよ昂進していった。

中世日本の鬼認識と対外観の特徴を、かいつまんで述べてみた。これらを念頭に置けば、シュタイン・ドッチ説は、一笑に付すことのできない問題性を、はらんでいることに気づく。それはたんに、立派な体軀、濃い体毛、青い目に赤い毛髪など、西欧人の体の一つ一つの部分が「鬼」を連想させる、といった次元のことではない。問題は、これら個々を超越し、彼らの全身がかもしだす雰囲気、正確にはかもしていると認知するわれわれの感覚、つまり相手との間に存在する、心理的・潜在意識的な隔絶感である。

いまでも多くの日本人は、非アジア系の外国人に接すると、反射的に「異人」を感じ身構えるだろう。善意悪意、意識無意識を問わず、彼らの「異人」性がわれわれの社会の内的一体性に亀裂を生ぜしめ、文化に複雑な波紋をまきおこす、と危惧もする。「国際化」に熱心なはずの日本政府が、外国人登録の指紋押捺(採取)にこだわり続けてきたことは、その典型というべきだろう。〝ガイジン〟呼称のはらむ疎外排斥の気分は、すでに当の外国人から鋭く批判されている。日本だけのことではないが、入国審査や外国人登録の窓口表記に、「自分たちとは異質なよそ者」というニュアンスのこもったエイリアンという語を、平然と使う感覚[*4]のことも想起される(【補注】参照)。

日本社会の緊密な「一体性」を脅かすかもしれぬ要素を、未然につみとり隔離する手だての周到さ、外的契機を「外圧」としてしか認識できない体質、それらは国家や企業など中間諸団体による国民統合の徹底、画一化・同調のあくなき追求と、表裏をなしている。[*5]その意味で大石氏が、大江山の鬼＝漂着ロシア人説を日本海をはさんだ日露対決の緊張感の産物とみたことは、まことに重要で、示唆深い着想だと思う。

くりかえすが、酒呑童子紅毛人説にはたたない。しかし、ケガレた疫神(鬼)もまた、存在自体が、天皇や国家が形成する秩序の攪乱者であり、脅威なのである。王化という名の同化になじまない点で、鬼と国家領域外の民は同一性を有する。それゆえ、こうした「内」と「外」の「他者」は、ともども周縁においやられ、差別・排除・征伐など打撃的措置をうけざるを得ない。

以下、酒呑童子説話の考察を通し、中世社会の内と外、中心と周縁、境界や排除にかかわるもろもろを、考えてゆく。本書は、さまざまな、時には矛盾する探求の方向を持っているが、右の問題を射程に入れようと意識しながら書き続けた。これは自慢してよいかもしれない。

また、中国が差別の対象としての異国の中から除かれていたことと関連して、じつにさまざまな中国的要素が、酒呑童子説話の中に混入していることを強調してみた。その意味で小著は、「純粋始源の固有文化」という虚偽意識にからめとられた「日本文化論」を横目にした、ささやかながら、もう一つの日本文化論でもある。

疱瘡についても一言。これを流行らす疱瘡神こそ酒呑童子の原像である、というのが本書の立場である。その疫神が大江山をすみかとするにいたった秘密についても、詳細に追求した。筆者の問題意識になじめない方もあろうが、その時は純粋に謎解きの書として、できばえのほどを吟味していただければ、ハッピイである。

＊1　小川寿一「大江山伝説考」『宗教と芸術』九号、一九二八年。藤沢衛彦『日本伝説研究』三笠書房、一九三七年。
＊2　村井章介「中世日本の国際意識・序説」同『アジアのなかの中世日本』校倉書房、一九八八年。
＊3　村山智順『朝鮮の鬼神』朝鮮総督府、一九二九年(国書刊行会より一九七二年復刊)、一四九頁。
＊4　加藤節「日本社会における「外国人問題」」『UP』二二三号、一九九一年。藤原正彦『遥かなるケンブリッジ――一数学者のイギリス』新潮社、一九九一年。
＊5　髙橋昌明「社会史の隆盛が問いかけるもの」同『中世史の理論と方法――日本封建社会・身分制・社会史』校倉書房、一九九七年参照。

［補注］　現在、インターネットや書店には、自国や日本人にたいする一面的な自慢やおべんちゃら情報、それと逆比例するような中国人・韓国人を貶める記事や書物が溢れかえっている。一方、訪日観光客の急増によって、外国人を「異人」視する従来の感覚はかなり変化してきた。日本の空港の入国審査では、以前は外国人をAlienと英語表記していたが、現在はForeignerに変更されている。ただこれにもまだ「よそ者の人」という好ましくないニュアンスがある。また在留外国人登録証の英語表記は、Resident

Alien Registration Card であったが、二〇一二年の新しい在留管理制度の導入にともなって、外国人登録制度が廃止され、現在はそれに替わる在留カード Residence card が交付されている。さらに外国人労働者の受け入れ拡大を目的にした新在留資格「特定技能」を盛りこんだ改正出入国管理法が、二〇一九年四月一日に施行された。これによって、今後外国人労働者の受け入れ状況が大きく変化していくことは間違いない。それが日本人の外国人観をどのように変えてゆくのか、大いに注目してゆきたい。

目　次

はじめに

第一章　酒呑童子の原像――京都と四角四堺祭　1

一、鬼と京都の境界　3

二、道饗祭・四角四堺祭　11

三、四堺祭の一こま　19

四、酒呑童子の原像を求めて〈付、蟬丸・逆髪〉　24

五、境界の守護者と滝口　30

六、六地蔵　38

〈補説1〉大枝山の大江山　46

〈補説2〉鶏と雷公(頼光)……58
〈補説3〉描かれたモノノケ……69
第二章　酒呑童子のふるさと——中国の小説・伝説に探る……75
一、『大江山絵詞』と『酒伝童子絵巻』……77
二、「白猿伝」の影響……82
三、「陳巡検梅嶺失妻記」の影響……88
四、中国小説の日本への渡来……92
五、蚩尤伝説と酒呑童子説話……97
六、斉天大聖から酒呑童子へ……103
〈閑話〉疱瘡神(猩々)、やあい……108
第三章　竜宮城の酒呑童子……123
一、竜宮としての鬼が城……125
二、竜王(水神)たる酒呑童子……133

三、兜二題 …… 140
四、山伏姿の意味論 …… 147
五、水神の両義性 …… 152

第四章 二つの大江山・三つの鬼退治 …… 159
——酒呑童子説話と聖徳太子信仰
一、竜宮の地としての丹後 …… 161
二、麿子親王の鬼退治伝説 …… 166
三、伝説はローカルなものか …… 174
四、伝説をもたらした人々 …… 181
五、酒呑童子説話と聖徳太子伝説 …… 188

第五章 伊吹山の酒呑童子 …… 195
一、伊吹山はなぜ鬼退治の舞台か …… 197
二、伊吹山も竜宮の地 …… 202

第六章　酒呑童子説話の成立 …… 211
一、渡辺綱と渡辺党 …… 213
二、綱と四天王について …… 218
三、四天王寺・住吉・八幡 …… 225
四、叡山で跳躍する …… 232
五、祖本と逸本 …… 241

あとがき …… 253
中公文庫ＢＩＢＬＩＯ版あとがき …… 258
現代文庫版あとがき …… 262
解説　知的探検の快い刺激 …… 永井路子 …… 265
【付録1】『大江山絵詞』復元の試み …… 269
【付録2】鬼と天狗 …… 295
索　引

第一章　酒呑童子の原像

――京都と四角四堺祭

源頼光《らいこう・よりみつ》の四天王随一とうたわれた渡辺綱《つな》が、京都一条堀川の戻橋《もどりばし》東詰で、美女に出会った。五条辺《あた》りまで同道して欲しい、との頼みに連れだって行くと、女は鬼に変じ、綱の髻《もとどり》をつかんで愛宕《あたご》山に飛び去ろうとした。これあることを予期していた綱は、頼光から預かった名剣鬚切《ひげきり》で、鬼の腕を斬り、難を逃れる。そののち綱は、陰陽師《おんみょうじ》安倍晴明《あべのせいめい》の指示に従って物忌《ものいみ》に服するが、摂津渡辺から上京した養母の懇望に負け、鬼の腕を見せる。すると、養母はたちまち鬼に変じ、腕をつかんで飛び去った。

屋代《やしろ》本『平家物語』「剣《つるぎ》の巻」に見える宝剣説話の一つであるが、ほかにも頼光周辺には、鬼の話題まことに豊富である。郎等《ろうどう》平季武《すえたけ》が産女《うぶめ》の怪異を胆力で破った話(『今昔物語集』巻二七―四三)、鬼同丸の市原野《いちはらの》での襲撃を、渡辺綱の機転で逃れる話(『古今著聞集』武勇第一二)、綱が羅生門にでかけ、鬼とわたりあって腕を斬りおとす話(謡曲「羅生門」)等々。大江山の酒呑童子退治はいうまでもない。

本章では、当時京都がかかえていた問題の一端に迫りながら、大江山に鬼が出現する必然性、渡辺綱や頼光が鬼退治の主役として登場してくる背景、などを探ってみたい。

一、鬼と京都の境界

最初に、当時の鬼についての正確な理解が要求される。鬼といえば、牛の角をつけ、虎の皮を腰にまとう姿を思い浮かべるようになるのは、時代も降ってからで、中世以前の日本の鬼は、必ずしもこの姿をとらなかった。

そもそも「鬼」という外国の文字(漢字)に翻訳された日本語には、オニとモノとがあり、かなりのちまで鬼はモノ、鬼気はモノノケと読まれた。モノは人間にマイナスの力を及ぼす霊的存在、ケ(気)は肉体の根元にかかわる形のない活動力、万物生成流動の根元となる陰陽精霊《いんようしょうりょう》の気のごときものである。平安初期の『日本霊異記』では、冥界《めいかい》からの使を鬼と表記し、そのケが人間に憑着《ひょうちゃく》すると病にいたる、と見える(巻中―二四・二五など)。

こうした観念は、モノを疫神(章末[補注1])、疫病の流行を「穢悪《けがれあし》き疫鬼《えやみのおに》」の働きの結果とみなす(『延喜式』陰陽寮儺祭条)。「疾疫の癘鬼《れいき》」(『続日本紀』宝亀五年四月一一日条)、諸国疫癘《えきれい》は「鬼神より来」る(『続日本後紀』承和二年四月三日条)、などの記述はその例である。鬼はまずもって疫神と把握されねばならない。

一一世紀の頃ともなると、特定の霊(生霊・死霊)が特定の個人あるいは家筋にとりつ

塞の神と疫鬼と瀕死の病人(前田氏実・永井幾麻『春日権現験記絵』〔模本，部分〕東京国立博物館　Image: TNM Image Archives)　病人の家の前には，病よけのまじないとして塞の神らしき石がおかれ，幣串がたてられ，女の黒髪がはさんである．半円の縄は聖域を示し，火を焚いて魔をはらう．家の左の庇に身を横たえている病人は助かる見こみのない重病人である(渋沢敬三編著『絵巻物による日本常民生活絵引 4』角川書店)．屋根の上の疫鬼は，逆立つ髪の形相で描かれている(下をのぞきこんでいるからではない)．

いて悩ます、という新たなモノノケ観も登場するようになるが、それは右の非個性的・非個体的モノノケ観とは、区別されるべきである[*1]。

つぎに、鬼は境界・周縁の地に姿を現すことが多い。これについて若干の説明が必要だろう。その際大切なことは、境界とはいかなるものであるか、ということである。通常、境界は一定の長さをもった「線」と理解されがちだが、実際には、ムラ(村)や町はずれの一定地点、坂やチマタや橋など、交通路上の「点」(空間)の形で存在していることが多い。

　時代を遡れば遡るほど、人間の生活圏は、山林原野や無主の荒蕪地《こうぶち》に囲まれた小宇宙である。山や川や池沼は、そこが隣の世界と接するところであっても、人は通らない、地形もたやすく通過を許さない。細い一筋の道だけが、外界と通じるパイプだから、境界は道路上の一点に集約される。また、閉鎖的な世界なるがゆえに、住人にとって、外界は願望・恐怖をおりまぜ、さまざまに変形されて観念される。これらのイメージも道のかなたに凝集する。*2

　こうして日本では、浄土も、常世《とこよ》の郷も、人間の住む世界(閻浮提《えんぶだい》)の下に垂直的構造をもって存在する仏典の八大《はちだい》地獄も、みな境界の彼方、道の先にあるとされた。人に病や死をもたらすモノ(ケガレた鬼)も、群れをつくって他界から人間界を訪れる。それらは、山城国内の牛疫の原因が「道路の鬼」の祟りとあるように(『続日本後紀』承和一二年五月九日条)、道路を通ってやってくると考えられた。悪霊の侵入を、ムラ境・峠・辻・橋などでさえぎって、境を守る神が塞《さえ》の神であり、道祖神・道陸神《どうろくじん》ともよばれる。地蔵は、冥界六道《めいかいろくどう》において迷えるものを導き、現実界に引きもどす働きが重視されているので、幽明の境の菩薩と理解された。そこから転じて、現実の境を守るものとされ、道祖神と習合する。*3

　ムラにやってくる善悪さまざまな神霊を歓待し、阻止する祭儀は、塞の神の前で行われた。ムラ内に蓄積された邪悪なものを慰撫し、ムラ外に送り出す諸行事も、この神前で行われる。そのほか、生活圏の外が他界の観念と重なっているため、境界は異境に旅する人びとの安全を祈念する地点となる。旅路の平安を祈って坂(峠)の神に幣《ぬさ》を供える古い儀礼を、タムケ(手向け)といい、タムケをする場所、あるいはそれをうける神そのものをさす。異境からやってくる旅人を歓迎する儀式が、坂迎えである。

以上の説明から、頼光の鬼が出現した一条戻橋・五条渡《わたり》・羅城門などは、京都を代表する境界ではないか、との予想がうまれる。これを、一条戻橋で詳しく、ほかは手短に確認してみたい。

戻橋は、平安京の北を限る一条通と東堀川の交点にあった著名な橋である。南北を流れる堀川は、京内最大の河川で、西堀川とともに、平安京の都市機能を維持する運河として整備された。堀川(幅四丈)の両岸には、それぞれ二丈幅の小路が走り、あわせて幅八丈(約二四メートル)の堀川小路となる。

川は普通境川として、ムラやチョウ(町)のはずれにある。そこにかかる橋は、未知の世界に通じている。また川と橋の交叉から二つの空間が交錯する場、この世とあの世が交錯する場とみなされる。川を渡るには橋しかないので、人びとがかたまって通過する。だから「辻」を形成する。一条戻橋も、まさしく辻の性格を帯びる場所だった。「辻」や「橋」が霊力にかかわる場所として、民俗学上独特な空間と考えられているのは、周知のところだろう。[4]

鎌倉中期頃成立の『撰集抄《せんじゅうしょう》』には、熊野から都に還った浄蔵《じょうぞう》が、一条戻橋の上で父三善清行《きよゆき》の柩《ひつぎ》にあい、心に強く念じて蘇生させたとあり、橋名が、あの世からこの世へ霊魂を戻すことからきたことを伝えている(巻七―五)。一条通は、一〇世紀末には戻橋路と呼ばれているので(『権記《ごんき》』長徳四年一二月二五日条)、橋名の始まりも相当に古い。中世京都人は、「去《い》ぬるころ異類の物、一条堀川の橋上で歌舞す」(『建内記』嘉吉元年三月四日条)といった調子で、現実に橋の辺りで妖怪を見聞したらしい(その他『宇治拾遺物語』巻一二―二四、『徒然草』五〇段、『看聞日記』嘉吉元年二月二七日条など)。

一条戻橋(橋下より見上げる，1980年代末の状況)

辻や橋の上を通過するときの心うちには、非日常的な部分が働いており、辻斬りのような殺人と心意の面で共通するといわれる。[5] 戻橋の近辺も暗殺の行われる場所であり、[*6]罪人をさらす所だった。時代は降るが、秀吉はここに北条氏政・氏照兄弟の首をさらしている（『晴豊公記』『兼見卿記』天正一八年七月一六日条）。

辻としてのチマタや橋は、「言霊《ことだま》の八十《やそ》の衢《ちまた》に夕占《ゆうけ》問ふ占正《うらまさ》に告《の》る妹はあひ寄らむ」（『万葉集』巻一一―二五〇六）の歌に示されるように、古くより言霊の霊力が強く働く場所とされる。境界なるがゆえに、異界という見えない世界が露呈し、未来の出来事をかいま見させるからで、橋の上とか道の辻でなされる占いを、橋占《はしうら》、辻占《つじうら》と称する。橋占は二度くりかえすものらしく、橋のたもとに立ち、橋を通行する人の言動によって占う。

一条戻橋は平安後期には、事の吉凶を占う、橋占する場所として聞こえていた。藤原頼長も、養女多子の入内《じゅだい》の成否を占った（『台記』久安四年六月二八日・七年正月一〇日条）。『源平盛衰記』にも、中宮出産のとき乳母が、戻橋東に車をとどめ、辻占を行ったとある（巻一〇 中宮御産）。占文を書く占師（陰陽師）が橋のたもとにいたことは、『義経記』に、陰陽師の鬼一《きいち》法眼が、ここに城郭のような館を構えて住んだとあること（巻二）、近くに安倍晴明の邸跡といわれる晴明社が存在することからも明らかだろう。近世初期作の舟木本「洛中洛外図」にも、戻橋の西橋詰に、四人の占師が占い台を並べて営業している姿が描かれている。

さかのぼって『新猿楽記』には、県井戸先生《あがたいどのせんじょう》・世《せ》尊寺堂達《そんじのどうたつ》・坂上菊正・還橋《もどりばし》徳高・大原菊武・小野福丸《さちまろ》ら猿楽者の名が見える。還橋は一条戻橋、県井戸は一条東洞院、世尊寺は一条大宮の地、坂上は東山鳥部野の傍ら、大原は京都の西南(大原野)、小野は東北の地であろうとされる。[*7]院政期以前より、京都の周縁部に、職業的な猿楽者が集落をなして住んでいたことを推測させる記事である。

ついで五条の渡《わたり》。渡(辺)は漠然と広い地域をさす語で、場所を限定しがたいが、一応東の五条大橋から、西の五条天神までの五条通沿いの一帯をさすと考えておく。鴨川にかかる五条大橋は、東国に向かう苦集滅《くずめ》(久々目)路の起点であり、粟田口とともに、中世京都の東の入口をなしていた。付近が五条河原で、飢饉の際死者の埋葬地となり(『碧《へき》山日録《ざんにちろく》』寛正二年三月三日条など)、芸能の興行も行われた。対岸には清水坂の非人集団がおり、鳥部野という京都の代表的葬地もひかえる。

西の五条天神は、疫病除災の神として、京都上下貴賤の信仰を集めた。一条堀川の鬼一法眼の徒党が奉仕し、呪力で疫病を撃退したという。[*8]また南北朝期の『拾芥抄《しゅうがいしょう》』「東京図」に、五条天神東隣に道祖神の名が記されている。『今昔物語集』の「五条の道祖神」(巻二〇—三)、『宇治拾遺物語』の「五条の斎《さい》」にちなむものだろう(巻一—一)。五条渡が境界・周縁の地であり、京都における疫神撃退のための特別な「祭祀空間」であったことは疑いない。[*9]

羅生門はどうだろう。平安京には南面中央に羅城門があり、その両脇に若干の羅城

（垣）が設けられていた。京の内外をわかつ城門である。[*10] 山陽・南海および畿内諸国にゆく者は、朱雀大路《すざくおおじ》から羅城門を出て南行する。東海・東山両道も、羅城門を出て山科駅に向かい、逢坂《おうさか》境を越えた。逆に山陽・南海よりの租税は、淀の津に着岸、車馬に積んで鳥羽の造り道を北上（『延喜式』主税上諸国運漕功条）、羅城門より京中に入った。同門は、平安初期には、もっとも交通量の多い京城門だったのである。

門は天元三年（九八〇）七月九日の暴風雨によって転倒して以後（『百練抄《ひゃくれんしょう》』）、荒廃するにまかされたらしい。これは市街地全体の東への移動にともなう、朱雀大路の荒廃と一体で、大路は平安後期京都の西境と意識され、やがて七条辺りは、朱雀野と呼ばれるようになった。[*11] 門付近の造り道四ツ塚（狐塚）あたりで道占があったり（『沙石集』巻一〇―二）、死刑や（『看聞日記』永享六年六月一七日条）、首がかけられたりしていることは（『師守記』康永三年四月四日条）、注目すべきであろう。中世京都の刑場には、船岡山や鴨の河原などがあり、刑場は周縁・境界の地に設けられるからである。

なお、鬼同丸の待ちぶせた市原野について。同地は京都北郊の幡枝《はたえだ》から北の細長い山間部をさし、これも鬼一法眼ゆかりの鞍馬寺への、参詣の街道筋にある。『実隆公記』に、「一原野志の坂」は亡き母の墓所の地であると見え（文明一八年七月一二日条ほか）、『山州名跡巡行志』にも「総ジテ此所ハ、一原・野中・二瀬・鞍馬・木船ヨリ死葬ノ地ナリ」とある。墓所が周縁の地に設けられることは、多言を要さない。

頼光と鬼の説話のきわめつきは、やはり大江山の酒呑童子の物語である。物語は、南北朝・室町初期成立といわれる逸翁《いつおう》美術館蔵『大江山絵詞』を初見とし、能本「大江山（酒天童子）」、サントリー美術館蔵『酒伝童子絵巻』、『御伽草子』の「酒呑童子」を経、さらに古浄瑠璃「酒天童子」、歌舞伎の「酒呑童子」へと続き、近世には日本人になじみ深い物語の一つとなった。

二、道饗祭・四角四堺祭

大江山は、普通丹後・丹波境の千丈ヶ嶽の大江山とされるけれど、別に明らかにしたように、京都から発した山陰道が丹波国に入るあたり、現老《おい》ノ坂（亀岡市篠町）の大枝山（大江山）こそ、古代のそれだった（〈補説1〉参照）。現在、子安の地蔵が鎮座、酒呑童子の首塚と呼ばれる古い塚もある。後者は元禄二年（一六八九）には、すでに存在していた（貝原益軒『諸州めぐり西北紀行』）。首塚は、首から上の病気に霊験あらたかといわれ、参詣者がたえない。この地を守る境の神が、民間の医療神に変容した結果である。境の神が、人間と外界との接触点であり、肉体の関門となる耳、目、歯などの神々に転用され、それらを守る神に変容される例は少なくない。[*12] 保元の乱の敗者を処刑しているから、古い刑場の一つでもあった（『兵範記』保元元年七月三〇日条）。

かくして、大江山も境界としての性格が明白である。もとより境界といっても、いろいろなレヴェルがある。問題は大江山の境界としての特質いかんだが、丹波境という山城国の国境を画する地点だったことが、その性格を規定しているに違いない。この立場からは、四堺祭の舞台であったことが注目される。

四堺(境)祭とは、都所在国(山城国)の「郊外」たる四つの境において、外界から侵入してくる「鬼気《もののけ》」を「祭り治」める、一種の道祖神祭である(『朝野群載』巻二五)。四つの境は境界らしく、東海(東山)・山陰・山陽の各道と北陸道からのバイパスが、山城国に入らんとする道路上の「点」、すなわち逢坂(滋賀県大津市大谷町)・大枝・山崎(関戸、大阪府三島郡島本町)・和迩《わに》(竜華《りゅうげ》、滋賀県大津市途中町)の各地点である。この祭は、宮城の四隅《よすみ》を祭場とする四角祭とセットで、四角四堺祭《しかくしかいのまつり》と連称される。史料上の初見は、『西宮記』巻七に、延喜一四年(九一四)一〇月二三日「雷公祭」「四界祭」「四角祭」などが行われたと見えることで、「已上は天下に疫ある時陰陽寮支度を進《まい》らす」とある(ただし一四年が疫年であるという徴証はなく、翌一五年一〇月が疱瘡流行の絶頂であったので、一五年の誤記か)。

実施の具体的史料に乏しい本祭に迫るためには、文献に恵まれた類似の祭をみるのが、早道だろう。その一つは道饗祭《みちあえのまつり》で、これは神祇官の卜部《うらべ》らによって、毎年六月と一二月の晦《みそか》の日に行われる。『養老令』のまとまった注釈として最古の「令釈《りょうしゃく》」逸文には、

「京の四方の大路の最極」、すなわち都城の四隅の路上で、「鬼魅《きみ》(鬼とばけもの)」の外より来たり入るを禦《ふせ》ぐ祭とある。祭の時期が暑さ寒さ盛りの候であるのは、人や草木の気息の衰弱を、鬼魅の活動の影響とみるからだろう。

道饗の名は、路上での饗応を内容とするところからきたもの。饗応対象は、「根国《ねのくに》・底国《そこのくに》(地底の冥界)」からやって来る「麁《あら》び疎《うと》び来らむ(荒々しく厭《いと》わしくやってくる)物」にたちはだかる、八衢比古《やちまたひこ》・八衢比売《ひめ》・久那斗《くなど》(ふなど)の三神である(『延喜式』祝詞道饗祭条)。元来チマタにいる精霊とされたのは久那斗で、その名称はケガレや禍いを防ぐところにある。八衢比古・八衢比売はチマタにいる男女の神であるが、記紀には存在がみえず、後世につけ加えられたものらしい。

道饗祭は、三神に大量の幣帛《へいはく》を奉って、「麁び疎び来らむ物」を防ぐとともに、天皇の常盤《ときわ》なる安泰と治世の平安、および「親王等・王等・臣等・百官人等・天下公民に至る」人々の守護を祈願する。国家的色彩濃厚な祭祀である。

追儺《ついな》式で鬼を追う方相《ほうそう》氏が、その恐ろしい形相のため、平安後期になると追儺の対象に変わってしまうことは、よく知られているが(『江家次第《ごうけしだい》』巻一一)、塞《さえ》の神としてのクナドを饗応する道饗祭も、天長一〇年(八三三)成立の『令義解《りょうのぎげ》』では、外からやってくる「鬼魅」を直接饗応する祭と解釈されており、本来の意義が忘れられていた。[13]「麁び疎び来らむ物」も、天平七年(七三五)大宰府管内諸国の疫死者の多発にたいし、長門以東の国司に、臨時に道饗するよう勅が下っているところよりすれば（『続日本紀』同年八月二日条）、早くから疫神に限定される傾向にあったらしい。

ところで、都城の四隅の路上が祭場となったのは、最初の都城である奈良盆地南部の藤原京が、四つの古道（中ツ道、下ツ道、横大路、阿倍・山田道）の交差する範囲に造営され、四隅がはじめからチマタとして、機能していたからだろう。*14 このことは、そのような前提を持たないのちの都城では、「京城の四隅」といっても、現にチマタであり、かつ一方の道路が京域を限る東西南北の大路でありさえすれば、道饗祭の祭場になり得た、という推測を導く。平安京の場合、一条堀川（戻橋）・一条西堀河・羅城門などに、道饗祭の祭場であった可能性を想定してよい。

『延喜式』四時祭上では、道饗祭の供祭具として幣帛のほか、牛皮・猪皮・鹿皮・熊皮を使うとある。四種ワンセットの獣皮が供される祭は、四季恒例の祭では道饗祭だけで、臨時祭の中でも宮城四隅疫神祭《えきじんさい》・京城四隅疫神祭・畿内堺十処《きないさかいじっしょ》疫神祭・蕃客《ばんきゃく》送境神祭・障神《さふるがみ》祭などがあるのみである。京城四隅疫神祭と道饗祭を比較すると、「京城の四角《よすみ》」という祭る場所が一致し、祭具や供え物も類似する。前者は臨時の道饗祭のことだろう。諸祭に共通するのは、都城および都所在国の境界を、疫神の侵入より守る祭だということで、「都城の道切りの祭」と概括される。獣皮は古代中国の磔《ぼうたく》の習俗、すなわち神に供えるいけにえを四方の門にはりつけ、邪気を祓うまじない、から来ているかもしれない。

これらと密接に関連するのが、六月と一二月の晦の日、道饗祭の始まる前に行われる御《み》贖《あが》と大祓《おおはらえ》である。ともに天皇や宮中からケガレを祓うための重要祭祀で、前者は中臣《なかとみ》が天皇に御祓麻《おおむぬさ》を、東西文部《やまとかわちふひとべ》が横刀《たち》をそれぞれたてまつり、また中臣・宮主《みやんず》・卜部《うらべ》が荒《あら》世《よ》・和世《にこよ》の御服をたてまつり、ケガレを付着させ河上で解除《きよめ》する。後者は、百官男女が大内裏正面の朱雀門に集まり、神祇官が切麻《きりぬさ》を百官にわかち、中臣が祝詞《のりと》を読み祓する。[15]

平安京における大祓祭場（祓所）としてはほかに羅城門があり、貞観元年（八五九）清和天皇の大嘗祭にさきだって、門外で祭事（大嘗大祓）が修されたとある（『三代実録』同年一〇月二五日条）。[16] また、天皇一代に一度だけ行われる御贖を、羅城祭という。これら羅城で行われる祭儀は、すでに京内にはいりこんだケガレを、京外に放逐する呪法だった。

一方、奈良平城京の祓所は、宮内と京内外に十数カ所見つかっており、街路や運河跡からは、キヨメに用いられた墨書人面《ぼくしょじんめん》土器・土馬《どば》・竈《かまど》など、無数の祭祀具が出土している。祓所の数が多いのは、住人がおのおの坊《ぼう》（都城制の一区画）周辺路上で大祓に参加したこと、祓の効果を上げるため、同じ行為を場所を変えて何度も行ったことによる。

こうした京内外いたるところで祓する習慣は、やがて平安京になって七瀬祓《ななせのはらえ》（河臨祭）――天皇や公卿の身体に付着したケガレを撫物《なでもの》に移し、毎月あるいは臨時に七カ所の瀬または海に臨んで流し去る祓、その祭場は洛中・洛外・畿内というように、宮城と平安京を三重に囲む同心円状の配置になっていた――へと整序されていったらしい。[*17]

右のことを念頭におけば、一条戻橋はある時期まで、道饗祭のほかに、大祓の祭場だったかもしれない。宮の東隣であり、ケガレを移した祭祀具を流す場所として、堀川は絶好の水路だからである。平城京でも、東堀川は京住民の祓川として機能していたことが、確認されている。

道饗祭にもどろう。同祭のその後の展開、およびそれが四角四堺祭とどのような関係になるかを、確認する作業が残っている。これについて、一五世紀の一条兼良《かねよし》は、四角祭と道饗祭は同事異名とした(『公事根源』)。しかし前者は、司祭者が卜部でなく陰陽寮、恒例の祭でなく臨時の祭、祭場も京城(平安京)の四隅でなく宮城(大内裏)のそれであるから、違いははっきりしている。四角祭と道饗祭・京城四隅疫神祭は、内容はともかく制度的・形式的には一応別とすべきだろう。道饗祭は、年中行事となってのちのちまで残るので、問題は臨時の道饗祭たる京城四隅疫神祭の行方である。

疫神祭は、その後ある程度の変容をとげ、仏教の要素も加味されたらしい。貞観七年(八六五)五月一三日には、僧六人を、七条大路のチマタと朱雀大路の東西に配し、朝夕般若心経を読ませ、夜には佐比寺の僧恵照に疫神祭を行わせている(『三代実録』)。ついで、貞観九年正月二六日には鬼気祭も行われるようになった(同前)。鬼気祭の祭場は、主に内裏建礼門前だったが、長元三年(一〇三〇)には、羅城門と京極四角の五カ所において修祭されている(『小右記』同年六月九日条)。場所から、京城四隅疫神祭の系譜を引くものと判断でき、しかも所轄官庁が卜部でなく陰陽寮である点が注意をひく。これは、疫神祭が鬼気祭へと変化しつつある過渡を示す、と考えられる。

その後、平安後期以降「宮城四角巽《たつみのかた》方鬼気御祭」「宮城四角坤《ひつじさるのかた》方鬼気等御祭」(『朝野群載』巻一五)、「四堺鬼気御祭」(『壬生家文書』二五六四号)、「内裏四角郊外四堺鬼気祭」(同二五六九号)、「四角四堺鬼気御祭」(同二五六七号)の呼称が登場するところからみて、疫神祭(鬼気祭)は、四角四堺祭に吸収され一体化していったようだ。

こうして、道饗祭の内容とその展開を通して明らかにし得たことは、四角四堺祭が、都に収斂する国家の行政路を通って侵入してくる穢鬼から、神聖なる天皇とその政治、ひいては支配下人民を守るため、宮城と都所在国の境に、観念の防壁を二重に築く営為、だということである。それはすでに侵入済みのケガレ・災厄・罪をはらい流すための、大祓や七瀬祓などと結合しながら、皇都を清浄ならしめる国家的祭祀の一環をなしていった。

四角四堺祭がくりかえし行われるのは、直接には古代人の意識や信仰、特有の境界観による。しかし、その根底には都市の生活諸条件の問題が横たわっていた。つまり、日本の古代都市は、上下水道の完備したローマ帝国支配下の地方都市などと違って、衛生を中心とした生活環境整備の思想に欠けている。詳しくは別に論じたが[*18]、都市の坊城の修築や、溝渠の掘削、ドブさらえ(汚穢処理)など、公共施設を保全する体制も、道路に面する官庁・貴族邸の個別責任にまかされたように、不備おおいがたいものであった。

その結果、京都が都城から日本中世最大の都市、荘園制国家の中枢へと都市的発展をとげ、人口稠密現象、人や物の絶えざる交流が起こると、好まずして数多の疫病を招く事態が生まれた。大都市の影の部分である、底辺住民の劣悪な居住条件、不衛生な生活環境は、それらの猛威を増幅させる。当局者も疫病対策の重要性を感じていたはずだが、現実には「救貧政策」としての京中賑給《しんごう》以外、ほとんど無策であった。

かくして天皇およびその居所たる皇都の清浄を説く国家理念は、平安期に入って病的なまでに尖鋭化し、一方で陰陽師の働きとともに、煩瑣な禁忌が人々の思考・感覚・日常生活を呪縛、他方で人の死=ケガレ観と結びついて、人による人の差別(ケガレた非人にたいする差別)を当然視する意識に、発展する。「都城の道切りの祭」が、主観的には疫病にたいする対応努力でありながら、清浄を強調することによって、結果としてこれらの否定的な思念・感覚の浸透に、力を貸したことは銘記されなければならない。

なお、道饗祭・大祓とともに、諸国の国衙・都市でも行われていた。ここでも同様の事態が進行しただろう。

祭文をよむ安倍晴明と現れた妖怪（『不動利益縁起』〔部分〕東京国立博物館　Image: TNM Image Archives）

三、四堺祭の一こま

四角四堺祭が実施されることになると、まず陰陽寮に命じて、修祭すべき日時を調査・上申させる。官務《かんむ》壬生家には、四角四堺鬼気祭文書一巻一八通が伝来しており、これには建久五年（一一九四）、正和五年（一三一六）、観応二年（一三五一）の実施日時の勘文《かんもん》（由来・先例などの必要な情報を調査し答申した文書）が含まれている（『壬生家文書』二五七〇・二五六九・二五六七号）。それぞれ戌・酉・亥の刻を適当と答申しており、祭は日没から夜にかけて行われたらしい。

祭使の構成は、各境宛勅使一（また

は二)、祝《はふり》一、奉礼《ほうれい》一、祭郎《さいろう》三(または四)であり、それぞれに従者がつく。『西宮記』や『侍中群要』によれば、派遣の勅使は四角祭が蔵人所《くろうどどころ》の所衆《ところのしゅう》、四堺祭は滝口《たきぐち》であった。『壬生家文書』では、宮城の四角には蔵人所非雑色六位一人、蔵人所出納五位二人、同六位一人が、四堺の勅使には滝口の六位があてられている(二五七八号)。

祝・奉礼・祭郎には陰陽寮の官人があてられる。甲田利雄氏は、それぞれの任務を、祝は祭文をとなえる役で祭儀の主役、奉礼は祭場の設営ならびに祭儀の進行をつかさどり、祭郎は祭の諸供《そなえもの》を差配した、と推定する。[*19] 諸供が疫神としての鬼を饗応するものであることは、いうまでもない。宮城四隅疫神祭のそれは、米・酒・稲・鰒《あわび》・堅魚《かつお》・腊《きたい》(ほし肉)・海藻・雑海菜《もは》・塩などであり、四堺祭でも同じようなものが準備されたのであろう。これらのそなえものは、盆・坏《つき》・匏《ひさご》・槲《かしわ》の葉に盛られ、若い小枝でつくった高さ四尺、長さ三尺五寸の楉《しもと》棚の上に並べられたようだ。

狂言「節分」では、節分の夜やってきて食い物を請求する蓬来島《ほうらい》の鬼は、人家の門口で隠れ笠・隠れ蓑をぬいで、その姿を現す。鬼や神のような神性を帯びる存在は、通常蓑笠を身にまとい、人前に姿を現さない、と考えられていた。陰陽師として知られた賀茂保憲が童の頃、父忠行の祓について行って、帰路父に「祓の所にて我が見つる、気色《けしき》おそろしげなる体《てい》したる者どもの、人にもあらぬが、□に亦人の形の様にして、二三十人ばかり出で来て並びゐて、すへたる物どもを取り食ひて、其《そ》の造り置きたる船・

車・馬などに乗りてこそ散り〳〵に返りつれ。それは何ぞ」(『今昔物語集』巻二四―一五)と問うている。鬼神の姿は、その能力を有する人や、特定の状況下でしか見ることができない。父忠行も著名な陰陽師だったが、幼童のころは鬼神を見ることができなかったという。これにたいし、四堺祭を修祭中の人びとは、いともおぞましき鬼神の群れが、蓑笠をぬいで、ほし肉・鰹など饗応の品々をむさぼり食う状景を幻視するように、はじめから動機づけられていたのである。

その他、平安最末の歌学書である顕昭の『袖中抄《しゅうちゅうしょう》』第二〇「ゆふつけどり」の項には、「世の中さはがしき時、四境祭とて、おほやけのせさせ給に、鶏に木綿《ゆう》を付て四方の関にいたりて祭也」とある。木綿は楮《こうぞ》の皮を剝ぎ、その繊維を水にさらし、細かに裂いて糸状にしたもので、榊や斎瓮《いわいべ》にかけ、神事を行うとき襷《たすき》として使う。木綿をさげることによって神霊のよることを示したのである。『袖中抄』成立の頃には、「ゆふつけどり」の語義として各種の憶説が生まれていたので、四堺祭に鶏を放つことも廃れていたらしいが、本来祭儀に不可欠のものだったのだろう。[*20] とくに四堺の一つである逢坂山には、「逢坂のゆふつけ鳥も我ことく人や恋しきねのみ鳴らむ」(『古今和歌集』巻一一―五三六)をはじめ、多数の「ゆふつけ鳥」の歌が残っており、両者の関係は深い。

「異朝の畜鶏は、食物のためなり、本朝その儀なし、ただ時を知るのみ」(『建内記』嘉吉三年六月二三日条)とあるように、かつて日本では、鶏は朝ごとに時を告げる時告鳥《ときつげどり》だった。近世の辞書『和訓栞《わくんのしおり》』には、水死体を探すとき、鶏を船にのせて浮かべると、死体のある所で時を作る、諏訪湖でも沈んだ人があると、この方法を用いたとある。世阿弥作の「舟橋《ふなばし》」に、水死体の捜索のため鶏を求める話があるから、少なくとも室町期以来の習慣だったことは、明らかである。中世、鶏はこの世とあの世の境目に現れる神聖な鳥、魑魅魍魎《ちみもうりょう》の跳梁する夜と、人間の活動する昼の境目を告げる霊鳥とされ、魔の潜む夜を追い払う、と考えられていたのである[*21]。

　四堺祭では、疫鬼饗応の最中用意した鶏を放ち、宵鳴きさせることによって、鬼に退散を強要するきめてとしたのだろう。近世京都では、節分の夜、疫払いが市中をまわって銭を乞うており、歳男《としおとこ》が大豆と銭をつつんだ包紙で身体をすって、街頭の疫払いに授けると、疫払いは「高声に疫を逐ふ歌詞を唱へてこれを祝す、佯《いつわり》て鶏の為《まね》して去」ったという(『日次紀事』)。早鳴かせ法として、井原西鶴の『好色一代男』に「庭鳥のとまり竹に湯を仕懸けて、夜深になかせて」とあり(巻二 旅のでき心)、湯仕掛けがあったらしい。「団子浄土」「地蔵浄土」をはじめ、爺が鶏をまね博奕や酒宴中の鬼を退散させ、遺棄された宝物を得るという型の昔話は多いが、その原型は、こうした祭祀のなかに求めねばならない。

　四角四堺祭は私修のない国家の祭であるが、朝廷外では鎌倉幕府がこれを行った。幕府の政治性格いかん、という問題とも関連して、興味深い事実である。ちなみに、鎌倉の四堺は東が六浦で、南が小壺、西稲村、北山内の各地点である（『吾妻鏡』元仁元年一二月二六日条）。六浦は貞応三年（一二二四）より始まった鎌倉の霊所七瀬祓の祭場の一つでもあった（『吾妻鏡』同年六月六日条）。

四角四堺祭は、天下に災異疫癘《えきれい》ある時催され、降って応永二八年（一四二一）、宝徳二年（一四五〇）の疫病の際にも実施された。後者は「幣料御訪《とぶらい》都合四千疋、武家より下《げ》行《ぎょう》せらると云々」とあり、奉行である職事（五位蔵人）広橋綱光のほか、武家奉行として飯尾為種の名もみえ、費用武家持ちの朝廷・幕府共催だったらしい（『康富記』同年五月二日条）。

以上によって、大江山が古代・中世を通じ「鬼気」のより来る場所として、同時にその侵入をさえぎり、都を頂点とする日本国の秩序や安寧・清浄を確保する境界として、ながく都人に観念されていたことが、明らかになった。そして、漆黒の闇中の一連の呪的行為こそ、モノノケのモノを、見えない霊的存在から、形象化され実体感のあるオニ（大江山の鬼神）へと転化させた、主要な契機だったと思う。この種の祭儀は、疫病発生の原因を示し、それを操作・追却する必要から、対象の実在化・可視化を求めずには、おかないからである。

酒呑童子は、この大江山の鬼神の上に、さまざまなイメージがおり重なった結果に違いない。

四、酒呑童子の原像を求めて〈付《つけたり》、蝉丸・逆髪〉

歴史研究一般がそうであるように、酒呑童子説話の分析にとっても、初見史料たる逸翁美術館蔵『大江山絵詞』が重要である。

事件は「正暦年中に……都鄙の貴賤をうしなひ遠近の男女をほろぼすことあり」というところから始まる。安倍晴明に占わせたところ、「帝都より西北にあたりて大江山といふ山有、かの所にすむ鬼王《きおう》の所行なり」とのこと。早速「致頼・頼信・維衡・保昌《(ママ)》」の四人の武将を召したが、鬼神と合戦すること人力に及ばずと辞退する。改めて摂津守源頼光・丹後守藤原保昌が起用され、両将は「□《(長徳カ)》元年(正暦六年)十一月一日帝都をいでて、鬼神退治に出かけた。

「正暦年中(九九〇~九九五)」と、事件発端の年を具体的に記すのは、中世の諸本では最古の『大江山絵詞』のみである。そして、「都鄙の貴賤をうしなひ遠近の男女をほろぼす……鬼王の所行」は、疫鬼のそれとみるのが自然だろう。となれば、この説話の形成にあたり、正暦五年の疫病大流行の記憶が、なんらかの形で反映している可能性が考えられる。この年、前年以来の疫病が一段と激しくなり、「死亡の者多く路頭に満ち、往還の過客鼻を掩《ふさ》ぎこれを過ぐ、烏犬食に飽き、骸骨巷を塞ぐ」(『本朝世紀』同年四月二四日条)、あるいは「去ぬる四月より七月に至り、京師の死者過半、五位以上六十七人」(『日本紀略』同年七月是月条)という空前の惨状を呈したからである。疫癘の災いは翌年まで続き、この間しきりに臨時の大祓が修され、大赦・賑給《しんごう》も行われた。

前年猛威をふるったのは疱瘡であり、五年のそれは前年一一月大宰府で流行しはじめたものが七道諸国に蔓延したものだった(『本朝世紀』同年五月一〇日条)。鎌倉前期成立の『続古事談』に、「もがさ(疱瘡)と云病は、新羅国よりおこりたり、筑紫の人、うを(魚)かひ(買)ける船、はなれて彼国につきて、その人うつりや(病)みてきたれりけるとぞ」(第五—六)とあるように、疱瘡は古くから新羅(朝鮮半島)が発生源とみなされている。

「都城の道切りの祭」中の、蕃客を境に送る神祭や障神の祭は、蕃使の入京に際して、使節の身についていると考えられた強力な蕃神(疫神)を、入京直前にはらう祭である。蕃国とは古代貴族の国際感覚では、新羅・渤海《ぼっかい》をさしていたから、蕃神も疱瘡を念頭においたものだろう。畿内堺十処疫神祭の祭場が西に偏しているのも、疱瘡を警戒してではないか。

疱瘡は西からという常識に加え、疫病が現に九州から流行してきた以上、安倍晴明ならずとも、侵入方向を山陰道とみなし、それが「帝都より西北にあたりて大江山といふ山有、かの所にすむ鬼王の所行なり」と跳躍することはありうることである。なおこの年、神祇官・陰陽寮の官人らに、疫病はいずれの神の祟りかを問うたり、安倍晴明の答申によって仁王経《にんのうきょう》を講読したり、という事実は確かにある(『本朝世紀』同年五月二日・七日条)。

疱瘡の山陰道(大江山)からの侵入という判断の背後には、西北の方角にたいする独特の感覚の介在を想定すべきかもしれない。柳田国男によれば、戌亥(西北)の風はアナジやタマカゼと呼ばれ、ある種のタブーをもって警戒されていた。「タマは霊魂のことで、タマカゼは悪霊の吹かせる風と言ふ意味らしい」、さらに東北を鬼門とする陰陽道が輸入されたあとも、民間の実際生活では西北方を恐れてきた、それは黄泉《よみ》の国の方角、霊魂の帰りゆく方角だった、ともいう。大江山を入口とする丹波国や、そこを貫く山陰道は、京都からみて、まさしく「気持の悪い西北に当つて居た」のである。[*22]

こうして酒呑童子の原像が、疫神、具体的には疱瘡を流行らせる疱瘡神だった、という仮説が浮上する。

疱瘡は列島社会に風土病のようにまとわりつき、江戸時代には死因の第一位を占め、天皇・将軍をはじめ多くの日本人を苦しめた。[*23] 症状が激烈で、奇異な病態をもたらすため、疫神の働きというイメージにぴったりだし、対策として古くから厳重な隔離が行われてきたことも、若君・姫君が忽然と消えうせる、酒呑童子説話のプロットに合致している。

近世の医療やまじないの世界では、疱瘡の脅威にたいし、疫霊(疱瘡神)として、猿に似た想像上の怪獣である猩々《しょうじょう》の人形《ひとがた》をつくって祭り、燈明や赤紙を口につけた酒徳利、小豆飯や赤鰯をそなえ、三日後この人形を門前から川辺に運び出して流す、という呪儀が行われていた。赤面の猩々以下、すべてが「赤」で統一されているのは、疱瘡が身体を赤く変えることと関係し、疱瘡神の色が「赤」と考えられていたことを示す。水野正好氏は、猩々が疱瘡神の神体と見たてられたのは、赤斑を出し顔面が赤く色づく症状が、酒を好み、常に赤面していると説かれる猩々と、重なり合うからだ、という。[*24]

疱瘡神＝赤＝猩々という連想は、中世まで遡るだろう。『大江山絵詞』で、正体を現した酒呑童子の姿が、見事な朱紅色に描かれ、名前の由来をみずから、「我は是、酒をふかく、愛するものなり、されば、眷属等には、酒天童子と、異名に、よびつけられ侍也《はべる》」と語っているのも、猩々(疱瘡神)のイメージが宿された結果とみたい。

酒呑＝疱瘡神説にとって、頼光らが大江山に向かう前、住吉・八幡・熊野・日吉の各社に加護を祈請し、これら神々も、老翁や山臥・僧侶に身を変えて一行を導き、鬼神退治に助勢することは見過ごせない。住吉・八幡は、近世には疱瘡を防ぐ守護神として、祭られることが多かったからである。前者については、元禄一六年(一七〇三)の『小児必要養育草《そだてぐさ》』に、「痘瘡(疱瘡)の神は住吉大明神を祭るべしといへり、住吉大明神は三韓降伏の神なり、痘は新羅の国より来れる病なれば、この神を祭りて、病魔の邪気に勝つべき事なり」などとある。また三韓征伐の故事より、神功皇后《じんぐうこうごう》・応神天皇を祭る各地の八幡宮は、疱瘡を防ぐ神と祭られた。[*25]

七月三一日(もとは六月晦日)の、荒和《あらにご》大祓を例祭とする摂津住吉大社が、中世にも疱瘡除けの神であった可能性は十分ある。八幡すなわち石清水八幡宮も、疫病流行の時は、住吉とともども僧綱所《そうごうしょ》の僧侶が派遣され、仁王般若経を読誦した場所である(『類聚符宣抄』第三など)。日吉大社の祭神は大己貴命《おおなむち》だが、大己貴命や少彦名命《すくなひこな》は、古来より医療の祖神として尊崇されており、疱瘡神(治病神)たりうる資格をもつ。

酒呑童子の正体にかんする私案は、以上のとおりだが、大江山と一八〇度反対方向にある逢坂境にも、同種の問題が伏在すると考えられる。ついでに、謡曲「蟬丸」にふれておきたい。

世阿弥作といわれる本曲は、「延喜帝第四の皇子」として生まれた蟬丸が、前世の因果の盲目ゆえに、天皇の命で逢坂山に捨てられ、琵琶で心を慰めている、そこへ逆立つ髪の畸形で狂女となってさまよう、姉の逆髪《さかがみ》がやってきて再会する、という筋立てである。曲の背後には、境界としての逢坂山、四角四堺祭の祭式の記憶などが見え隠れしており、曲の内容・構成に影響を与えている。

たとえば、姉弟再会の場面における二人が互いの肩に手をかけるシンメトリカルな形は、異様な雰囲気を漂わせている。おなじ型は「班女《はんじょ》」「千手《せんじゅ》」にもあって、同衾を表現したものといわれ、近親相姦の暗示とされる。逢坂山の二つの蟬丸社の性格からいっても、この解釈は自然である。

すなわち、逢坂山には坂の上と下に、上・下蝉丸社がある。上社は逆髪を祭るともいう。応永年間(一三九四〜一四二八)成立とされる『寺門伝記補録』には、「二所同じく道祖神《ちがえしのかみ》を祭る、もつて関所の鎮め神たり」と述べている。両社が、山城・近江国境の逢坂境を守る塞の神(道祖神)信仰と関連して成立したことは、疑う余地がない。逆髪の登場も、近世近江の地誌『近江輿地志略《おうみよちしりゃく》』が、「蓋《けだし》当社(上社)をさか神といひ習はすことは、古昔此社関山の坂の上にありしかば、しかは呼べり、(中略)坂神、逆髪、訓同き故に誤を重ぬる者なるべし」と指摘するとおりだろう。この地に蝉丸・逆髪の両霊を祭るのは、問題の塞の神が、もともと男女二神が睦《むつ》み合う双体《そうたい》道祖神だったからに違いない。現在の「関蝉丸神社由緒略記」にも、「上社　祭神　猿田彦命　相殿蝉丸霊、下社　祭神　豊玉姫命或道反《ちがえし》大神ト云フ　相殿蝉丸霊」とある。猿田彦命と豊玉姫を祭神とすることは、双体道祖神社におけるもっとも一般的な姿である。[26]

逆髪の「撫づれども下ら」ない逆立つ髪、という個性的な創造について、服部幸雄氏のように「物狂い」「嫉妬の鬼」の視点から説くのも、魅力的なアプローチである。[27] しかし、絵巻物や説話類では、疫鬼が逆立つ髪の形相で描かれたり(四頁挿図参照)、「頭の髪は赤くして上様《うわざま》に昇れり」(『今昔物語集』巻一四—四三)といわれたりしている。逆髪の形象は、第一に、境に忍び寄る疫鬼のイメージをまとっているとみたい。

塞の神としての坂神が、訪れ来る疫鬼(疫神)でもあるのは、内と外、此岸と彼岸がせめぎあい相互浸透する境界という場の特質、およびそこにおける道祖神のアンビヴァレント(両義的)な性格と関係している。

つぎに、姉弟の再会の場面で地謡《じうたい》が、「ともにおん名を　木綿付の　鳥も音を鳴く逢坂の」と謡う。四堺祭とゆうつけ鳥の関係については、すでに述べたとおりである。

つかのまの邂逅ののち逆髪がわかれ去ってゆく終局は、怨霊の鎮撫に音曲が用いられることから、かつて逢坂境で、音曲の徒[*28](蟬歌の翁の和琴、蟬丸の琵琶)に慰撫され、退散した疫神の姿が、寓意されていると見てよいだろう。

五、境界の守護者と滝口

先に見たように、四堺祭の勅使を務めたのは、蔵人所に所属する滝口であった。滝口は清涼殿の東北を詰所とする、天皇最身辺の武力である。平安後期になると、検非違使も四堺祭に参加するようになった。たとえば、安元三年(一一七七)逢坂境に派遣された勅使は二人で、ともに検非違使、一人は頼朝の挙兵の際まず血祭に上げられた山木判官こと平兼隆、もう一人は平家の有力家人藤原景高、そうそうたる顔ぶれだった(『壬生家文書』二五六四号)。

滝口が、四堺祭のような陰陽道の祭の勅使、となるのはなぜだろう。これは制度の問題として考えれば、難問ではない。滝口の任務は、宮中の雑役に従事するという点では、同じ蔵人所に所属し、四角祭の勅使となる所衆《ところのしゅう》と近似しているが、『禁秘抄』巻上に「遠所の勅使等の公役《くやく》、仰せに随ひて奉仕す」とあって、遠距離の使者を分担することになっていた。

しかし、それだけだろうか、という疑問が残る。武士の、少なくとも特定部分については、単純に戦闘力に還元できない、呪術的な役割の面を勘定に入れねばならない。武士を弓馬の士というが、弓は武勇をあらわすだけでなく、邪霊をはらい眼にみえぬ精霊を退散させる力あるものとして、諸種の呪具として用いられたからである。

当時宮廷や貴族の家では、湯殿始、出産時、夜中の警固、雷鳴、不吉な場合、病気のおり、あるいは天皇の入浴の際など、ことあるたびに弓の弦《つる》だけを引いて放ち、邪神を退ける鳴弦《めいげん》(弦打《つるうち》)の儀が行われていた。*29

禁中警衛を任務とする滝口は、左近衛府で射技を試したうえで選抜されたのであり、それだけ鳴弦の効果にたいする期待も大きかった。彼らが鳴弦に従事するさまについては、御所宿直の際の点呼の行事(名対面《なだいめん》)で「弓鳴ら」す様子(『枕草子』五六段)、『源氏物語』の夕顔頓死の時、光源氏の命で某の院の預《あずかり》の子が、「滝口なりければ、弓弦いとつきづきしくうち鳴ら」す箇所などが、印象深い。また『平家物語』巻四鵼《ぬえ》によれば、

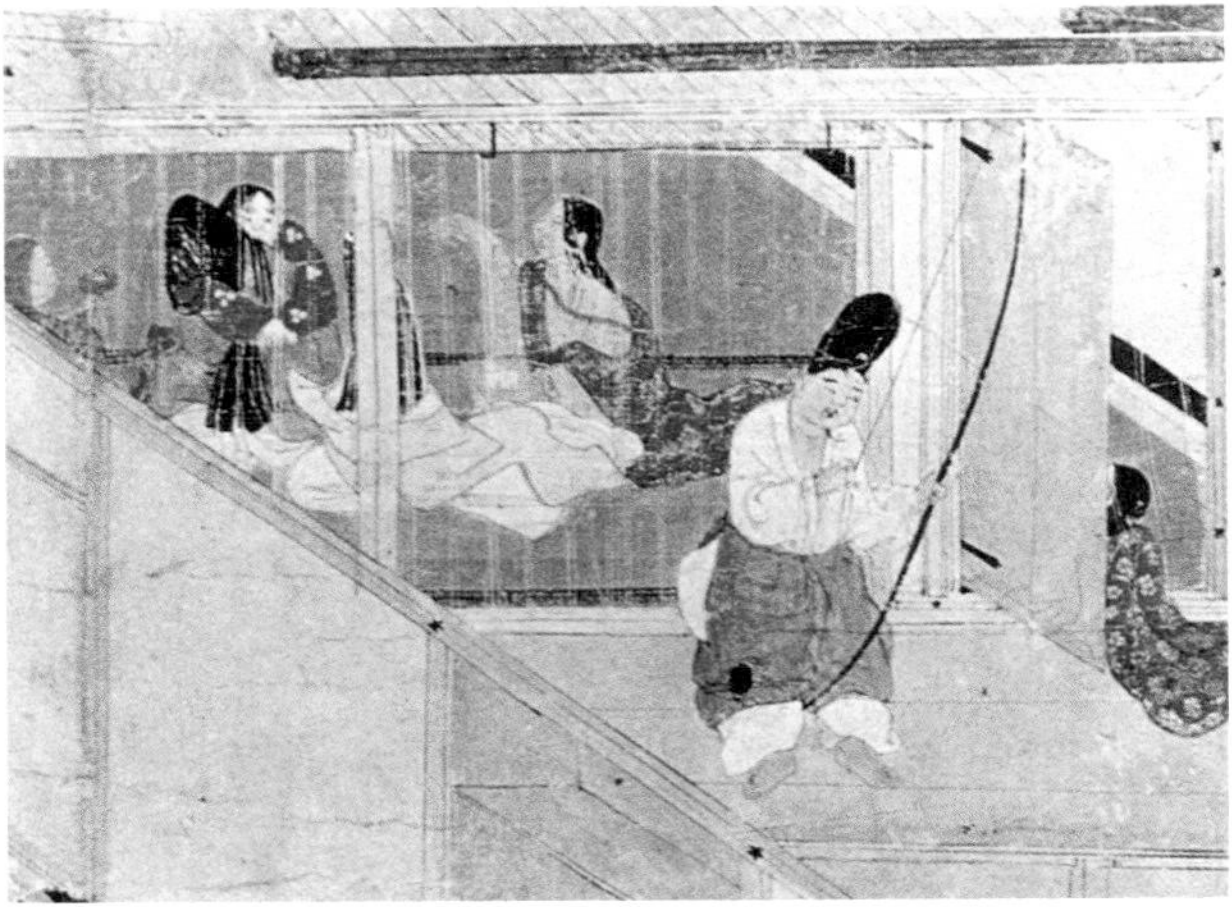

鳴弦の図，出産場面（承久本『北野天神縁起』北野天満宮）

寛治年中（一〇八七〜九四）、堀河天皇がモノノケに襲われたため、源義家に鳴弦させたという。超人的武勇を誇る武者は、さながら生ける破魔弓《はまゆみ》であった。[*30]

黒田日出男氏によれば、平安後期、日食・月食の時、天皇の御所を莚でつつむことが行われ、これは自然秩序の変異などのケガレから、国王を守る作法であった。[*31] この時つつみ役をつとめたのは、一定の武力的要素ももつ所衆である（『禁秘抄』巻上）。所衆は御所の「煤払《すすはらい》」の役にも従事した。煤払いは「器物百年を経て、化して精霊を得てより、人の心を誑《たぶら》かす、これを付喪神《つくもがみ》と号すといへり、是によりて、世俗毎年立春にさきだちて、人家のふる道具を払ひ出して、路地にすつること侍り、これを煤払といふ」（『付喪神絵巻』）とあるように、器物妖怪の難を避けるため行われる。

このように、日頃天皇を、モノノケやケガレから守る役割を果たしていた所衆と滝口が、四角四堺祭の勅使として派遣されるのは、それが彼らの日常勤務の延長、と認識されていたからではないか。滝口から検非違使に勅使が交替するのも、一二世紀後半になって、滝口への推挙が権門勢家の特権（利権）と化し、選抜に必須だった試射も事実上廃絶して、射技能力が低下、[*32]辟邪《へきじゃ》（魔よけ）の効果を期待し得なくなったからであろう。代わって登場してきた、検非違使のケガレ＝キヨメを管理・統轄する機能については、丹生谷哲一氏の研究に詳しい。[*33]

ところで、頼光の四天王の一人渡辺綱は、淀川河口の渡辺（現大阪市東区天満橋付近）を本拠とし、近辺の港湾を管掌した、渡辺党の祖とされる人物である。渡辺党は綱・競《きおう》・翔《かける》のように、漢字一字の名乗りを特徴としており、比較的識別容易であるが、確実な文献に登場するのは、一一世紀前半の源重《かさぬ》（『小右記』長和二年九月二八日条など）や、同世紀半ばの源初《はじめ》が、早い例だろう（『百練抄』『扶桑略記』天喜三年三月一八日条）。重も初も滝口の肩書をもつ。初の世代より少しのち、つまり系図上綱の孫にあたる安《やすし》以降ともなると、この一党には滝口に任ぜられる者が続出する（『尊卑分脈』）。渡辺党が伝統的に弓矢の芸に秀でていたことは、『古今著聞集』に見えるところである（弓箭第一三）。彼らのな

渡辺津所在地の現況(天満橋より西を見る)

かに、大江山に派遣された者がいたとして、少しも不思議ではない。

水陸交通の要衝摂津渡辺の地は、畿内七瀬祓祭場中の農太(野田)と場所的に重なり、西に、いま一つの祭場である難波の海をひかえていた。難波の海は、天皇即位後その安穏と長命を祈って、住吉神以下の祭神を祭る、一代一度の八十島《やそしま》祭が行われる舞台でもある。[*34] つまり、渡辺は祓所であるとともに、鴨川や平安京の東・西・北、淀川流域において祓われたすべてのケガレが、最後に「日本」全体の祓所たる難波の海に流れこむのを、見届ける重要地点だった。渡辺党がケガレを祓う任務と、無縁だったとは思われない。

また、『沙石集』に、渡辺鬼九郎ツカ

ムなる人物が、「渡部ノ辺ニテ、ヲヒタチ(生い立)タル物ニテ候ヘバ、自然ニ御殿居番《とのいばん》ナムドツトメテ奉公仕ベシ」と語ったとあるように(巻八—一五)、この一族は王家や貴顕の家に宿直番として勤務することを、広く伝統としていた。鬼魅が横行し、ケガレに満ちる夜の時間こそ、弓の妙技を誇り、弦打の効果を期待された彼らの独壇場である。

一方、摂津源氏頼光の後裔は、大内(大内裏中の本内裏)守護の家柄であった。就任が史料的に確認されるのは、平安後期の頼政以降であるけれど、『尊卑分脈』によれば、頼光も大内守護についたという。頼朝は鎌倉幕府成立過程で、内裏(当時の王家の正邸である閑院内裏)守護権を獲得し、京都大番《おおばん》を関東御家人役の筆頭と位置づけたが、これと区別される大内守護の職は、承久の乱(一二二一年)直前まで、頼政の子孫に保持され続けた。*35 大内守護の職務を、現実の武力的脅威から、天皇や本内裏を守るところに限定するとすれば、いささか現実味の乏しいものとなってしまう。

頼政鵼退治(鵼は平安時代の歌学書『袋草子』に「よみつ〈黄泉〉鳥」とある)に象徴されるように、彼らに期待された役割の一つが、内裏や王家を襲う、各種のモノノケ・精霊を撃退する「武」という呪力だったとすれば、摂津源氏は、験力・法力あらたかな護持僧や陰陽師などと、いくらも変わらない存在、と位置づけられるだろう。

頼光が渡辺綱を郎等とした、という確証はなに一つない。これが頼光五代の孫頼政の時代になると、渡辺党の面々は、たしかにその配下に入っていた(渡辺党の早い例である初は、蔵人右兵衛尉源斉頼の郎従であり、斉頼の娘〈養女〉は頼政夫人だった)(章末【補注2】)。『平家物語』巻四 鵼に、頼政に退治された変化《へんげ》の物の死骸を、うつぼ舟に押しこんで流した、とある。世阿弥作「鵺《ぬえ》」では、流されたのは淀川で、鵺の亡魂は、渡辺にほど近い摂津芦屋の洲崎の惣堂に現れるという設定になっている。頼政・渡辺党の主従関係、および両者の果たすべきケガレを制御し鎮撫する役割を考えると、暗示的である。うつぼ舟は、大祓などでケガレを移した人形を載せて流す舟、またはケガレを吹きこむ墨書人面土器のような、象徴的意味をもっていたのであろう。

以上を前提とすれば、頼光の京宅が一条堀川にあったらしいことも、格別の意味を帯びてくる。頼光邸は、同時代史料には「一条頼光家」としか見えないけれど(『小右記』長和五年二月一〇日条)、近世の『中古京師内外地図』では一条堀川東となっている。[36] 事実と思うが、そうでなくとも、鬼の名所たる戻橋東詰《ひがしづめ》に頼光の屋敷があった、と後世信じられていたことは重要だろう。同所が大祓の祓所だった、という先の推定が正しければ、まさしくケガレを流しこむ場所だったからである。

最後に、鬼退治の主役がなぜ頼光でなければならないのか、という自問への自答として、頼光《らいくわう》が雷公《らいこう》と音通である点をつけ加えておきたい。四天王の一人公時《きんとき》すなわち金太郎も、元禄初期(一六九〇年頃)刊の『前太平記』に、雷の鳴ったとき山姥《やまうば》の腹中にはらまれたとある。[37]「鬼」を退治する存在は、一層の鬼的威力を持たねばならず、自身災いをなす荒ぶる霊力であってこそ、災異・モノノケに対抗しうる。雷神が荒ぶる怨霊神になる決定的な契機は、延長八年（九三〇）の清涼殿への落雷と雷死者の発生が、菅原道真の怨霊の働きと考えられたことにあるが[*38]、天空切り裂く閃光と肝をつぶす雷鳴こそ、怨霊の威力を表現してあますところがない。

　中世人の心意や伝承の世界においては、鬼神を征伐するには、雷公への連想をさそう名を持つ武将でなければならなかったのだろう。久安二年（一一四六）、病にふせっていた頼光四代の孫経光が、雷声に驚き長刀をかまえたところ、屋根を貫通した落雷に打たれ即死する、という珍事がおこった。『本朝世紀』は、「累葉の武士たりと雖《いえど》も、雷公これを怕《おそ》れざる歟」と評している（同年三月九日条）。頼光の子孫なら、雷公を恐れさすはず、との世間の観測があったことがうかがえ、興味深い。

　頼光とともに鬼征伐に向かう藤原保昌も、その名を音読みすると「ほうしゃう」で、方相氏（はうさうし）と音がやや接近している。方相氏は、追儺の時、玄衣朱裳の姿で戈と楯をもって疫鬼を追う役であり、平安末期、姿の恐ろしさから、自体が悪鬼と考えられるようになったことは、すでに述べた。疱瘡（はうさう）は方相とまったく同音である。

六、六地蔵

四堺祭の祭場としての山城国境の四地点は、境界を境界として維持した政治のあり方、京都の都市機能と構造、住民集団の変貌と発展、生活意識・宗教観の成熟と、これら一切にかかわる境界観の変化のなかで、しだいにその意味内容を変えてゆく。これにつれて酒呑童子の原像も、四堺祭から離れ、やがて自由な飛翔を始めることになる。

四堺祭に代わるかのように登場する「都城の道切りの祭」が六地蔵で、一七世紀には、賀茂深泥池《かものみぞろがいけ》・山科四宮《しのみや》の徳林庵・伏見六地蔵の大善寺・上鳥羽の浄禅寺・桂地蔵堂・常盤《ときわ》の源光寺の六カ所をまわる「山州洛外六地蔵詣」が盛んとなっていた（『日次紀事』）。「山州洛外」とあるように、六所の内側が「洛中洛外」という場合の洛外の範囲であって、それぞれ諸国・諸地方へ向かう郊外の出口に当たる。

六地蔵は、地蔵菩薩の六道救済にちなんで、六体の地蔵菩薩を集合することであったから、六体一カ所に造立するのが本義であった。[*39] 一四世紀前半頃成立の『源平盛衰記』の巻六には、後白河院近臣の西光法師（藤原師光）が、山科四宮河原・洛南木幡の里・鳥羽造道・西七条・蓮台野・ミゾロ池（深泥ヶ池）・西坂本の「七道ノ辻」に、各六体の地蔵を祭った話を載せ、それらを巡礼することを「廻《めぐ》リ地蔵」と述べている（西光卒塔婆事)。記録類では、『満済准后日記《まんさいじゅごう》』応永二二年(一四一五)七月二四日条に、「地蔵参詣の輩、恒年のごとし」とあり、これは応永三〇年同月同日条によって「六地蔵参詣者」だとわかる。この六地蔵は、あるいは洛中六地蔵(西院の高山寺・壬生寺・矢田寺・星光寺・清和院・蔵珠院)のことかもしれないが、いずれにせよ一五世紀前期には、洛中もしくは洛外六カ所の地蔵尊に詣でることが、恒例化していたといえる。

前掲の近世六地蔵のうち、源光寺付近は、発掘・文献双方によって中世の墓域であったことが知られる。*40 この他中世の具体像がわかるのは、『看聞日記』の応永二三年七月から一〇月までの記事に登場する、桂地蔵堂である。

記事は桂地蔵の奇瑞と、じつはそれが近郷の者のトリックだったという、まことに興味ある話を載せる。そして、おそらく応永二三年をあまり遡らない時期に祭られたであろう地蔵が、またたくうちに「貴賤参詣幾千万と云事なし」と絶大な人気を得たのは、「地蔵の利生掲焉《りしょうけちえん》、殊に病人に利生を施す」とあるように、霊験あらたかな治病神、と信じられたからにほかならない。このような地蔵信仰の高揚の背景には、度重なる疫病の流行にたいし、人びとが各地の地蔵に風流《ふりゅう》踊を奉納して、災厄をはらわんとする動きがあったからで、八月九日には将軍義持みずから、桂で「風流拍物《はやしもの》」を演じ、「希代の見物」と諸人を驚かせている。

現在京都六地蔵詣は、往く夏を惜しむ八月二三・二四日の地蔵盆の日に行われ、当日は臨時バスもでるほどの盛況をみせる。「辻堂」だった地蔵堂が、爆発的人気を呼び、やがて六地蔵巡りの対象となって、今日にまで引き継がれている背後には、道饗祭や四堺祭の場合と同じ、深刻な病の問題が伏在していたわけである。

いまでは子どもの祭となった地蔵盆自体が、そもそも道饗祭の遺風といわれる(『日次紀事』)。病の流行や都市の境界が、鬼を論ずる際の重要な論点であることは、以上をもって了解されよう。

＊1　モノノケについては、阿部俊子「源氏物語の「もののけ」㈠」学習院女子短大『国語国文学論集』六号、一九七七年。藤尾知子「もののけの系譜『国語語彙史の研究　二』和泉書院、一九八一年。酒向信行「平安朝における憑依現象――『もののけ』の問題を中心として」『御影史学論集』七号、一九八二年。同「疫神信仰の成立――八・九世紀における霊的世界観」『鳥越憲三郎博士古希記念論文集　村構造と他界観』雄山閣出版、一九八六年。森正人「モノノケ・モノノサトシ・物恠・恠異――憑霊と怪異現象とにかかわる語誌」『国語国文学研究』二七号、一九九一年などを参照。

＊2　高取正男「宗教と社会」『高取正男著作集1　宗教民俗学』宝蔵館、一九八二年、四五～四七頁。

＊3　和歌森太郎「地蔵信仰」同『歴史と民俗学』実業之日本社、一九五一年など。

＊4　宮田登『妖怪の民俗学――日本の見えない空間』岩波書店、一九八五年など参照。

＊5　宮田＊4書　一五一頁。
＊6　髙橋昌明『[増補改訂]清盛以前――伊勢平氏の興隆』平凡社ライブラリー、二〇一一年、三一〜三二頁。なお『中右記』嘉承二年八月二八日条参照。
＊7　能勢朝次『能楽源流考』岩波書店、一九三八年、六九頁。日本思想大系第八巻『古代政治社会思想』岩波書店、一九七九年、三九五頁。
＊8　角川源義ほか『源義経』角川書店、一九六六年、五四〜五九頁。
＊9　岩崎武夫「五条天神考――疫神の世界」『試論中・近世文学』第四号、一九八五年。瀬田勝哉「五条天神と祇園社――『義経記』成立の頃」同『増補・洛中洛外の群像――失われた中世京都へ』平凡社ライブラリー、二〇〇九年。
＊10　瀧川政次郎「羅城・羅城門を中心とした我が国都城制の研究」同『京制並に都城制の研究』角川書店、一九六七年。
＊11　瀧浪貞子「朱雀大路と朱雀河」『史窓』四〇号、一九八三年。
＊12　林正己『峠の民俗誌――境をめぐって』古今書院、一九八〇年、二〇八〜二一〇頁。
＊13　和田萃「夕占と道饗祭――チマタにおけるマツリと祭祀」『季刊日本学』第六号、一九八五年、三九〜四一頁。
＊14　和田＊13論文　四四〜四五頁。
＊15　日本思想大系第三巻『律令』岩波書店、一九七六年、五三八〜五三九頁。
＊16　瀧川＊10論文、二七〇〜二七四頁。
＊17　金子裕之「平城京と祭場」『国立歴史民族博物館研究報告　7』一九八五年。伊藤喜良

「中世における天皇の呪術的権威とは何か」同『日本中世の王権と権威』思文閣出版、一九九三年。

＊18　髙橋昌明「よごれの中の京都」同『洛中洛外　京は〝花の都〟か』文理閣、二〇一六年。

＊19　甲田利雄「四角祭考」同『平安朝臨時公事略解』続群書類従完成会、一九八一年、三三二～三三三頁。

＊20　伊藤喜良「四角四境祭の場に生きた人々」同＊17書。

＊21　山口健児『鶏(にわとり)』法政大学出版局、一九八三年。井本英一「鶏　かつて果たした役割り」同『境界・祭祀空間』平河出版、一九八五年。

＊22　柳田国男「風位考」『定本柳田国男集　第二〇巻』、筑摩書房、一九六八年、二七二～二八〇頁。

＊23　富士川游『日本疾病史』平凡社、一九六九年。立川昭二『近世病草紙』平凡社、一九七九年。

＊24　水野正好「鬼神と人とその動き――招福除災のまじなひに」『奈良大学文化財学報』第四集、一九八六年、九～一二頁。

＊25　関根邦之助「疱瘡神について」『日本歴史』三〇一号、一九七三年。

＊26　服部幸雄「逆髪の宮(下・一)」『文学』四六巻一二号、一九七八年、八五頁。

＊27　服部幸雄「逆髪の宮(中)」『文学』四六巻五号、一九七八年。

＊28　逢坂境の卑賤な音曲の徒については、さしあたり髙橋昌明「蟬丸と逢坂山」同『湖の国の中世史』平凡社、一九八七年を参照。

＊29　中村義雄『魔よけとまじない——古典文学の周辺』塙書房、一九七八年、一七五〜九頁。
＊30　近年中世遺跡発掘の進展によって、弓をひく武士を描いた木札(草戸千軒町遺跡)や、矢形・刀形(若宮大路周辺遺跡群)などが、各地で出土している。これらは悪霊を払う呪術的な意味をもつと考えられ、武や武器によせる中世人の観念の一端を示している。広島県立博物館編企画展示図録『中世の民衆とまじない』一九九〇年など参照。
＊31　黒田日出男「こもる・つつむ・かくす」同『王の身体　王の肖像』平凡社、一九九三年。
＊32　米谷豊之祐「滝口武士考序説——特に十二世紀後期における様態」『大阪城南短期大学研究紀要』第九巻、一九七四年。
＊33　丹生谷哲一『検非違使——中世のけがれと権力』平凡社、一九八六年。
＊34　伊藤＊17論文。
＊35　杉橋隆夫「河内源氏の出自——頼信告文と頼朝願文」『藤井寺市史』第四集、一九八三年。
＊36　鮎沢(朧谷)寿『源頼光』吉川弘文館、一九六八年。
＊37　高崎正秀『高崎正秀著作集第七巻　金太郎誕生譚』桜楓社、一九七一年。
＊38　林屋辰三郎「天神信仰の遍歴」同『古典文化の創造』東京大学出版会、一九六四年ほか。
＊39　速水侑『地蔵信仰』塙書房、一九七五年。
＊40　五十川伸矢「平安京・中世京都の葬地と墓制」『京都大学構内遺跡調査研究年報　昭和五五年度』一九八一年。『晴富宿禰記』文明一一年七月一三日条。

［補注1］ モノの意味が、モノという日本語にもとからあったものか、それとも漢字の鬼字を宛てたため、中国で鬼にこめられていた意味が、たくまずしてしのびこんでいるのか、という問題がある。難問だが、もともと、中国で鬼という字は、存在はすれども見ることのできない死者の霊魂を意味し、先祖の霊も人間に害をなす悪鬼も、ともに鬼と表現された。人間に祟りをなす悪鬼とは、たいてい非業の最期をとげ、人間に恨みを抱いている鬼で、祟りの方法もいろいろあるけれども、疫病を流行させることが多い、とされる(出石誠彦「鬼神考」同『支那神話伝説の研究』中央公論社、一九四三年。森三樹三郎『中国古代神話』大雅堂、一九四四年、二八五頁など)。一方、日本の一〇世紀の『倭名類聚抄』では、「鬼」は和名「於爾」で、「物に隠れて形を顕はすことを欲せず、故に俗に呼びて隠《おに》と曰ふ也、人の死せる魂神也」とある。オニの語は上代文学に確かな用例がなく、漢字の隠の字音 on に i を添えて日本語化したものといわれるが(土橋寛『日本語に探る古代信仰――フェティシズムから神道まで』中公新書、一九九〇年、九五頁)、『倭名抄』の鬼概念は、明らかに、中国の死者の霊魂説を祖述している。モノも中国の悪鬼と重なるところが大きく、御霊にいたっては悪鬼そのものである。日本のオニもモノも御霊(怨霊)も、これら中国の鬼の観念に影響されているところが、大きいようである。

【補注2】近年、生駒孝臣氏は、頼政に仕えた渡辺氏は、従来渡辺党の主流と考えられてきたが、渡辺党主流の惣官家（安の孫で、伝の子重の系譜）と頼政は関係がない、頼政と主従関係を結んだのは、重の弟満を祖とする満流渡辺氏をはじめとした庶流のものに限られていたと主張している（同氏「源頼政と以仁王」野口実編『治承～文治の内乱と鎌倉幕府の成立』清文堂、二〇一四年）。なお第六章末【補注1】参照。

〈補説1〉 大枝山の大江山

京都府下には、二つの大江山がある。福知山市と与謝《よさ》郡与謝野町の境、かつての丹後・丹波国境にある標高八三三メートルの大江山(千丈ヶ嶽)と、現在の亀岡市と京都市西京区の間、標高四八〇メートルの大江山(大枝山)である。後者の東北麓が大きな鞍部を形成しており、そこに山陰道が通っていた。山城・丹波の国境で、あたりを老ノ坂という。一般には千丈ヶ嶽が、酒呑童子の大江山と考えられているけれど、古代・中世における大江山は後者をさしていた。

小式部内侍の有名な「大江山いくのの道の遠ければまだふみもみずあまの橋立」にしても、京→大江山→生野(福知山市内)→天の橋立という状況の設定である。これが刑部卿範兼の「大江山こえていく野の末遠み道ある世にもあひにけるかな」になると、位置関係はもっと鮮明になり、大江山はまぎれもなく山城・丹波国境、老ノ坂の大枝山であった。

宮増《みやます》作といわれ、早ければ一五世紀前半に成立した能本「大江山(酒天童子)」では、

ワキ（頼光）　都のあたり程近き
シテ（童子）　この大江の山に籠り居て

の一節があり、大江山は都に近い設定である。

また、童子が頼光に「ここは名を得し大江山、生野の道は猶遠し、天の橋立与謝の海、大山の天狗も我に親しき友ぞ」と語る場面がある。天狗のすみかの大山は、天の橋立・与謝の海と連記されているから、佐成謙太郎氏のいう伯耆大山《ほうきだいせん》より、[*1]与謝《よさ》の大山《おおやま》の可能性が高い。[*2]この与謝の大山こそ、丹後大江山の古名にほかならない。

和泉式部が、丹後守藤原保昌の妻として任地に赴き、都より帰らぬ夫を待ちわびて、

丹後にありけるほど、守のぼりてくだらざりければ、十二月十余日、雪いみじうふるに
　まつ人はゆきとまりつつあぢきなくとしのみこゆるよさのおほ山
（『和泉式部集』八五二）

と歌ったことはよく知られているだろう。それと区別され、「生野の道は猶遠」いという能本の「大江山」は、老ノ坂の大枝山に違いない。

もちろん、それより少し遡る成立の逸翁美術館蔵『大江山絵詞』では、大江山は丹後の千丈ヶ嶽を舞台とするから、ことは単純でない。そのあたりの事情については第五章で考えるが、いずれにせよ、説話原型が成立しつつあった鎌倉末の時期、大江山といえば、老ノ坂の大枝山をさしていたから、酒呑童子説話の大江山が元来、老ノ坂のそれに想定されていたことは疑いない。ちなみに老ノ坂(老ノ山)は大枝《おえ》が大井《おい》とよまれ、老いの字が宛てられたものといわれている(『山州名跡志』)。いっときは「老の当下(峠)」という表記もあった(『明徳記』上)。

山陰道は、都と丹波以西八カ国の国府を結ぶ幹線交通路である。平安京から丹波に行くには、今日の京都市西京区樫原《かたぎはら》・塚原・沓掛を通って大江山に向かう。大江山を越せば大枝駅《うまや》で、これが山陰道最初の駅である。*3 源師時の日記『長秋記』には、天永二年(一一一一)の頃、「丹波国篠村」(現亀岡市篠町)に上洛者の泊まる「宿所」があったとあるが(同年八月一五日条)、かつての大枝駅の系譜をひくものであろう。

一五世紀の前半には「大枝山」に天竜寺が管理する関所があって、関所を通る「米ならびに大豆・小豆以下の雑穀」「紙・紺布・塗物」「木炭」「魚鳥」などの諸物資にかける関銭の額が、幕府からいちいち細かく指示されている(『天竜寺重書目録乙』)。建武新政権期の主殿寮領《とのもりょう》大江山というのも(『壬生家文書』五七一号)、この関のことだろう。

大江山はながく公私の人びと、諸物の通過する重要な山坂であった。一ノ谷の平家を攻めるため丹波路を進んだ源義経、篠村八幡宮で挙兵し六波羅を攻撃した足利尊氏、本能寺に信長を殺した明智光秀も、それぞれにこの坂を越えた。大江山は歴史の山道である。

ここには国道九号線が走っている。ところが一九九〇年代後半に、同地に巨大な老ノ坂亀岡バイパスと長大な新老ノ坂トンネルが貫通し、現場の状態は激変した。以下の場景は筆者がはじめて現場を訪ねた一九七〇年代後半のそれである。

国道九号線の傍らに、からくも残るのが旧峠道である。京都側から古路の山道を登りつめると、手向という場所にでる。タムケは、旅路の平安を祈って峠の神に幣を供える古い儀礼であり、手向をする場所、あるいはそれをうける神そのものをさす。かつてこの山坂を通過した数しれない人々の心の奥底をしのばせる、といいたいところだが、向かって左手の大江山中腹にゴミ処理工場がつくられ、それへのとりつけ道路が橋状にゆくてを横切る。

道橋の下をかいくぐると西方に荒れほうだいの小道が続き、一〇〇メートルばかりゆくと、半分以上土に埋もれた丹波山城国境碑のある場所にでる。少し先は、今は面影もないがその名も峠町とよばれ、近世後期の地誌『桑下漫録《そうかまんろく》』に二七軒の茶屋集落があったとある場所である。あたりは鎌倉時代ぐらいまでは、寂しい山道だったと思われ、旅人にとって警戒を要する場所であった。

『今昔物語集』の「妻を具して丹波の国に行きし男、大江山にして縛られたる語《こと》」(巻二九—二三)は、芥川龍之介の「藪の中」の素材として著名であろう。応和二年(九六二)には、丹波国桑田郡人宇治宿彌宮成が、仏工を大江山で待ち伏せして射ている(『扶桑略記』第二六)。また平安時代、律令の運用や解釈にあたって疑問が提起された時、法律の専門家たる法家が、問答体の形式で回答を与えた史料(法家問答)の一つに、丹波国府で商売をして帰る途中の行商人が、大枝山山中で二〇人の強盗集団に襲われ、借りた馬もろとも荷物を奪われた、馬の貸主が弁償せよといっているが、この場合どうすればよいか、という質問がみえる(『平安遺文』三四五号)。

さらに、永久二年(一一一四)には、丹波・但馬・因幡・美作等の国人三〇人ほどが同意して強盗を働き、大江山で盗品を分配したとの情報が、検非違使別当より白河上皇に報告されている(『中右記』同年九月三日条)。大江山に盗賊が出没し、そのすみかとなったことを語る史料は少なくない。

老ノ坂と酒呑童子の関係を語るものとして、注意されるのは、国境碑と向かい合う酒呑童子首塚である。塚の上には小さな祠があり、首塚大明神と称する。首塚については、元禄二年(一六八九)丹後・若狭・近江一巡の旅をした貝原益軒が、大江の坂の嶺より少《いささか》西に、地蔵堂有。其側《かたわら》に亀山城主の休所あり。地蔵堂の少北に山城丹波の境あり。嶺より京都及山城諸山能《よく》見えて、佳景也。地蔵堂の西南に、一村(群)の松林あり。是、酒顛童子が首塚なりと俗にいへり。

と書き残している(『諸州めぐり西北紀行』巻上)。現場の大変化と並行して塚の整備も進み、祠傍らの石碑には次の一文が刻まれている。一九七〇年代後半には、まだブリキの説明板に書かれていたものだった。

酒呑童子の首塚(1970年代後半の状況)

源の頼光等は丹後の大江山で酒呑童子を退治し、その首を証拠に都へ帰る途中、この地で休息したが、道端の子安の地蔵尊が「鬼の首のような不浄なものは天子様のいる都に持ち帰ることはならん」と言われた。熊と相撲をとったと言われる力持ちの坂田の金時が、証拠の品だから都にもってゆくと言って力んだが、ここまで持って来た首が急に持ちあがらなくなった。そこで止むを得ずこの場所に埋めて首塚をつくったと伝えられる。

文中の子安地蔵尊は、平安中期の恵心僧都源信の作とされ、旧老ノ坂トンネル東口、京都側から見て右手にあるが、もとは益軒がいう地蔵堂(大福寺)に収められていたものといわれている。

子安地蔵が語った、鬼の首のような不浄なものは、ここより都の内に入れないという言葉は、かつてこの地で修祭された四堺祭の目的とオーバーラップする。四堺祭から首塚伝説の誕生まで、どのような紆余曲折があったか、いまとなってはたどるすべもないが、両者の間に一筋の継承関係がある、と考えて間違いないだろう。

頼光の酒呑童子退治説話成立の背景に、大江山にこもる山賊征伐の史実があったと推測するむきが多い。すでに益軒も「酒顚童子は古の盗賊なり、夜叉の形をまねて人をおどし、人の財宝を奪ひ、人の婦女をかすむ」(『諸州めぐり西北紀行』巻上)、「酒顚童子は古の盗賊なり、鬼の形をまねて、人の財をかすめ、婦女をぬすみとる」などと述べている(『扶桑記勝』巻六)。これに説得性をもたせるため、延応元年(一二三九)、鎌倉幕府が鈴鹿山・大江山の「悪賊」鎮圧を近在の地頭に命じたことが(『中世法制史料集』第一巻、追加法一一八)、よく引き合いに出される。

私は、この種の一見合理的、「科学的」な問題処理には不満である。なぜなら、仮りに鬼退治の背景が盗賊征伐だとしても、それだけでは、複雑な要素とプロットを持った鬼退治物語へと説話化される、その意識過程・創作過程をなんら解き明かしていない。つまりは、たんなる仮説、いや思いつきの域を出ていない。さらに、仮説はそれを武器に何かを解明しようと努めるところに意味がある。なにごとも解明しようとしない仮説は、仮説としての意味がない。こうしたわけ知りの論法には、それ以上の分析や掘り下げを抑止する不毛(精神の怠慢)がある。

つぎに、当然のことだが、説話と史実の間には深い質的隔たりがある。それでいて架空のもの(非現実の世界)には、史実とは異質の、意識活動の産物としての独特の実在性がある。それをあたかも同一次元に並ぶかのようにして、架空のものの有する堅固な実在性を解体し、山賊征伐という散文的事実に解消して足れりとする[*4]。これでは中世人の感性や想像力、潜在意識、コスモロジー(宗教的・哲学的な宇宙論)に迫りようがないではないか。

お読みいただけばおわかりのように、本書の全体は、いかにしてこうした「素朴反映論」を超克するか、というところに目的設定されている。史実との緊張関係を維持しながら、説話世界形成の内的論理や飛躍のダイナミズムを追求する。歴史的契機としての疫病の流行や四堺祭を強調しながら、なおそれらが生み出した観念や恐怖感が、説話として結晶してゆく複雑なプロセスを、可能な限り追求する。カエサルのものはカエサルへ、神のものは神へ。これが本書の立場である。

とはいえ、説話成立の過程にあって、大江山に出没した盗賊の記憶が、なんの役割も果たしていなかった、と断言することもまたむずかしい。副次的、間接的な形の寄与ならあり得たかもしれない。しかし、その場合でも、ある特定年に起こった一回かぎりの山賊退治の史実より、むしろ平安期の諸記録類にしばしば現れる大索の儀などに、着目することが重要だと考える。

大索とは、平安時代宮中に盗賊が押し入ったり、京中に放火が多いときなど、臨時に衛府の官人を動員して、洛中洛外に捜査網をはり、大規模の検挙を行うことで、オホアナクリ・ヌスビトノアナクリなどと呼ばれた。その武士成立史上の意味・役割については別に論じた。[*5] もちろん、政治と儀式がわかちがたく結びついていた、というよりは儀式がそれ自体政治であった平安期貴族社会の常として、大索も儀礼化・定型化が著しかった。藤原公任の著した『北山抄』(巻四)によると、その次第は左のようであった。

大索を実施する場合、意図をもらさぬためということで、前日に、賑給《しんごう》(京中の貧民に米塩を施す行事)を行うから、六衛府は弓箭を帯び、馬寮・諸卿の家は乗馬を用意して、明日の卯の一点(午前五時)に内裏建礼門の前に集まれという命令書を出す。一方ひそかに検非違使に命じて、逢坂・竜華《りゅうげ》(＝和迩堺)・山崎・大枝・宇治・淀などの各要所を固衛せしめる。翌早朝卯の刻以前に、上卿《しょうけい》(行事執行の責任者として指名された公卿)が参入し、予定どおりさきのものを盗賊を捜索せよという命令書に書き改める。

かくて、建礼門前に武装集合した六衛府の佐《すけ》(次官)以下舎人《とねり》たち(これに滝口の武者や「諸司官人・堪武芸者」なども加わる)は、馬寮の役人や諸家の家司の引きつれてきた馬を分け与えられ、つぎつぎに嫌疑のものの逮捕に向かう。彼らは京中の捜盗が終わると引き続き「山々」に向かい、帰参後その成果を報告するのである。「山々」というのは、大索がそれに擬装する賑給(施米)の場合を参照すると、京都東西北三方の諸寺院(山々)のこととも考えられるが、「京辺東西の山野に、奸盗を索め捕《もと》ふべきの由、定め行はる」(『日本紀略』安和元年九月一六日条)などの記事を考慮すると、やはり逢坂・竜華(和迩境)・山崎・大枝の山城四堺などをさすもののようである。

一見して明らかなように、大枝堺は、儀礼化された行事の首尾にあって、捜盗を象徴する空間として、重要な位置を占めている。そしてくりかえし行われるこの行事こそ、個別の山賊征伐の史実がもたらすどんな印象にもまさって、大江山—盗賊—その征伐、という三位一体の観念を生み出し流布させる、現実的な源泉ではあるまいか。

なお、二つほどつけ加えると、「堪武芸者」とは、大疫年であった正暦五年(九九四)

三月六日の大索を例にとると、当時都の武者として名高かった源満正、平維将、源頼親、源頼信らをさす（『本朝世紀』『日本紀略』）。頼信や頼親がいずれも問題の頼光の弟であることは、留意してよい事実であろう。

また、彼らや滝口が動員されるのは、逮捕すべき相手が手ごわいからというより、当時犯罪がケガレと観念されていたことが大きいのではないか。[*6] 罪のケガレがもたらす災気を除去し、正常な状態への回復に努めるため、ケガレや災気に強い武士や滝口が起用されたと考えてみたらどうか、と思うのである。

＊1　『謡曲大観』第一巻　明治書院、一九三〇年、五六四頁頭注。
＊2　荒木良雄「謡曲に現われた大江山伝説」同『中世文学の形象と精神』昭森社、一九四二年。
＊3　藤岡謙二郎『都市と交通路の歴史地理学的研究——わが国律令時代における地方都市及び交通路の歴史地理学的研究の一試論』大明堂、一九六七年、一一四〜一一七頁。
＊4　これらの点については、谷口孝男『意識の哲学　ヘーゲルとマルクス』批評社、一九八七年の第四章「生産的唯物論と想像力的意義」から示唆をうけた。
＊5　髙橋昌明「武官系武士から軍事貴族へ」同『武士の成立　武士像の創出』東京大学出版会、一九九九年。
＊6　罪はケガレであるという観念については、勝俣鎮夫「家を焼く」『中世の罪と罰』東大

出版会、一九八三年。石井進「罪と祓」『日本の社会史第五巻　裁判と規範』岩波書店、一九八七年などを参照。

〈補説2〉鶏と雷公(頼光)

平安期以降、京都に疫病が流行るたび、四堺祭とよばれる陰陽道の祭が行われた。山城国の四つの境において、疫神の侵入をさえぎる祭である。第一章では、その際の一連の呪的行為こそ、境に跳梁するモノノケ(鬼気)のモノを、見えない霊的存在から、形象化され、実在感のあるオニ(大江山の鬼神)へと転化させた、主な契機である、と述べた。祭の最中、鶏に木綿《ゆう》をつけて放つことが行われる。その目的についても、疫鬼饗応中、宵鳴きさせることによって、魔の潜む夜を追い払うことを意図したからではないか、との見解を示しておいた。ここではもう少し、これを掘り下げてみよう。

鶏には多彩な民俗的想像力がこめられている。主題の辟邪(魔よけ)の力とかかわって、まず画鶏《がけい》が注目されよう。古代以来中国で、正月に門戸に鶏を画いたものを貼るという風習である。門は禍福の入り来たるところであるから、ここを守るのは当然であるが、なぜ鶏が必要なのか。後漢の応劭《おうしょう》の『風俗通』巻八雄雞《ゆうけい》条が引く諸説などを参照すると、どうやら朝を導く鶏を、陽性の象徴と見て、陰性の悪魔に対立させる陰陽思想に、発想の原点があるようである。[*1]

画鶏の習俗は、中国文化を受容した東アジアに広く分布しており、たとえば朝鮮王朝期の朝鮮には、民間で正月に、壁の上に鶏と虎の画をつけて厄を払う鶏虎画の習慣があった。[*2]

日本でも近年まで、鶏の絵を紙に画き、竈神《かまどがみ》の前に逆さに貼っておけば、小児の百日咳(咳の病、流行性感冒を含む)が治る、予防には、それを戸口に貼る(栃木県の場合)、枕元に貼るとよい(山形県の場合)などの習俗があったことが報告されている。[*3] 寛政六年(一七九四)、青森県下北半島田名部の町に滞在していた菅江真澄《すがえますみ》が、正月九日初酉の日、西という文字を三寸ばかりの紙に書いて、門の戸に逆さまに貼っていたのを見ているが、これも画鶏のヴァリアントに違いない(『菅江真澄遊覧記』奥のてぶり)。

また、『看聞日記』の永享八年(一四三六)三月二七日条に、

> 陰陽師有重参る、霊気祭今月事仕《つかまつ》るの間、禁裏の申沙汰、よりてこれへも持参の由申す、四半紙十三枚に雞一羽づつ書く、これに御唾咄(吐カ)き懸けられ給ふべきの由申す、一年中閏月まで十三羽と云々、この祭は当家ならでは相伝せざるの由申す、咄唾し返し遣はす

とある。伏見宮貞成《さだふさ》親王の所に陰陽師安倍有重がやって来て、今月霊気祭を執行しているが、禁裏の意向で親王の所でも同じ祭を奉仕することになった、ついては一三枚の四半紙に鶏を一羽宛画いたものを持参したので、唾を吐きかけて欲しいと申した。一三枚は一年一二カ月とこの年の閏月(閏五月)分を合わせたもので、求めにしたがい、唾を吐きかけて有重に返した、というのである。その二年後の永享一〇年三月二一日条にも、「有重朝臣参る、霊気祭の鶏を持参す、これを祓し返し給ふ」の記事がある。

霊気はリョウゲと訓み、生霊や死霊の類、モノノケやツキモノの意で、病気や身体の危険をもたらす。これを取り除き悪霊の祟りを防ぐのが霊気祭で、名こそ違え鬼気祭や泰山府君祭《たいざんふくん》・天曹地府祭《てんそうちふ》などと、ほとんど同種の祭である。それに毎月一枚画鶏が使われていることがわかり、興味深い。

さらに「これを祓し返し給ふ」によって、唾吐きが祓いにかかわる呪的行為だったように読める。唾は、中国では人間の気(生命力)と類縁性の強いものとされ、唾するという動作も、呪文との併用によって、病気を治癒する力、異常を正常にもどす力として作用する、と考えられた。[*4] 日本でも唾を吐きかけることは「相手の呪力を禊《みそ》ぎ同様に消すための呪術」といわれる。[*5] 陰陽師は、画鶏に唾を吐きかけさせることによって、ケガレや災厄を撃退する効果を増幅させることをねらったのではないか。

その他、日本だけのことか確かめていないが、鶏のトサカ状の柄頭をした枕刀のこともある。枕刀とは、共寝する男女夫婦の枕辺に横たえられる飾刀のことで、保立道久氏によれば、雄鶏のトサカ状の柄頭の装飾をもった飾太刀を、「雄頭大刀《おんどりがしらたち》」と呼ぶらしい。[*6] 鶏の陽性や闘争性が、睦みあう男女を、夜の恐怖と忍び寄る魔性の手からガードし、守り刀の呪力をいや増しにする、と信じられた結果だろう。

以上は、陽の側面を示す事例であるが、鶏は異なるコンテキストのなかにも登場する。たとえば、『看聞日記』応永三二年(一四二五)二月二八日条は、将軍義量《よしかず》の死亡記事で、天下の驚愕・動揺ぶりと、正月以来さまざま怪異な風聞巷説が飛び交ったことが記され、その一つに、

正月一日、室町殿(義量)北野へ社参、宮廻りの時、御殿の内に声あり、当年御代尽くべしと云々、又北野に鶏、物を言ふ、今年に御代尽くべし、主上崩御あるべしと云々、此の鶏を流し捨てらると云々

の記事がある。ここに見られる鶏は、陰を撃退する陽性の象徴でなく、明らかに不吉を告げる妖物である。

また、冒頭に述べたように、四堺祭の鶏は、鬼に退散を強迫する役割を果たすのが本

来のあり方と推定されるが、北村季吟の『八代集抄』(古今巻十二)に、「世の中さわがしき時、君の御祈りに四境の祭といふ祓あり、鶏に四手をつけて、陰陽師にあしき事を祈りつけさせて四境の関にはなさるゝ也」とあり、陰陽師が祈禱によってモノノケなどを木綿付け鶏に乗り移らせ、その上で堺の外に追放したと見える。該当箇所には「顕註」「是迄顕註義」などとあって、文章は平安最末の顕昭に由来する(明応七年成立の『古今栄華抄』にもほぼ同文が見える。二一頁参照)。

　このケースの鶏は、大祓のケガレを移す祭祀具、現行民俗の道祖神祭の藁人形や三月節句のナガシビナ、七月の虫送りに使う人形などと同じ、形代《かたしろ》・依代《よりしろ》の呪術的意味を帯びていた。

　鶏が不吉を告げる妖鳥だと考えられたのは、特別な霊力を有するがゆえに、冥界にも通じた存在と考えられていたことを示し、形代として四境から追放される役割を負わされるのは、翼をもつ鳥として、ケガレを異界まで遠く運び去る能力が期待されているからである。

　モノノケを撃退する役割を果たすとともに、妖鳥、時にはケガレを移し付けられる存在と、対照的なかたちで登場するのは、境界のはらむ両義性とともに、この鳥がこの世とあの世の境目に現れる神聖な鳥で、魑魅魍魎《ちみもうりょう》の跳梁する夜と人間の活動する昼との境目を告げる、境界的な鳥であることの反映であろう。

第一章ではまた、四堺祭の祭場に派遣される勅使が、天皇身辺の武力たる滝口であり、名にし負う摂津の渡辺党も、代々滝口をつとめる武士であった、などのことに注目した。こうした文脈の中では、渡辺党の祖とされる渡辺綱は、たしかに大江山に現れる歴史的な必然性を有しているといえよう。では、源頼光が大江山と結びつく条件はあるのだろうか。これについても第一章で、民俗的心性の観点から、

最後に、鬼退治の主役がなぜ頼光でなければならないのか、という自問への自答として、頼光が雷公と音通である点をつけ加えておきたい。……「鬼」を退治する存在は、一層の鬼的威力を持たねばならず、自身災いをなす荒ぶる霊力であってこそ、災異・モノノケに対抗しうる。雷神が荒ぶる怨霊神になる決定的な契機は、延長八年（九三〇）の清涼殿への落雷と雷死者の発生が、菅原道真の怨霊の働きと考えられたことにあるが、天空切り裂く閃光と肝をつぶす雷鳴こそ、怨霊の威力を表現してあますところがない。

中世人の心意や伝承の世界においては、鬼神を征伐するには、雷公への連想をさそう名を持つ武将でなければならなかったのだろう。

と述べた。

右の着想を初めて公表した時、網野善彦氏から「奇想天外にして、おそらくは的を射た説」という複雑な評価が寄せられた。[*7] 好意的な評とすべきだろうが、これではまだ一般論で、舞台としての大江山には結びつかないではないか、という苦言もこめられているに違いない。そこで、再び謎にチャレンジしてみたところ、頼光＝雷公説を大江山に収斂させうる、二つの回路に気づいた。

一つは、かつて鶏が雷公とみなされたという点である。すなわち、中国古代の雷公は、鳥のくちばし、翼、鳥の趾《あしゆび》と爪をもっており、こうした雷公の原型は鳥であったとされる。[*8] さらに以下は、曲亭馬琴が考証随筆『玄同放言』(一八二一年刊)で、紹介している材料である。

明の随筆『五雑組《ござっそ》』(巻一)に、「雷公は嶺南の鶏に似ると、今嶺南に物あり、鶏の形にして肉翅あり、秋冬は山土の中に蔵《かく》る、掘る者の之に遇へば、轟然として一声して走る、土人逐ひて、殺すことを得て之を食ふ、之を雷公と謂ふ」、あるいは「論衡に曰く、画工雷公を図する、すなはち連鼓の形の如く、一人之を椎《たた》く、見るべし、漢の時相伝へることかくの如し、然るに雷の形、人常にこれを見るものあり、大約雌鶏に肉翅あり、その響きはすなはち両の翅奮ひ、撲《うち》て声を作《な》すなり」とある。ともども、雷神の正体を鶏類似の鳥とみていることがわかる。

鶏を雷公とみる観念は、早く日本にも伝わっており、『文徳実録』天安二年(八五八)六月三日条には、雷雨の夜、北野から稲荷社の方を見ると、空中で赤色の二羽の鶏が闘っているのが目撃されたとある。また、万寿四年(一〇二七)夏、京都を暴風雨が直撃、洪水で舎屋が転倒する。この時所々に落雷があり、豊楽院《ぶらくいん》西第二堂への落雷は、白鶏に似た形をしていたという(『日本紀略』同年五月二四日条)。

『延喜式』臨時祭霹靂《かんとき》条に、供物の一種として、鶏二翼が挙げられていることも無関係ではなかろう。霹靂神(雷電神)は、「大祓の祝詞」の鎌倉時代後半のある注釈書に、「高津《かんづ》神《かみ》の災《わざわい》〈霹靂神の祟りなり、すなわち雷電神の怪なり〉」「高津鳥の災〈鳥類の怪なり〉」などとあるように、高津鳥(神)=鳥類と同一実体と考えられていたのである(『中臣祓訓解』)。

さらに、源平内乱中の元暦元年(一一八四)正月二三日、常陸鹿島神社の禰宜らは鎌倉の頼朝のもとに使者を送って、つぎのように注進している。

> 社僧の夢想によれば、同月一九日義仲・平家追罰のため、鹿島の神が京都に赴かれたということです。続いて、翌日の夜黒雲が神社の宝殿を覆い、四方真っ暗やみになりました。御殿は大震動し、鹿鶏等が多く群れ集まりました。しばらくすると黒雲は西に移動し、雲中に鶏一羽のあるのが人目に見えました。希代未聞の奇瑞であります。

頼朝はこれを聞き、いよいよ鹿島神社への信仰を篤くし、その方角に向かって遥拝したという。事件にふれて、『吾妻鏡』編者は「くだんの時剋に、京鎌倉ともにもつて雷鳴地震す」という情報のあったことを書き添えている(同日条)。鹿島神宮の祭神は武甕《たけみか》槌《づち》神(建御雷神)すなわち雷神であるが、中世前期その化現が鶏であると広く認識されていたことを語る史料である。これも鶏と雷公の親縁性を示す証となろう。

いま一つの回路は、気象現象からみた京都の雷の特徴である。京都は全国的にも雷の多いところで、とくに西北の丹波山地で発生して南東にすすみ、京都市内に入ってくる熱界雷を、俗に「丹波太郎」と呼ぶ。その予想がむずかしいのは、丹波山地からそのままの勢いで来ずに、いったん衰えながら、京都市付近に近づくと再び発達して、あっという間に大雷雨になるから、と気象関係者はいう。[*9]

これが京都の西北愛宕山を越えてくる突然の黒雲の正体であり、山頂近くの愛宕神社若宮(奥の御前)に雷神が祀られる理由でもあろうが、大江山はまさにその丹波を貫く山陰道が、山城国に入らんとする地点であった。

以上二点、四堺祭の鶏が喚起する雷公のイメージ、丹波から連想される雷公の強烈な印象、これらこそ、大江山に雷公が結びつく契機ではなかっただろうか。網野氏の期待に応えられたか、いぜん心もとないが、有効だとすれば、ここでの雷公は、大江境に寄り来る悪霊・モノノケの表象であるとともに、それを撃退すべく巨大な威力を期待された荒ぶる霊力の、両面を併せた存在だったはずである。

第一章で説いたように当時の観念では、山陰道は疫病の侵入し来る経路、西北は不吉な方角である。南北朝期の『拾芥抄』上(第一九 諸頌部雷鳴時頌)が引く『月令図』にも、「雷、西北の方より起これば、多瘧、小熱」とある。瘧は古訓エヤミ、ワラハヤミであり、流行病、熱病の一種のこと。中世京都人にあって、西北の雷は、流行病の多発と作物小熟の前兆、と恐れられていた可能性が高い。

かくては頼光(雷公)の大江山への道行も必定、と思うのだが。

＊1 守屋美都雄訳注『荊楚歳時記』平凡社、一九七八年、一一〜一三頁。
＊2 李杜鉉・張籌根・李光奎著『韓国民俗学概説』学生社、一九七七年、一七四〜一七六頁。
＊3 鈴木棠三『日本俗信辞典 動・植物編』「鶏」の項、角川書店、一九八二年。
＊4 山田慶児『夜鳴く鳥――医学・呪術・伝説』岩波書店、一九九〇年、四二〜四七頁。
＊5 石上堅『日本民俗語大辞典』「つばき」の項、桜楓社、一九八三年。
＊6 保立道久「塗籠と女の領域」同『中世の愛と従属』平凡社、一九八六年。
＊7 網野善彦「問題の所在」『日本の社会史第二巻 境界領域と交通』岩波書店、一九八七年。

＊8　松前健「神話における日本と中国」『国文学　解釈と鑑賞　特集日本の神話・古代・民族』昭和四〇年九月号、一九六五年。

＊9　岡林一夫・中島肇編『京都お天気歳時記』かもがわ出版、一九八七年、一三七〜一四〇頁。

［蛇足］　鶏は、頭と足が鳥、胴体が人間の、カルラ(迦楼羅)を連想させる。カルラは、大乗仏教で八部衆の一つ、密教で文殊の化身である。金翅鳥《こんじちょう》ともいわれ、竜を常食とする。竜は民間信仰にあっては水神であり、したがって雷神である。それゆえであろう、風雨を止める密教の修法としての金翅鳥王法は、同時に「諸毒病を除かんがため」にも修される(『図像抄』『別尊雑記』)。大江山には、やはり鶏が似つかわしい。

〈補説3〉描かれたモノノケ

モノノケのいない王朝文学なんて、という声が聞こえる。じゃあ、モノノケってなんだ。これがやっかいで、とりあえず、モノは人間にマイナスの作用を及ぼす霊的存在、ケ(気)は肉体の根元にかかわる形のない活動力、万物生成流動の根元となる陰陽精霊の気のごときもの、としておく。具体的には、モノがひとたび人間に憑着すると、ケによって病や死が訪れる、と考えられていたことは周知の通り。[*1]

モノは漢字で物のほか鬼とも書く。鬼という外国語が入ってきたとき、日本語のモノに宛てたからで、したがって鬼気と書いてモノノケと読む。この時期の鬼が、多く病をもたらす疫鬼であるゆえんである。[*2]

こうしたモノノケはいわば非個性的・非個体的なものであるが、『紫式部日記』が、モノノケの本体は人間の怨念(ねたみ)であると述べているように、一一世紀の頃ともなると、特定の霊(死霊)が、特定の個人あるいは家筋にとりついて悩ます、という新たなモノノケ観も登場するようになる。

さて、筆者はしばらく前から、中世の鬼退治物語を代表する酒呑童子説話の歴史学的究明に熱中し、あげくの果てに絵画作品にモノノケを描いたものはないか、と大がかりな捜査を展開中である。私見によれば、酒呑童子の原像は都に疫病を流行らせる疫神だからである。鬼気と書くぐらいだから、鬼の姿に描かれているだろう、と叱られるかもしれない。事実、『紫式部集』の「亡き人にかごとをかけてわづらふもおのが心の鬼にやはあらぬ」の詞書に

絵に、物の怪のつきたる女のみにくきかた(形)かきたる後《うしろ》に、鬼になりたるもと(元)の妻《め》を、小法師のしば(縛)りたるかたかきて、男は経読みて物の怪せめたるところを見て

とあり、モノノケを鬼の姿に描く絵があったことがわかる。

だが、そもそもその鬼の姿態が問題で、牛の角を持ち虎の皮を腰にまとう例のスタイルは、後代に流布したイメージなのである。できればかぶろ頭(髪を肩の所で切りそろえた、いわゆるオカッパ頭)の童形であって欲しい、だって、大江山の酒呑童子は、童子と呼ばれ、かぶろ頭をしているじゃないですか……

かれこれしているうちに、滋賀大学教育学部(当時筆者が所属していた職場)で王朝文学

を担当する山本利達教授から、目無経《めなしきょう》にそれらしきものが描かれている、との教示を得た。目無経とは、『金光明経』などの経文の下に、何かの物語絵とおぼしい貴族生活のさまざまな場面を薄墨で素描したもので、登場人物の目鼻が描かれてないところから、こう呼ばれる。

山本教授は、さらに経から下絵だけを抜き出して模写した白描図の写真をお貸し下さった。教授の恩師玉上琢弥氏が、かつての勤務先京都市立美術大学の学生だった大河内久男氏から提供されたものの焼き増しで、原画は一九五一年、京都国立博物館所蔵の国宝目無経(『金光明経』巻第三)から抜き描きされている。

この経巻は、建久三年(一一九二)三月、後白河法皇が亡くなったとき、かねてより法皇と某禅尼によって進められていた物語絵が、未完成のまま残った。そこで亡き法皇の菩提をとむらうため、制作途上の白描下絵を使って写経が行われ、結縁経《けちえんきょう》がつくられた。一揃いの経巻は、もと醍醐三宝院にあったが、明治中期になって寺外に流出、一部は失われ、残りは分散して所蔵されるにいたった。京博のものは、その一部ということになる。

同白描図のいくつかの場面には、童子風の男が胸から上だけの姿で、宙に浮いている。ある場面では、帳台に伏しながら嘔吐する女性と看病する男女、傍らには数珠を手に何事か祈禱している僧侶が描かれている(**挿図1**参照)。まさに高貴な女性にとりついたモ

插図1　病にふす女性と祈禱する僧侶（右上に〝胸から男〟，中央に三本指の妖怪）

ノノケを調伏すべく、僧侶が読経する図である。ここにも〝胸から男〟がいる。同図のすぐ右にも祈禱する僧侶と小童が二人描かれている。小童は、悪霊を病人から追い払うために用いられた護法童子ではないだろうか。

その後、文献を求めて、戦前白畑よし氏が目無経を論じていることを知った。氏は、物語絵を『源氏物語』のそれ、〝胸から男〟をやはりモノノケと解釈している。[*3] 重み十分の説で、中世でモノノケが童形と幻視されるケースだ、と色めき立った。

ところが、続いて小松茂美氏の「〝めなし経〟下絵と『有明の別』物語」[*4]を読んで、はやくも意気消沈する。氏は、モノノケのように見えるものは、隠れ蓑を頭からかぶった男の姿で、それが目無経の随所に現れるのは、姿を隠していろんなところを自由に歩き回っているからである、物語絵も『源氏物語』ではなく、『有明の別《わかれ》』のそれらしい、と説いた。『有明の別』は男子として育てられた美女の物語で、その一部は今は失われた平安中期の『隠れ蓑の物語』のクリーニング版、『今かくれみのの物語』といわれるべきもの。

いわれてみれば、〝胸から男〟をモノノケとすると、ほとんどの画面内容とチグハグなのだ。モノノケと場面の関係が説明ができないのである。物語絵が『有明の別』であるという点は検討の余地があるが、隠れ蓑を着た男を描いた、という小松説はおそらく正しい。小松氏はさらに、モノノケなら、**插図1**の女性の枕頭に僅かに左手・右手先と左脇腹が描かれた存在や、武藤金太氏蔵の目無経断片に登場する門の傍らの妖怪(**插図2**、小松氏模写)こそ、それを暗示しているという。

插図2　門の傍らの二匹の妖怪

前者は姿がはっきり見えず、後者にいたってはほとんど子どもの漫画だけれど、なるほどこれらこそモノノケだろう。**插図1**がモノノケ調伏の場面であることには違いないからで、妖怪の一匹は女性の肩や髪に手を触れている。モノノケが憑着していることを示しているのだろう。また、妖怪の手足はすべて指三本に描かれている。日本の鬼は『今昔物語集』(巻二七―一三)をはじめとして三本指が定法だし、いまも歌舞伎の扮装では約束ごとが守られているという。[*5]逆立つ蓬髪(ザンバラ髪)は、古代・中世の鬼の特徴である。

このモノ(鬼)は、角もなければ虎皮のパンツもはいてない。童子風でなかったのは残念だが、ともかくもモノノケと特定できる絵を見つけられたのは収穫だった。山本教授の学恩に感謝するとともに、緊褌一番、さらにモノノケ捜しに邁進せねばならぬ。

＊1　モノノケにかんする文献ついては、第一章＊1参照。

＊2　じつはこの先に、モノの意味が、モノという日本語にもとからあったものか、それとも漢字の鬼字を宛てたため、中国で鬼にこめられていた意味がたくまずしてしのびこんでいるか、という問題がある。この点については第一章末の【補注1】参照。

＊3　白畑よし「目無経について」『美術研究』一〇五号、一九四〇年。

＊4　小松茂美「〃めなし経〃下絵と『有明の別』物語」『小松茂美著作集第一九巻　古写経研究』旺文社、一九九七年。

＊5　近藤喜博「鬼の腕」同『日本の鬼』桜楓社、一九六七年。

第二章　酒呑童子のふるさと

——中国の小説・伝説に探る

> 多くの心理学的問題と同様、想像力の探求は語源学の誤った知識によって、混乱させられている。いまでも人々は想像力とはイメージを形成する能力だとしている。ところが想像力とはむしろ知覚によって提供されたイメージを歪形する能力であり、それはわけても基本的イメージからわれわれを解放し、イメージを変える能力なのだ。イメージの変化、イメージの思いがけない結合がなければ、想像力はなく、想像するという行動はない。
>
> （ガストン・バシュラール『空と夢　運動の想像力にかんする試論』宇佐見英治訳）

大江山の酒呑童子の原像は、都に猛威をふるう疫神、とくに前近代日本の疾病中、最大の脅威であった疱瘡を流行らせる鬼神だった。大江山(老ノ坂、山陰道が山城国に入らんとする地点)は、古代以来疫病の都への侵入をさえぎる四堺祭(都城の道切りの祭の一種)の祭場の一つであり、元来、疫神の跳梁しやすい場所である。

四堺のうち「帝都の西北」の大江山がとくに問題になるのは、疫病が西から流行ってき、また西北が気持の悪い風の吹く不吉な方向とみなされていたことによる。酒呑童子は、この鬼神の上にさまざまなイメージが重畳したもので、その一つにオランウータンに似た想像上の怪獣たる猩々のイメージがあった。猩々の酒を好み、つねに赤面していると説かれる点が、疱瘡が体を赤く変えることと重なるからで、猩々はおそくとも近世には、疱瘡神の神体とみなされていた。

以上は、第一章さわり部分の要約である。本章以降ではさらに話を進めて、説話それ自身の形成過程に肉迫してみよう。その際、文学作品なら当然のこと、童子の形象化やプロットの組み立てには、成立基盤に解消できない独特の飛躍がある。飛翔にあたって、いかなる材料が作者の想像力を刺激したか、すなわち、それがいまから述べようとする内容である。

一、『大江山絵詞』と『酒伝童子絵巻』

酒呑童子説話は、南北朝期に原型が成立したらしい。その後数多の作品がつくられた様子だが、近世極初期までのもので、残るのは少ない。遺存作品の双璧は、逸翁美術館蔵『大江山絵詞』とサントリー美術館蔵『酒伝童子絵巻』である。

『大江山絵詞』(上下二巻、逸本と略称)はもと下総香取神社の大宮司家所蔵であったため、普通香取本と呼ばれている。本格的な土佐派の画風を示し、成立年代は南北朝・室町初期とされているが[*1]、もっと降るとみる見解もある。酒呑童子説話の成立を示す最初の確実な徴証は、応永二七年(一四二〇)の伏見宮貞成《さだふさ》親王の「物語目録」に見える「酒天童子物語一帖」だから(『看聞日記紙背文書』)、これに前後するものだろう。ともかく現存最古の作品である。

絵巻の現状には、かなりの錯簡と欠失がある。別に行った復元作業の結果(本書【付録1】参照)にしたがって、あらすじを述べてみよう。

一条帝の時代、都の若君・姫君の多く失踪することがあった。安倍晴明の占いによって、大江山に住む鬼王の仕業と判明。追討の武将として四将が指名されるが辞退、改めて源頼光・藤原保昌が選ばれる。両将は八幡・日吉・熊野・住吉の神々に加護を祈り、必ずしも勢の多きによるべからずと、頼光が四天王、保昌は大宰少監ばかりを連れてゆくことになった。

長徳元年(九九五)大江山に向かい、深山幽谷に分け入り、とある山のほこらで老翁・老山伏・老僧・若き僧の四人に会う。一行は老翁の言で、山伏姿に身を変え、岩穴を抜け川辺に出たところで、洗濯中の老女に出会う。老女は鬼王と城の様子を語った。

さらに登ると立派な門にいたり、案内を乞うと、童子姿の鬼王が登場、惣門の傍らの廊に入れられる。この間土御門の姫から聞かされたのは、童子の恐ろしさ。再び現れた童子は、酒を愛するため酒天童子と呼ばれる、伝教大師や桓武天皇に比叡山を追

頼光の兜に噛みついた童子の首，童子の目をえぐる（逸本）

い出され大江山に住んでいる、などと語りはじめる。頼光は持参の酒を飲ませ、やがて酩酊した童子は寝所に入った。

日暮れになると、眷属の鬼どもが一行を誑かそうとつぎつぎ現れるが、頼光の鋭いまなざしに圧倒され、あれは都人の恐れる頼光に違いないと退散する。頼光・保昌は、老翁の助けをかりて姿を消し、城内を偵察、囚われの身となった藤原道長の御子や唐人たち、また鬼の屯する様子を見た。二人はもとの廊に帰り、戦闘準備を整え、まず眷属をけ散らす。

童子は堅固な寝所に恐ろしい鬼の姿で寝ていた。一行は老若二僧の力でなかに入り、若僧より、鬼王の手足を押さえつけている内に、頭一所をねらって斬りつけよ、と指示される。斬った首は天に舞い上がり、頼光の兜に食いつくが、一足早く綱と公時の兜をかりて重ねかぶっていたので、ことなきをえた。

鬼の死骸を焼き、囚われ人を解放して、鬼王の首を運び出すが、洗濯の老女は山を出る前に死ぬ。大江山のもとの道まで帰りついた時、助勢の四人が別れをつげたので、形見のとりかわしがあった。四人こそ住吉・八幡・日吉・熊野の霊神だった。

頼光一行は鬼の首とともに都に凱旋。両将は道長のはからいで、身にあまる賞にあずかる。頼光が石清水八幡宮にお礼のため参詣すると、宝殿の御影前に老僧に贈った兜があり、大江山で彼が老僧から形見にもらった数珠も、御影のものとわかった。頼光はさらに日吉社に、保昌も住吉社に礼参にゆく。

解放の唐人が帰国を願い出たので、九州博多に下し、神崎の津より船出させた。

一方、サントリー美術館蔵『酒伝童子絵巻』(全三巻、サ本と略称)は、もと因幡池田家に伝来したもので、漢画風の手法に大和絵を加味している。榊原悟氏の綿密な考証によって、『後法成寺関白記』大永三年(一五二三)九月一三日条、『実隆公記』享禄四年(一五三一)閏五月二一日条・二八日条に見える「酒天童子絵詞」「酒伝童子絵」の現物であること(伝は、天の転訛)、また古法眼本の通称どおり、古法眼(狩野元信)の筆であることが明らかになっている。[*2]

サ本と逸本の成立時期には、一世紀前後、どんなに短くみても半世紀以上の隔たりがある。内容面でも相当な違いがある。サ本に視点を置いて、逸本との相違点を整理すると、以下のようになる。

①失踪するのが逸本の貴賤男女にたいし、若い美女とくに池田中納言国方卿の娘の失踪が発端となって、話が進行する。
②鬼が城が、都の北の伊吹山千町ヶ嶽(現滋賀県米原市)にある。
③追討の将に指名されるのが頼光のみで、保昌は頼光の誘いで参加、逸本に現れる保昌の従者も登場しない。
④加護を頼む仏神が四神でなく三神で、日吉山王が欠けている。
⑤はじめから山伏姿で都を出立する。
⑥途中老翁(住吉神)より鬼退治の道具として、毒の酒と帽子兜を贈られるが、逸本ではただの酒で帽子兜のことはない。
⑦逸本では神々が一緒に行動するのに、サ本では岩穴を抜けた時点で姿を消し、童子退治の寸前現れ、またすぐに消える。
⑧川辺で出会うのが老女ではなく、若い姫君。
⑨童子が身の上を語ってから酒を飲むのでなく、毒酒に酔って身の上を語る。酒伝童

子の名前の由来も見えない。
⑩比叡山からすみかを変えたのではなく、もとから千町ヶ嶽に住んでおり一時的に追い出されただけ。追いたてたのも弘法大師一人で、伝教大師や桓武天皇は登場しない。
⑪童子の酩酊後その眷属が頼光一行を誑《たぶら》かそうとする箇所が、頼光らを酒や肴にしようとはやしたてて挑発し、一行も鬼退治の詞で応えるという形になっている。
⑫逸本では頼光らが蓑帽子で姿を消し城内を偵察するのに、サ本は囚われの姫君の案内で童子の寝所に向かう。
⑬逸本では四神が鬼王の手足を押さえつけるのに、サ本は三神の指示で童子の手足を鉄の縄で柱に繋ぎ動けなくする。
⑭頼光は、童子の首が天に飛び上がってから綱・公時に兜をかりるのではなく、はじめから、獅子王の兜の下に帽子兜をかぶっていた。
⑮鬼退治ののち、死ぬのは洗濯の老女でなく、酒宴の酒肴にされた堀江の中務の娘。
⑯四神との形見の交換、凱旋後の三社へのお礼参り、唐人の帰国のことなし。

二、「白猿伝」の影響

酒呑童子説話の内容に、唐の小説「補江総白猿伝（略称白猿伝）」が影響を与えているという説は、近世には貝原益軒はじめ盛んに唱えられたけれど、近代西洋学の導入以来ほとんどかえりみられなくなっていた。この忘れられた旧説に光がさしたのは近年のことで、黒田彰氏は「白猿伝」と逸本・サ本を本格的に比較し、多くの一致点を確認している。[*3]

その「白猿伝」とは、こんな話である。

「白猿伝」（岩波文庫　今村与志雄訳『唐宋伝奇集（上）』より）

六世紀前半の梁の時代、南方遠征軍の別将欧陽紇《おうようこつ》は、福建省の長楽から奥地に軍を進めた。土地には怪物がいて若い美女をさらうと教えられ、警戒を厳にしたが、果たしてその夜、紇の妻は風とともに消え失せた。

紇は、軍をとどめ懸命に捜索。やがて宿舎から遠く

翁，童子を縛る鉄の縄を与え，二神，鉄の戸を押しあける（サ本）

離れたある深山をよじ登ると、石門を楽しそうに出入りする数十人の女がいた。皆は怪物にさらわれてきた者たちで、洞窟の奥には妻も病臥していた。彼女らは、欧陽紇に怪物をだまし討ちにする計略をさずけ、立ち去らせる。

約束の日、いわれた通り酒と犬と麻縄を準備して出向くと、女たちは、怪物が犬を食い、酒に酔いつぶれたところを待って、縛りあげる。それは大きな一匹の白猿で、紇は弱点の臍の下を刺して殺した。

連れ帰った妻は、一年後に白猿そっくりの男子を生んだ。紇は陳の武帝に殺されたが、友人江総が引きとった男の子は、立派に成人、学問で名をなす。

唐代単独で刊行されていた「白猿伝」は、その後『太平広記』に「欧陽紇」と題して採録された。『広記』は、道教・仏教関係の物語や零細な歴史記録および小説を分類して、五〇〇巻にまとめた大部の書物で、宋の太宗の太平興国二年(九七七)勅命によって編纂が開始され、翌年完成している。

白猿が酒が好きだという点は、「我は是、酒をふかく、愛するものなり」と自己紹介する逸本の童子の姿と重なる。「白猿伝」では、白猿が酔うと、いつも自己の力を誇示するため、絹のひもで手足を寝台にしばりつけさせ、とびあがってずたずたに断《き》る。その癖を利用し、ひもの中に麻を混ぜて動けなくする。この計略は、サ本の三神が鉄の縄を一行に与え、童子の手足を柱に繋がせることにつながる。

また、白猿の洞窟では、女が歳をとり容色がおとろえると、いずこともなく連れ去られるとあり、食人を暗示する。これはサ本の、飽きれば牢に入れ血をしぼって飲み、殺して食う、逸本の、気に入らない者を果物と称して食べる、人肉の鮨をつくる、などと符合しているだろう。

その他、若い美女がさらわれること、少数精鋭で険阻な山に捜索に向かうこと、第三者(女たち、神々)の助勢で目的を達することなどは、誰でも気づく共通項で、逸本・サ本あわせて三五点にのぼる「白猿伝」との類似箇所がある。

この「白猿伝」の影響を積極的に認める立場は、酒呑童子に猩々のイメージが投影されているとした、第一章の提起を補強することにもなるだろう。中国ではテナガザル科をさす猿《えん》と、オナガザル科マカカ属をあらわす猴《こう》の区別は厳しく、後者の通俗にたいし前者は高級視され、漢代以降神秘化の方向をたどる。とくに白猿は「白猿伝」に代表されるように、神仙の化身ともなってゆく。[*4] 短尾長腕の猩々は、当然猿の側に分類された。

ところで、「白猿伝」との類似箇所三五点のうち、サ本にあって逸本にない箇所が九カ所、逸本にあってサ本にない箇所が八カ所ある。さらに前節相違点⑬のように、成立年代の新しいサ本の方に、より「白猿伝」に忠実な内容が含まれている箇所がある。これらのことから、黒田氏は、逸本・サ本双方に共通する祖本があったとともに、「今に残る香取本(逸本、筆者注)や古法眼本(サ本、同)は、その祖本から分かれたもので、両本共に色々な局面において或る程度の改変を経たものと思しい」と結論づけた。

氏の指摘は説得力がある。むろん支持できるし、もっと先に進みたい欲求を誘う。確かめてみたいのは、祖本に影響を与えた中国の文献・情報は「白猿伝」にとどまるか、ということである。

ここで逸本にしかなく、かつ「白猿伝」にも見あたらないつぎの記述が気にかかる。洗濯の老女が頼光一行に、童子も獲物がなく都より手ぶらで帰る時がある、そのおりは「腹をすゑかねて、胸をたたき、歯をくひしばりて、眼をいからかして侍《はべ》る」と語るくだりである。もしやと思い、京都市立動物園に問いあわせたところ、飼育課長の榊原義之氏から、こんな怒りかたをするのはゴリラしかありませんよ、と教えていただいた。

中世日本で、ゴリラの生態の情報源として考えられるのは、中国以外にない。もとより、ゴリラは西アフリカにしか生息していない。重い体重、驚くほどのパワー、神経質な性格、いずれをとっても陸送の不可能なることを示す。中国でも文字または伝聞のみの珍獣だったかもしれない。しかし、海路すなわち海のシルクロードを利用しての中国への輸送はどうか、との私の質問に、アダルトではなく子どものそれで、ぶどまり（途中の犠牲）を考慮しての輸入なら可能、との榊原氏の返答。現物の輸入もあり得たとなれば、マルコ・ポーロが、「世界無二の最大商業都市」と賛嘆した貿易港の泉州《チュワンチョウ》（福建省）が、上陸候補地として浮かんでくる。泉州はアラビア交易が盛んで、アラビア人の一大居住地区も設けられていたからである。

それにしてもなぜゴリラ情報が、と驚く。ゴリラはオランウータンと同じショウジョウ科に属し、中国で大猩々、オランウータンは猩々または赤猩々と呼ぶから、あるいはオランウータン（赤猩々）が伝説の猩々と一体化し、その情報が日本に入ってくる過程のどこかで、ゴリラ（大猩々）のそれと混線してしまったのかもしれない。ともあれ祖本や逸本の作者が、「白猿伝」のほかに、中国わたりの知識を有していたことは間違いない。

三、「陳巡検梅嶺失妻記」の影響

引き続いて、「白猿伝」のまわりにも視野を広げてみよう。じつは、猿が人間をさらう物語、「好色のサル」の物語の代表としての「白猿伝」は、中国の民俗のなかに深い根を持っている。原形となった古伝承があるとともに、後代その流れを汲む類似の小説がいくつもつくられた。白猿伝説を記した文献および伝説に基づいてつくられた小説には、後漢の「易林」、晋の「博物志」、唐の「補江総白猿伝」、宋の「稽神録」、明代の「陳巡検梅嶺失妻記」「申陽洞記」などがあり、[*5]この流れは、かの『西遊記』の成立にも大きく寄与している。

「陳巡検梅嶺失妻記」(以下、失妻記と略)は、明の洪楩《こうべん》が嘉靖二〇年から三〇年(一五四一〜五一)ころ出版した、『清平山堂話本《せいへいざんどうわほん》』のなかに収められた短編小説である。話本とは、講釈師が語った講談のテキストのことで、「失妻記」もすでに宋代、都会の盛り場で民衆あいてに語られていたという。要旨以下のようになろうか。

宋の徽宗の宣和三年(一一二一)、めでたく進士に合格した陳辛は、広東省南雄県の巡検(警備司令官)に任命され、美人妻の如春とともに出発した。広東までの道中安全のため、道士の紫陽真君に稚子《ちご》姿の供人をつけてもらうが、態度が気に入らず途中で追い返してしまう。

天下の難所梅嶺にさしかかり、麓の宿屋に泊まると、夜中一陣の風が吹いて妻が失踪。宿も宿の主人も消え失せ、あとは荒野の原っぱ。梅嶺の北申陽洞《しんようどう》のあるじ申陽公なる白猿の精が、宿屋に化け如春をさらったのである。申陽公の名を斉天大聖《せいてんたいせい》という。

申陽洞に連れこまれた如春、斉天大聖に夜とぎを迫られてはねつけ、仲間の女たちの説得も無視したため、水運びの重労働をさせられることになる。一方、陳巡検は百方手をつくして妻を捜すが、見つからない。そのうち、三年後紫陽真君の力によって、夫婦が再び仲睦まじくなるとの占いを得て、ようよう任地に赴く。

三年後巡検の任をつとめあげての帰路、紅蓮寺なる寺に、斉天大聖が時々法を聴聞にくると知って待ちかまえ、斬りつけたが歯がたたぬ。その後、陳辛は寺の行者の道案内で、梅嶺の山にはいり如春と再会。彼女は、一緒に逃げるのは無理だが、斉天大聖は日頃紫陽真君を恐れる、と教える。

紫陽真君は陳辛の切なる願いに助勢をひきうけ、弟子の二人の神将を申陽洞に派遣。神将は、斉天大聖を鉄の鎖でしばりあげ、如春はじめ、さらわれた女たちを救い出すことに成功した。

黒田氏は「失妻記」と酒呑童子説話の関連には言及していないが、大なる影響を与えたものと思う。逸本・サ本共通、あるいはどちらかにしか見えないものを合わせ、やはり一三カ所もの類似箇所を、あげられるからである。

とくに重要な点は、「失妻記」で占い師が失踪した妻の行方を占うことや、斉天大聖(白猿の精)を捕らえるのに、紫陽真君なる道士が活躍することである。酒呑童子説話では、陰陽師たる安倍晴明が冒頭で失踪した男女の行方を占う。晴明の活動はこれに尽きているのだが、にもかかわらず結末部分で、逸本は竜樹菩薩の化身、サ本では希代の相人とオーバーにもちあげるものだから、読者はなんとなく落ち着かない。

だが、安倍晴明が、占い師だけでなく紫陽真君にもなぞらえられ、一方斉天大聖を捕らえる二人の神将の位置にあるのが頼光・保昌、と考えればこの不審も氷解する。つまり、説話作者は「失妻記」を翻案するにあたり、晴明(紫陽真君)の比重を思い切って小さくし、かわりに真君のイメージを交えながら、神将の役割をどんどんふくらまし、頼光・保昌に仕立てあげた。酒呑童子がつねづね頼光を警戒するという設定も、斉天大聖が日頃紫陽真君を恐れていたこととの組替えに違いない。こうして晴明(紫陽真君)の登場場面をぐんと縮小しながら、彼の威力・役割評価は原作を踏襲したから、前述の釈然としない印象が生ずるのだろう。

酒呑童子説話では成立年代が降るものほど、保昌の比重が小さくなってゆき、『御伽草子』の「酒呑童子」では、事実上四天王並になってしまうが、それでも決して消えてしまうことはない。そもそもどうして頼光・保昌、二人も将軍が登場せねばならないかということについて、まだ本格的に論じられたことはないが、この二人の神将が出発点になっていると考えれば、さしあたりの解決がつく。

頼光・保昌のペアが二人の神将の変身だとすれば、頼光一行がなぜ山伏姿で鬼が城をめざさねばならなかったか、という謎もほぐれてくるだろう。大江山(伊吹山)が険阻な山だから、などという平板な説明に終わらせないためには、説話形成の素材論と山伏姿の意味論の、双方から詰めねばならないのである。

意味論は次章で論じる。素材論的には、斉天大聖を捕らえにいった二人の神将が「紅忔(?)兜巾」をかぶっていた、と「失妻記」にあることが重要である。「忔兜」の字は、「失妻記」と同話の「陳従善梅嶺失渾家」(明末出版の『古今小説』に収む)には見あたらない。また、「兜巾《ときん》」の熟語は浩瀚な『諸橋大漢和辞典』にも掲出されていない。「兜巾」が中国でどんなものをさしていたか不明だが、字義からいえば帽子のようなものだろう。一方、兜巾は日本では修験者が用いる布製のずきん、と相場がきまっている。

『清平山堂話本』を出版した洪楩は、当時流伝していた冊子を収集するかたはしからつぎつぎまとめ、校訂もせずに刊行したらしい。それらの原本は巷間の俗本であったかから、当然誤字・脱字も少なくなかった。*6『清平山堂話本』の出版年次は酒呑童子説話の成立時期よりはるかに降るから、「失妻記」の影響が間違いなければ、祖本作者は『話本』収録以前の「失妻記」原本に、なんらかの経路で接し得たことになる。中国の研究者は、現行「失妻記」を用語面から南宋末年、つまり一三世紀中葉の作品とみている。*7 祖本作者が手にしたのも、そのような巷間の俗本だったのだろう。「兜巾」がたとえ誤字だったとしても、まさにその誤字ゆえに、彼は猛々しい二神将の姿を、山伏姿として想い描いたに相違ない。

また、逸本で頼光がかぶっていたという竜頭の兜は、緋おどしの、つまり「紅」の威《おどし》毛《げ》で威した兜だった。サ本の帽子兜もまさしく帽子(兜巾)の形をした簡略な兜なのである。

四、中国小説の日本への渡来

「白猿伝」や「失妻記」が、酒呑童子説話の成立に影響を与えていることが確実であっても、それらはいつどんな方法で日本に伝来したのだろうか。

『太平広記』は、同時に企画編集された著名な『太平御覧』と違い、重要視されなかったから、宋代にはあまり流布しなかった。*8 国内で本格的に広まったのは明末といわれる。日本に入ったのは、朝鮮の朝鮮王朝初期に比して、かなり早く、藤原孝範の著した

『明文抄』(平安末期から鎌倉初期成立)に、『太平広記』からの引用が二カ所ある。降って延文から応安年間(一三五六～七五)に成立した『異制庭訓往来』中にもその名が見える。同書は、寺院や家庭で学ぶ子どもを対象とした一種の教科書で、これに知らねばならぬ漢籍として書名があがっていることは、国内にかなりの読者があったことを示す。

五山の文学僧として令名を馳せた義《ぎ》堂周信《どうしゅうしん》の日記『空華《くうげ》日用工夫略集《にちようくふうりゃくしゅう》』にも、二カ所に『太平広記』が出てくる(応安三年〈一三七〇〉六月一〇日条、同二年追抄二月一〇日条)。一つは、周信が伯裘《はっきゅう》という中国甘粛省酒泉郡にいた「魅狐」、人をだます狐について質問され、「その件は「陳斐」という『太平広記』巻四四七にのっている話に見える」と答えている。『広記』をくればすぐわかるように、「欧陽紇(白猿伝)」は、まさにすぐ前の巻四四四(畜獣一一　猿の条)に配されている。いま一つも、後趙の将軍麻秋にかんする質問に、『広記』巻二六七「麻秋」を引用しながら答えている記事だった。彼は『太平広記』をかなり読みこんでいたらしい。「白猿伝」は『広記』のなかでももっとも人気のある小説の一つだから、周信が無関心だったとは考えにくい。

こうした中国小説の日本への流入が、日中の貿易、多様な国際交流の結果であることは論を俟たない。「白猿伝」の系譜をひき、しかも「失妻記」より後発の「申陽洞記」も、文明一四年(一四八二)頃にはすでに日本に伝わっていたらしい。[*9]

問題は、祖本作者が接したはずの『清平山堂話本』収録以前の「失妻記」原本である。

福建方面略地図

いってみればそれは講釈師の種本または講釈の筆録本であって、『太平広記』より一段とくだけた性格のものである。わざわざ輸入するような代物ではない。一山一寧《いっさんいちねい》のような、小説にも通じた渡来僧が携えてきた可能性もあるけれど、中国に行った日本人が手みやげにもち帰った、と考える方が自然だろう。少しのちの話だが、足利義晴の命で明に渡った禅僧策彦周良《さくげんしゅうりょう》などは、寧波《ニンポー》(浙江省)で「申陽洞記」を収めた『剪《せん》燈新話《とうしんわ》』を私費購入している(『策彦和尚初渡集』天文九年〈一五四〇〉一〇月一五日条)。

持ち帰った人物も、ものが南宋末年の作品だけに、元に渡った僧侶あたりではないだろうか。元代には、文献に見えるだけで二百二十余人の日本の入元僧が確認され、南北朝期前半にあたる元末には、年間二十余人といわれるように、有名無名争って渡海する状態だった。彼らは一〇年、二〇年と長期にわたって江南の各地を巡遊。彼の地に果てる者も少なくなかったが、帰国者は詩文学から日常の衣食住にいたるまでの広汎な文化を、日本にもたらしたのである。[*10]

推測ついでに「失妻記」を入手した場所を予測するとすれば、福州《フーチョウ》（福建省）あたりに目がゆく。ここは、寧波ほどではないが、日本の貿易船がしばしば訪れた中国東部沿海の有名な海港で、市街地の西方には五山十刹の一つ雪峰（崇聖禅寺）があり、何人かの入元僧の訪問の記録を残す。

北宋の首都開封のにぎわい．掛け小屋のなかで聴衆に囲まれ語っている人物が講釈師らしい
（張択瑞『清明上河図』〔部分〕，楊新ほか『図説清明上河図』関野喜久子訳，科学出版社東京，2015 年より）

福建省は古くより猿神にかんするさまざまな雑信仰が分布する地域である。「白猿伝」で欧陽紇の妻が白猿にさらわれる場所が福建の長楽であり、「失妻記」の舞台も福建から広東にかけて横たわる梅嶺だったことを想起して欲しい。文字通り白猿伝説の本場である。雪峰を訪れた日本の僧侶が、福州の盛り場の掛け小屋で、講釈師の語る話に耳を傾けている光景を想像するのも、とっぴなこととはいえまい。

このように考えてくると、「失妻記」に出てくる白猿が「斉天大聖」を称していることに、格別の興味と関心をもたざるを得ない。猿の化物斉天大聖こそ、大江山の鬼神が、酒呑童子という奇妙な名前を名乗る謎を解く鍵のように思えるからである。

斉天大聖の現在の中国読みは、チィーティエンダーション(qí tiān dà shèng)である。これを口のなかでくりかえしていただきたい。とくにチィーティエンの部分、どことなく酒呑に似ていないだろうか。もちろん、斉天と酒呑の音韻の違い、近世福州で斉天をどのように発音していたかなど問題は残るが、「失妻記」の入手者と祖本作者が同一人物である必要はないから、中国語会話に堪能でない祖本作者が翻案の時、いわば宛字の感覚で酒呑童子としたとも考えられる。古い酒呑童子の表記が、逸本をはじめいずれも酒天となっていることを、わが想像を支える根拠の一つとする。要するに、白猿伝説は素材《ストーリー》面と、主人公の名乗りの両面で、酒呑童子説話に深甚な影響を与えたといいたい。

『西遊記』の孫悟空(その自称がじつは斉天大聖である)は、遠くインドの古代叙事詩『ラーマーヤナ』に登場する、ハヌマーンという空を飛ぶ変化自在の猿の影響をうけているといわれる。ハヌマーンは、インドから南海を渡り、南宋の頃、福州の南西約一五〇キロにある泉州に「上陸」、白猿伝説もそうであるところの「好色のサル」や「求法のサル」など、中国固有の民話に現れるさまざまな猿を刺激し、それらと複雑に習合しながら、元の頃、孫悟空へと飛躍していったらしい。*11

この泉州こそ、先にゴリラの上陸港と見当をつけた場所だった。逸本には、桓武天皇に近江加賀山を追い出された童子が、「風に託し、雲に乗て、暫《しばらく》は、浮かれ」たとあり、空を飛べることを明記している。かくして、酒呑童子は、猩々と混線したゴリラ情報と前後して(あるいは一緒に)、孫悟空にいたらぬまま、福建から日本へと枝分かれしていったもう一匹の「好色のサル」の子孫、ということになろうか。あとひと時来日が遅ければ、觔斗雲《きんとうん》が中世日本の空をかけめぐったかもしれない、と空想する誘惑には抗しがたい。

五、蚩尤伝説と酒呑童子説話

酒呑童子説話の主題は、宣旨・勅諚を蒙った将軍が、王化にまつろわぬ鬼神を退治する点にある。この鬼神は大江山の疫鬼を原像としていた。白猿伝説からどれほど多くのものを負っているとしても、それは主題を展開させる話の大枠と、そこに配置された個別の話題の次元のことで、主題そのものとは一応別ものである。「白猿伝」のような人間の女と白猿との間に、才能すぐれた子どもが生まれる、という異類婚姻説話の系列に属する作品と[*12]、酒呑童子説話の間には違ったベクトルが働いている。

それでは、テーマをいろどる話題は日本自前のものだろうか。

ここで、いま一つの中国わたりの伝説、すなわち、蚩尤《しゆう》の伝説が浮上してくる。蚩尤とは、古代神話にみえる巨人族の神で、伝説的皇帝の黄帝と涿鹿《たくろく》の野に戦って敗死した、謀反の英雄である。そもそも王化にまつろわぬ存在には、鬼神のほか、謀反人・国家領域外の民などがあるが、排外主義と、古代・中世国家による天皇→帝都→日本国全体→国外という順序にそった、系統的なケガレの放逐努力の結果、国家領域外の民はしばしば異界のケガレた鬼と同一視される。*13 一方、ケガレた鬼は、存在自体が「聖なる」天皇の存立を脅かす一種の「謀反」である。また謀反の挫折は、怨霊神(疫神)に転化する契機となる。平将門を「外都の鬼王」と指称するのも(『尊卑分脈』)、こうした感覚にねざすのであろう。こうして、酒呑童子説話と蚩尤にかんする伝説には、ある種の接点があることがわかる。後者が前者にしのびこんでいたとして不思議はない。

蚩尤伝説とのかかわりを匂わせる部分をあげよう。逸本には、頼光が鬼王(童子)の首を斬り落とすと、宙に舞い上がる箇所がある。サ本の該当箇所には「(保昌と四天王の)五人の者ども、おきあがるむくろを寸寸《ずたずた》にきる、足手もあまたに成にけり、首は空にのぼりて毒気をはきかけたり」と、首を斬るだけでなく、四肢胴体をばらばらにしたと書かれている。つぎに逸本では、舞い上がった首が頼光に嚙みつかんと襲いかかって、兜の鉢に食いついた時、「頼光の(宣)給様「眼をぐじれ」との給へば、綱・公時つと寄て、刀をぬきて、左右の目を、ぐじりたりければ、鬼王の頸、死にけり」とあり、童子の目をえぐってとどめをさしている。

首を斬られ体をずたずたにされ、あまつさえ瞳をくりぬかれるという残酷シーンの意味は、一五世紀の一条兼良が書いた『世諺問答《せげんもんどう》』の一節で明らかとなろう。

蚩尤といひて悪人あり、涿鹿といふ所にて、黄帝のためにうたれしゆへに、その悪霊、疫病といふ神になりて、国土の人民をほろぼせり、これによりて末の代に、疫病をおそれしめんために、蚩尤が身分《しんぶん》(五体)をづたづたにわかちて、ひとつものこさじのはかり事に、正月には、彼《かの》まなこの中の人見をぬきて、木丁《ぎっちょう》の玉にしてうつ事にせり。

厳密にいうと、これは本場の蚩尤伝説ではないかもしれない。蚩尤伝説は『史記』五帝本紀、『山海経』『書経』などにみえるため、古代から日本でもなじみがあり、そのちさらに関連伝説が渡来し、おそらく陰陽家を中心に、わが国独自の展開もとげたからである。しかし中国でも敗れた蚩尤は首を斬られ、首と体は山東地方に運ばれて別々の塚に埋葬され、死後の祟りがないようにされた。また首を埋葬した塚からたちのぼる旌《しょう》旗《き》のような赤い霧を「蚩尤旗」と呼んで、あきらめきれない英雄の怨念が、天まで立ちのぼるのだと考え、毎年一〇月これを祭ったという(『皇覧』冢墓記)。*14 梁の『述異記』巻上にも「漢の武(帝)の時、太原に蚩尤神あり、昼あらはる、亀足にして蛇首なり、疫をはじむ、その俗つひにために祠をたつ」とあって、少なくとも蚩尤の謀反のはての怨霊神化や疫神化は、中国産の観念だったらしい。
ところで、平安末期の『辟邪絵《へきじゃえ》』第四段には「瞻部洲《せんぶしゅう》の間に鍾馗《しょうき》と名づくるものあり。もろもろの疫鬼をとらへてその目をぐじり、体を破りてこれを棄つ。かるがゆへに、ひと新歳に家を鎮するには、これが形《かた》を描きてその戸におす」とある。[*15]疫鬼の眼をえぐることは、唐宋の諸書に見える中国の古い鍾馗画の伝統であり、『辟邪絵』も直接にはそこから学んだに相違ないのだが、より広くめくばりすれば、神秘の力をもった敵の目を、ある種の恐怖感からえぐり取ることは、世界の歴史や民俗にかなりの広がりをもつ。[*16]
これは災いをもたらす視線(邪視)を避ける方法として、効果的だと考えられていたのであり、死体を分割して捨てる行為とあわせ、人間に災いをなす存在(疫神・邪神・謀反人など)の復活を阻止する呪法だった。柳田国男は「敵人の首を斫《き》り骸を割きて之を土中に埋むるは、即ち我々が名づけて蚩尤伝説と呼ばんとするものなり」と述べ、いわゆる十三塚(死者供養・境界標識・修法壇として築かれた一三の列塚)性格究明の鍵と見なしたようだ。[*17]
ともあれ室町期の知識人の世界で、蚩尤が疫鬼を表象するものと理解されていたことは、明らかだろう。王化にまつろわぬ酒呑童子と、激闘のすえに敗れ斬首された蚩尤、疫神のシンボルと化した蚩尤と大江山の鬼神(疫神)。大江山の鬼神が酒呑童子に飛躍してゆく過程で、蚩尤のイメージをわがものとする必然性は、間違いなく存在する。

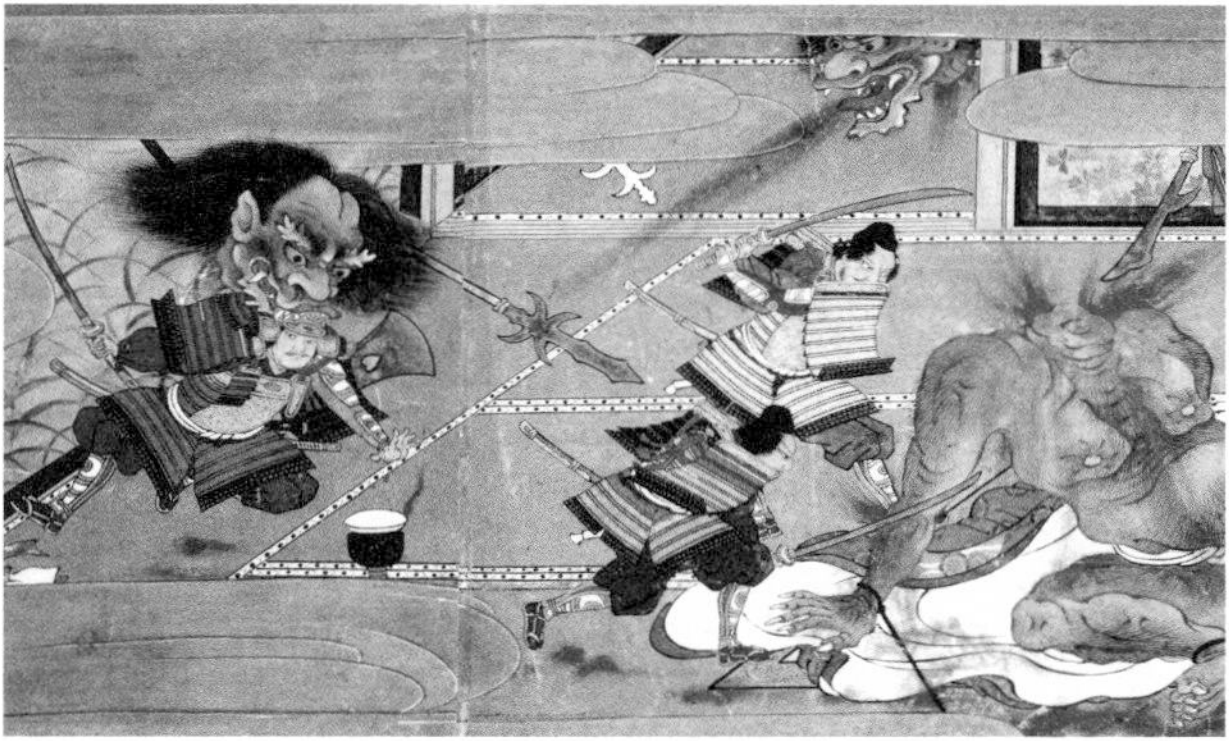

斬られた首が飛びかかる(サ本)

　蚩尤伝説の介在を想定すれば、斬られた酒呑童子の首が宙に舞い上がって嚙みつく、というくだりも納得しやすい。『世諺問答』では、毬杖《ぎっちょう》(中国渡来の打毬の転化したもの、ポロに起源をもつ疫病除けの遊び)の玉として、打ちこらしめられるのは目玉だったが、「蚩尤の頭を取りて、之を毬《う》つ、眼を取りて之を射ると云々」(『袖中抄』第一〇「たまきはる」の項)のように、首だという理解も古くからあった。この場合、首は空中を飛び交うのである。蚩尤の首が「天空を飛び山険を走り」猛威をふるったと伝えられたことを[*18]、日本風に消化した結果だろう。

　蘇我入鹿・藤原広嗣・平将門・藤原千方《ちかた》ら本朝の名だたる謀反人にも、それぞれ討たれた首が宙に舞い上がるという伝承がある。これを蚩尤の首を蹴り上げる話で説明する見解も、すでに表明されている。[19]酒呑童子の首は「謀反」の疫神なるがゆえに、宙に舞い上がらねばならなかったと考えたい。首を斬り落とすと、頼光に噛みつこうと飛びかかってくる市原野の鬼同丸の話も、同じ趣向だろう(『古今著聞集』武勇第一二)。

その他、逸本で童子の断末魔の声に、首を斬られた眷属の鬼が起き上がって走り回り、手を広げて踊ったとあるのも、蚩尤に続き黄帝と上帝の王座を争って滅ぼされた刑天が、首を失っても乳を目とし、臍を口とし、楯と板斧をふりまわして舞ったとある(『山海経』海外西経)ことに示唆を得たのではないか。

いま一つ、蚩尤は諸家によって風の神の性格を持つと考えられている。中国では大風がもたらす風害に、つねに脅威をおぼえてきた。ことに、ゴビやタクラマカンの砂漠から、細かい塵を運んでくる西や西北からの風は、華北大平原の一角に居住する人びとにとって、いまでも大災害をもたらす風で、霾《つちあめ》と呼んで恐れられている。[20]逸本に暴風・雷雨とともに若殿上人・姫君らが失踪するとある点も、この影響と見ることができないか。

ここまで述べてきた勢いで、白猿伝説・蚩尤伝説の、大江山の鬼神への習合の様相についての見通しを述べたい。おそらく、まず蚩尤伝説が合体して大江山鬼神伝説のモチーフがふくらみ、ついでなんらかの回路でこれに白猿伝説が合流、「白猿伝」「失妻記」などがつぎつぎに吸着して、全体が複雑豊潤化されていったと思う。そして、「白猿伝」に、白猿の体は「鉄石」のようで、刃を通さないとあることから、すでに合体ずみの銅頭・鉄額の「鉄人」(『竜魚河図』)蚩尤を再び刺激し、大江山の鬼神の「謀反」の印象をいよいよ鮮烈にしていったのではないか。

六、斉天大聖から酒呑童子へ

蚩尤伝説介在の可能性を想定し、「謀反」人たる酒呑童子という位置づけを明確にしてみると、これまで意識されにくかった本説話の構成上の特徴が見えてくる。

いいたいことは、逸本のはじめと末尾近くに過大なスペースを割いて、一条天皇への賛辞が連ねられていることの意味についてである。天皇賛歌はサ本でも同様で、両本は天皇を弥勒の化現とまでいう(『御伽草子』の「酒呑童子」には一条天皇は登場しない)。何の役割も果たさない天皇が、ここまで持ち上げられるのは、対立者たる童子とのバランスと、童子が悪の権化ならば、天皇はその対極に位置せねばならないという対称性の論理によってであろう。

この意味で島内景二氏も鋭く指摘するように、頼光・保昌の二人は、酒呑童子と張りあえる対等の存在ではない。[*21] 逸本が、その名もおどろおどろしい「麒麟無極」「邪見極大」の二匹を、童子の腹心の眷属として登場させねばならない理由はここに存する。

さらに、頼光側の従兵が、四天王のほか保昌の郎等一名、都合五人である点について、誰もまだ疑問すら提出していないけれど、おそらく『路史』の蚩尤伝の注に、蚩尤が五兵をつくったとあることが、その理由の一半をなすだろう。五兵は五つの兵器のことである。風を支配してきた蚩尤は、ふいご技術によって青銅兵器の製造を行った部族の祭る鍛冶の神でもあった。五兵を五人の兵《つわもの》に置き換えれば、これと釣り合うためには追討側も四天王プラス一兵とせねばならず、保昌郎等の追加が必要となる。

　天皇対「謀反」人という設定からくる、追討する側とされる側の対称性という構図は、サ本でもまったく同様である。頼光・保昌には金熊・石熊の両童子がたいし、随兵は保昌の郎等が姿を消して四天王の四人だけになるのに応じ、御号・桐王・阿防《あぼう》・羅刹《らせつ》の四匹がまちうける、という律儀さである。

　以上紙幅を費やして、白猿伝説と蚩尤伝説が酒呑童子説話形成に与えた、決定的ともいえる影響を述べてきた。ここまできてようやく、酒呑童子という奇妙な名前のもつ意味について、もう一つの着想を語ることができる。

　先に、酒呑童子は斉天大聖の音に似せて案出されたものではないか、という一個の空想を述べた。斉天大聖の斉には、等しいという意味があるから、斉天も天(天帝・天皇)と同格を意味する。『西遊記』のはじめの部分、孫悟空の生いたちの箇所を思い出していただきたい。花果山で楽しく暮らしていた孫悟空が天宮に召され、弼馬温《ひつばおん》の官職を与えられ、それがただの馬小屋の番人だと知って大いに腹を立てる。本拠の水簾洞《すいれんどう》に帰り、天宮への面あてに斉天大聖を名乗ると、その僭上に玉帝が怒りこらしめようとする。

誰もが幼い日への郷愁とともに思い出す、この一節こそ、斉天大聖という名乗りのはらむ重大な政治的意味を端的に示すものである。つまり祖本作者は、たんに依拠した作品の主人公というだけで、大江山の鬼神にチィーティエンダーションの名を借りたわけではないだろう。それは、蚩尤の面影をもつ天皇への「謀反」人の自称として、これにまさるものがないゆえに、意識的に選ばれた名乗りだったのではないか。酒呑童子説話祖本の作者は、大江山の鬼神に「謀反」人の〝気概〟を吹きこむため、ついでに酒好きの風姿を印象づけるウイットまで働かせて、これに酒天の漢字を宛てたのだ、とみたい。

酒天が『御伽草子』の酒呑に変化してゆく過程が、説話内から一条天皇が姿を消す過程であり、酒伝のサ本がまだ保っていた「謀反」の緊張感が、解体拡散してゆく過程にほかならなかったのは、まさにこうした事情によるだろう。

＊1　田中一松「大江山絵詞」『田中一松絵画史論集　上巻』中央公論社、一九八五年、二一五～二一六頁。榊原悟「『大江山絵詞』小解」『続日本絵巻大成　一九』中央公論社、一九八四年。

＊2　榊原悟「サントリー美術館本『酒伝童子絵巻』をめぐって(上)・(下)」『国華』一〇七六号・一〇七七号、一九八四年。

＊3　黒田彰「酒呑童子と白猿伝――唐代伝奇と『御伽草子』」同『中世説話の文学史的環境』和泉書院、一九八七年。
＊4　中野美代子『文庫版・孫悟空の誕生』Ⅱ章、福武書店、一九八七年。
＊5　成行正夫「『白猿伝』の系譜」『芸文研究』三三号、一九七四年。
＊6　入矢義高「清平山堂話本解説」『中国古典文学大系　二五　宋・元・明通俗小説選』平凡社、一九七〇年。
＊7　胡士瑩『話本小説概論　上冊』中華書局、一九八〇年、二一三頁。
＊8　内山知也「太平広記」『平凡社大百科事典9』、一九八五年。
＊9　沢田瑞穂「『剪燈新話』の舶載年代」『中国文学月報』第三五号、一九三八年。
＊10　木宮泰彦『日華文化交流史』四篇第五章、冨山房、一九五五年。
＊11　中野＊4書、Ⅴ章。
＊12　乾一夫「補江総白猿伝論――その創作動機・目的論をめぐる管見」『国学院雑誌』七一号、一九七〇年。
＊13　村井章介「中世日本列島の地域空間と国家」同『アジアの中の中世日本』校倉書房、一九八八年。
＊14　袁珂『中国の古代神話　Ⅰ』みすず書房、一九六〇年、一六五頁。
＊15　小林太市郎「辟邪絵巻に就いて」『小林太市郎著作集　第五巻　大和絵史論』淡交社、一九七四年、二三五〜二四五頁。
＊16　井本英一「ユーラシア大陸を渡る目の伝承」『季刊自然と文化　特集眼の力』一九八六

年新春号。

＊17　柳田国男「十三塚の分布及其意義」『定本柳田国男集　第一二巻』筑摩書房、一九六九年、四九〇頁。

＊18　袁珂＊14書、一六六頁。ただし、その出典は明らかでない。

＊19　島内景二「『酒呑童子』論序説──自己否定と自己確認」同『御伽草子の精神史』ぺりかん社、一九八八年、一二九〜一三〇頁。

＊20　貝塚茂樹「神々の誕生」『貝塚茂樹著作集　第五巻』中央公論社、一九七六年、七一〜七三頁。

＊21　島内＊19書、一三一〜一三四頁。

〈閑話〉疱瘡神(猩々)、やあい

ホビーのような、そうでないような、とにかく夢中である。酒呑童子説話成立の謎ときゲームにである。

にわかホームズの着眼は、酒呑童子の原像は、都に猛威をふるう疫神、とくに前近代日本の疾病中、最大の脅威であった疱瘡(痘瘡・天然痘)を流行らせる鬼神だったのでは、という点にある。推理はさらに、童子はこの疫神の観念の上に、さまざまなイメージが重畳したもので、その一つに、オランウータンに似た想像上の怪獣たる猩々のイメージがあった、と跳躍する。かつて日本の各地には、罹患の家々で猩々の人形を祭り、のち病を負わせて祓い流すという習俗があった。猩々はすなわち疱瘡神の神体で、疱瘡が患者の体を赤く変えることが、酒を好み、つねに赤面しているとされる猩々を連想させたからである。

また、酒呑童子の物語は一四世紀には成立していたが、ストーリーは、中国の「白猿伝説」(白猿が若い女をさらう「好色のサル」の話)の影響をうけていること、確実である。

一

右の冴えた(?)推理は、第一章・第二章として展開ずみである。ところで、疱瘡神については、「疱瘡の悪神を送るの由を称して、所々に囃物《はやしもの》あり」(『親長卿記』文明三年閏八月六日条)などの記事があり、古くからの存在が確認される。しかし、猩々を疱瘡神の神体として祭る習俗が、中世までさかのぼる確かな証拠は、まだ見つけていない。[*1]書いてしまってからいうのもなんだが、そのことが気になってきた。神体となるものも、猩々に限られていたわけではない。[*2]和製ホームズが、改めてこの方面の捜査に従事しているのには、こんな事情がある。

猩々を疱瘡神とみる観念、およびその由来を述べたものとして、天保一五年(一八四四)出版の『重修本草綱目啓蒙』の記述がある。[*3]私が見たのは滋賀大学附属図書館教育学部分館蔵本である。

往昔黄檗《おうばく》山万福寺ノ開山隠元禅師、此《この》猩猩ヲ祭ラシメ痘瘡ヲ軽クスル禁呪ヲセシコトアリ、故ニ禅師入定ノ後モ祀ル者アリテ、好事ノ者唐土ノ不倒翁ニ擬シテ禅師ノ形ヲ作リ為《な》シテ、相共ニ祭ラシム、今ヲキアガリコボシト云人形是ナリ、老翁不倒堅固ノ

形ヲ模シ、小児ニ祝シテ玩《もてあそ》ヒノ小人形トスル者ニシテ、今ニ至テ痘瘡ノ家ゴトニ猩猩トヲキアガリコボシトヲ祝物トス

周知のように、京都府宇治市の黄檗山万福寺は、中国の同名の寺、古黄檗(福建省福州府福清県)にならったもので、日本のを区別して新黄檗という。新黄檗は菊舎の「山門を出づれば日本ぞ茶摘唄」の句のように、近世を通じて異国的な雰囲気をただよわせ、代々檗派の中国僧も止住していたので、[*4]いわれてみればどことなく異風のこの習俗が、中国わたりの同寺経由で広まったものだ、というのは納得できる話である。

となれば、この習俗の年代を近世前期までひきあげる可能性があろうし、なにより元来隠元の故郷福建方面の民間習俗だったとみる視角も生じよう。そして福建こそは、「白猿伝説」の本場！　おっと、『重修本草綱目啓蒙』の元本『本草綱目啓蒙』の「猨」(テナガザル)の項に、「嶺南大庾《たいゆ》嶺《れい》(福建と広東の境に横たわる梅嶺)ニハ白猨多ク、梅花盛ナル時ハ、花ト猨ト色ヲ争ヒ分チ難シト云《いえ》リ、説郛《せっぷ》(中国の叢書名)ニ白猿伝アリテ、老猨害ヲ為スコトヲ載ス、和俗ノ言伝ル酒顛童子ノ事ノ如シ」[*5]とあることも、忘れちゃいけない。

それから、「白猿伝説」を伝える作品の一つ、南宋末の「陳巡検梅嶺失妻記」のテキストを、日本に招来したのが、たとえば、福建の崇聖寺(福州府侯官県)を訪れた一三世

紀後半〜一四世紀の入元僧だったかもしれぬ、というのが第二章でのホームズの推理だった。ならば、これら入元僧が、猩々を疱瘡神の神体と見る観念までも、中世日本に早熟的に持ちこんでいたのではあるまいか。黄檗宗でことに大切にするおきあがりこぼしも、室町期にはすでに中国から日本に入っていたし……。

　とまあ、こんなふうに空想はとどまるところを知らない。だが、いまは自粛して『重修本草綱目啓蒙』の世界に帰ろう。前掲の引用文は、「因《ちな》ミニ云、近年摂州ノ一比丘《びく》痘瘡ノ呪ヲナスニ、小キ箕《み》ノ裏ニ呪文ヲ書シ与ヘ、コレヲ祭ラシム、若《もし》痘痒《かゆ》キ時ハ、即此箕ヲ掻ク、若シ痛ム時ハ、此箕ヲ摩スルト云、近比痘瘡家ニ、猩猩・不倒翁・小箕ノ三品ヲ以テ、痘瘡ノ守護神トスト、本草綱目会誌ニ見ヘタリ」と続く。箕は身に通じ、これを掻いたりさすったりするのは、痘を掻きやぶらないための工夫としても、民俗の世界で、箕がたんなる農具以上の呪力のあるものと見なされていたことを思うと、それだけかと問いたくなる。

　これを読んだ時、やはり『本草綱目会誌』にあたる必要があると思った。『国書総目録』で見ると、別名『本草会誌』で京都大学に三組も架蔵されている。調べは簡単だ。それから、何かで、滋賀県草津市の郷土玩具に猩々人形があるという記事を見たっけ、これも現物にあたらなくっちゃ。学生諸氏に手間を惜しむなと言っている手前、ホームズならぬフレンチ警部ばりの、地をはうような捜査の手本も示さねばならぬ、と考えた。

二

一九八九年一月中旬のある日、『本草綱目会誌』を閲覧しようと、勇んで京都大学におもむいた。三組の内、文学部の地理学研究室蔵本にあたったが、検索カードに分類番号が記載されておらず、結局見ることができなかった。しからばと、つぎに薬学部の図書館に行き『本草会誌』を出していただいた。ところがである。何度ひっくりかえしても「本草綱目会誌ニ見へ」るはずの疱瘡神祭三点セットの記事が見あたらない。

その時の私はよほど途方にくれた顔をしていたのだろう、館員の方がわざわざ近寄ってこられて、「これは書名も違いますし、別本か抄本かもしれません、杏雨書屋《きょううしょおく》の目録に『本草綱目会誌』の名で出ています、近くですのでおいでになったらどうでしょう」と、懇切に教えて下さった。

杏雨書屋とは、武田薬品大阪工場内にある本草医書中心の一大図書資料館で、武田科学振興財団が管理運営している。恥ずかしいのは常のことだが、私はこれまでその存在すら知らなかった。あとから考えると、この助言がなければ、本稿を書くこともなかったに違いない。ありがたいことであった。

数日後、冷い雨がしのつくなか、大阪阪急十三駅近くにある武田薬品の工場を訪れた。

敷地に入ってすぐ出現したお稲荷さんの赤い鳥居の列に驚く。

　同社の最初の研究所があったという建物三階にある杏雨書屋で、問題の『本草綱目会誌』を繰ってみたが、やはり該当の記事はない。失望したが、せっかく宝の山に来たのだから、ある限りの疱瘡関係の書物をみようと腹をくくり、目録でそれらしい書名を選んでは、つぎつぎ出していただいた。この時はなぜか映画「薔薇の名前」の、ショーン・コネリー扮するバスカヴィルのウィリアム修道士になった気分がした。疱瘡の病状色つき絵入り解説の毒気にあてられたのか、文書館特有の雰囲気が誘うのか。

　杏雨書屋には三回通い、『疱瘡心得草』という本に出会った。志水軒朱蘭なる人物の述で、寛政一〇年（一七九八）発刊、京都寺町通四条上ルにあった平安書林 蓍《めどき》屋善助が版元、序を含めて四二頁の小冊子である。内容は、疱瘡の歴史、罹患したかどうかの見分けかた、序病（前駆期）から収靨（脱落期）までの、半月に及ぶ罹病期間中の注意事項、神祭の法や禁忌についてなど、文字通り対疱瘡のハウ・ツーものである。

　内容は類書にくらべさほどのものとは思えない。興味深いのはむしろ挿絵である。まず表紙見返しには、水辺にすえられた大瓶のまわりに腰まで髪をたらした三人の童子が立ち、二人は柄の長いひしゃくを肩に、一人は大盃を口元に寄せている絵が刷られている。能本「猩々」に照らせば、瓶が「酌めども尽きず、飲めどもかはらぬ」酒の泉としての酒瓶で、三童子も猩々たること、明らかだろう。シテ役の猩々は、「真ノ赤頭《あかがしら》」の

疱瘡神祭る図(『疱瘡心得草』武田科学振興財団 杏雨書屋蔵)

仮髪と「童子」に分類される「猩々」面をつける。彼は「海中に棲」み「潯陽《じんよう》の江に出でて」くることになっている。数ページめくると「疱瘡神祭る図」と題する挿図もある。本文に具体的説明がなくとも、小机中央のひしゃくを持った人形が猩々、左すみの二つがおきあがりこぼしだとわかる。猩々の両脇にあるのは御神酒《おみき》徳利であり、徳利のそばのかわらけは燃える燈明だろう。三つの小皿の中は小豆かなにかに違いない。もし、カラー印刷であれば、赤面の猩々を含め、全体赤でみごとに統一されているところである。

赤の統一で思いだした。メグレ警視の故国でも、かつて疱瘡患者の病室の窓に赤いものを張りめぐらし、寝台を赤い色で取り囲み、患者に赤いフランネルの肌着を着せるよう勧める習慣があったっけ。[*6] 病気と調和した色の環境をつくって、発疹のより速やか、より穏やかな変化を期待する心情は、洋の東西を問わないのだろう。

冊子半ばあたりまでいって、「大江山の図」にいきあたった時は、思わず息をのんだ。自分で酒呑童子の原像は疱瘡神と述べておきながら、疱瘡の心得を説く本で、まさか酒呑童子に出会うとは思いもよらなかった。話がうますぎるという思いが頭のなかをグルグル駆けめぐり、耳もとで盲目の老シェークスピア俳優と、口ひげを生やした「灰色の小さな脳細胞」と、まんまる顔の童顔の神父が、かわるがわるバンザイを叫ぶ。

大江山の図(『疱瘡心得草』武田科学振興財団 杏雨書屋蔵)

もちろん、本書の挿図はすべてなんの解説もなく、この図を載せた版元の意図は正確にはわからない。だが、少なくとも近世後期という時点で、本屋・読者の間に、疱瘡の流行は疫神の働き→疱瘡神は猩々→猩々は酒呑童子という、広汎に共有された観念連合もしくは潜在意識が存在したことは、否定できないだろう。

関連して杏雨書屋に、『麻疹の絵草子』という、はしか除《よ》けのまじないに使った錦絵のコレクションがある。『疱瘡心得草』とともに、以前藤浪氏乾々斎文庫にあったものである。[*7]その一枚に「はしか童子退治図」があった。疫神の正体を童子とみる点に共通するものがあろう。

三

杏雨に行くあい間をぬって、草津の猩々人形にもアタックした。幸い草津市史の編纂中である。市史編纂室に問いあわせると、それなら川源さんで復元して売ってますよとの朗報。川源は草津市内の雑貨屋さんである。近世東に向かう東海道と北上する中山道は、近江草津宿で分岐した。この分岐点を追分見付けと呼び、草津本陣のあったところ。そのかたわらで近世後期以来れんめんと営業を続ける老舗が川源である。

暖冬には珍しい雪景色の日、店舗におもむくと、なるほどかつての二街道がつくるT字形の三差路に面している。辻という境界の地で猩々を売っているのは、第一章の論旨からいって、大変気になる。

川源の猩々人形は、上は真紅の衣、下は群青の線入り、白袴姿の童姿で、右手にひしゃく、左手に盃をもって赤い敷紙の上に立ち、脇におきあがりこぼしがひかえる、という素朴で伝統的な風姿である。当主木村芳太郎氏に事情を聞くと、復元したのは一五年ほど前だが、ずっと以前にも同店で製作販売していたそうな。

　復元にあたっては朏《みかづき》コレクションの猩々が、木村氏の記憶のそれと似かよっていたので、模したという。郷土玩具の研究者朏健之助氏が、蒐集品を京都府立総合資料館[*8]に寄贈したものの一つである。許しを得て、同資料館の冷え冷えとした収蔵庫内で、モデルの猩々たちに対面できたのは、一週間ほどのちのことであった。

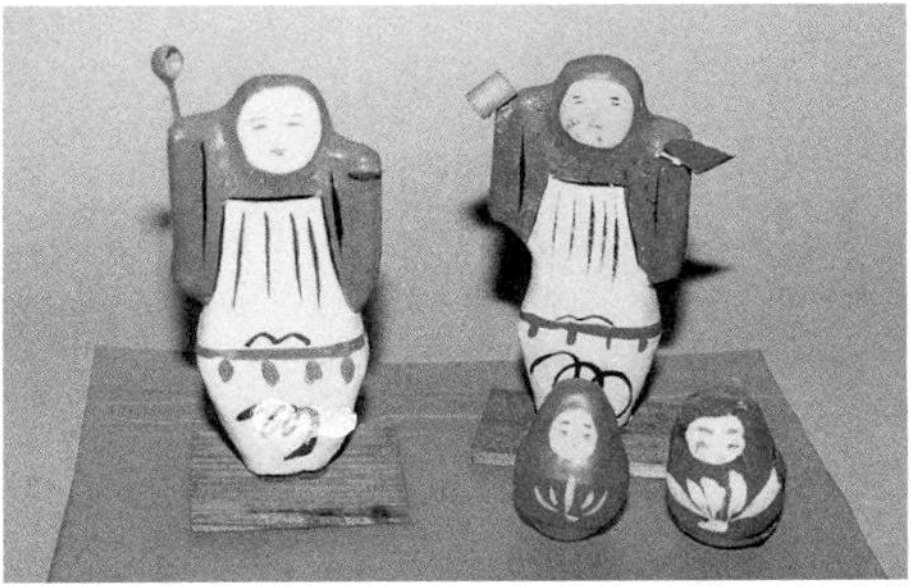
草津の猩々人形（京都府立京都学・歴彩館）

　川源は天明七年（一七八七）以来の大量の家蔵文書を伝えているが、猩々人形についての古い記録はないらしい。草津市史編纂室で見せていただいた文書目録にも、それらしきものは見あたらない。そこで、木村芳太郎氏と懇意で、商品の猩々人形に添える説明書きを執筆された、前草津文化財専門委員の水野全雄氏に、お話をうかがう機会をつくっていただき、川源でお会いすることになった。

　二度目の川源での水野翁の話によると、明治以後種痘の普及によって、疱瘡の恐怖はなくなったが、昔からの伝統として、子どもが種痘をうけると、母の実家からこの猩々人形を贈ったという。贈られた家では七日間、三宝荒神(竈神)をサンダワラ(桟俵、米俵の両端にあてる、円いわら製のふた)にのせて丁重に祭り、その後は田圃の畦の隅や村境の辻々で疱瘡送りをしたものだった。[*9] サンダワラは民俗にさまざまな用法があり、神と人、異界とこの世を媒介する道具だとされる。こうした習慣は草津では第二次大戦後すたれたが、相伴の木村氏の話では、いまも疱瘡神として買っていく客があるらしい。

ここまではある意味では平凡な聞き取りだったが、私が、猩々を疱瘡神として祭る習俗は、隠元が中国から持ち込んだと読める『重修本草綱目啓蒙』中の記事を紹介すると、とたんに話題は沸騰した。川源では、毎年黄檗宗の僧侶による家内安全・商売繁盛・厄病祓いの大般若経の転読祈禱が行われており、一五〇年は経た慣例とのこと。

大般若経の転読に悪魔祓いの呪術的効果があると信じられていたことは、周知の通りである。いま修祭時期は不定だけれど、以前は五月の頃に決まっていたという。もちろん、木村家の菩提寺は別にあるのだが、大般若の転読ばかりは必ず黄檗でないといけないらしい。このあたりには黄檗の寺はごく少ないというのに。川源の猩々人形のルーツをたどれるかもしれない、と胸は踊った。

導師をつとめるのが、水野翁の義理の弟さんが住職をされている栗太郡《くりた》栗東町《りっとう》(現滋賀県栗東市)小野の万年寺という奇縁で、大般若転読の具体的様相を聞いていただくことになった。しかしツキもここまで。後日万年寺からの情報でも、猩々人形が万福寺からきた、川源の先代には、六人の黄檗の僧が参加し、草津には黄檗は二寺しかないので甲賀郡からも応援がきた、という以外はわからなかった。

六寺の一つである草津市山寺の詳光寺の佐々木和尚が、いま本山にのぼっており、聞けばなにかわかるかもしれないとの示唆を頼りに、昭和天皇大喪の祈禱でとりこみ中の万福寺に電話した。しかし和尚は、自分の代はもう川源に行っていない、万福寺でも猩々のことを知っている人がいるかどうかわからない、本山というものは、末寺から当番制で人がきて五〜六年で交替してゆくので、詳しい人はいないのでは、という悲観的な返事であった。

しからばと、近世宗教史・寺院史を専門とするO氏・S氏、大学の同級生で民俗学をやっているA氏につぎつぎ電話して、近世の黄檗山万福寺の異国風文化やそれが民俗に与えた影響について、なにか研究がないかしらと聞いてみた。答えは、知らない、役にたてないばかりで、行きづまってしまった。かくして、意気揚々のファイロ・ヴァンスは、一転ドクター・ワトソン霧の中という構図に。

捜査は頓挫して動かない。このうえは、一念発起して西に西に向かい、海をみはるかす高い峰の二股の木の上で、金鼓《こんぐ》を叩きながら臨終を迎えた、『今昔物語集』の讃岐の源大夫のように、「疱瘡神よや、をいをい」と唱えつつ、博雅の士の御教示を待つ。乞情報。ウオンテッド。

＊1　猩々と疱瘡神の関係についての先行研究に、水野正好「鬼神と人とその動き――招福除災のまじなひに」『奈良大学文化財学報』第四集、一九八六年がある。猩々は一方で福神としての性格をもっているが、これについては喜田貞吉「福神としての猩々」『福神』宝文館出版、一九七六年参照。

＊2　猩々に言及はないが、疱瘡神については、野瀬弘美・飛永精照「疱瘡神の世界」『昭和薬科大学紀要』一二号。大島建彦『疫神とその周辺』岩崎美術社、一九八五年。榎本正三『赤の民俗　利根川流域の疱瘡神』崙書房、一九八九年が詳しい。

＊3　同書は享和二年(一八〇二)に出版された小野蘭山の『本草綱目啓蒙』に、梯南洋が補正を加えたもの。当該箇所は彼が追加した[増]の部分にある。

＊4　平久保章『隠元』吉川弘文館、一九六二年などを参照。

＊5　近世には、酒呑童子説話が「白猿伝」の影響をうけたものというのは、知識人の常識だったようで、貝原益軒『扶桑記勝』(巻六)、児島正長『天地或問珍』(巻四)、井沢蟠竜『広益俗説弁』(巻一〇)、梅国『桜陰腐談』(巻一)、曲亭馬琴『玄同放言』(巻三)、喜多村信節『嬉遊笑覧』(巻九)、日尾荊山『燕居雑話』(巻六)などに言及がある。山岸徳平「酒顚童子と大江山に就いて」『説話文学研究　山岸徳平著作集V』有精堂、一九七二年。黒田彰「酒呑童子と白猿伝――唐代伝奇と『御伽草子』」同『中世説話の文学史的環境』和泉書院

一九八七年参照。

＊6　イブ＝マリ・ベルセ『鍋とランセット——民間信仰と予防医学』新評論、一九八七年、二三四頁。

＊7　同文庫は曲直瀬家・宇田川家の伝来本ならびに温泉関係文献などを含む。

＊8　京都府立総合資料館は二〇一六年九月に閉館し、その京都関係資料の収集・保存・公開拠点としての機能は、二〇一七年四月、京都府立大学内の京都学・歴彩館に引き継がれた。

＊9　日本の各地に残る民俗では、疱瘡神を赤い御幣を依代として、サンダワラにのせて川に流すのが普通である。

[追記1]　本稿発表後、何人かの方から貴重な情報を寄せていただいた。なかでも、石沢誠司氏からご教示いただいた北原直喜「医療に関る俗信と疱瘡除の玩具」(『郷玩文化』六一二号、一九八九年)によれば、草津の猩々はもともと大阪製で、形態も古くは酒瓶と猩々が描き分けられていたものが、いつのまにか現在のように、瓶が猩々の下半身として描かれるようになり、ひょろ長の猩々になった、とのことである。

[追記2]　西口順子氏からは、人形の寺として知られる京都宝鏡寺が所蔵する「天保四巳年(一八三三)霜月十日より　御人形上り覚」という帳面に、欽宮尊常法親王が疱瘡に

かかったとき、諸方面から寄せられた人形の一覧が記され、そこに「禁中様(父の光格天皇)より」として、「御人形猩々　壱箱」と見える事実を、ご教示いただいた。同寺には、その現物も残されている。能衣装をまとい、足下まで長くたれた赤毛の髪をもつ、童子姿である。

第三章　竜宮城の酒呑童子

酒呑童子物語のストーリーを評して、奇想天外という人がいる。山賊退治の史実をもとに組み立てられたもの、とする見方も根強い。

後者の「科学的解釈」は、すでに貝原益軒の頃からある(『諸州めぐり西北紀行』巻上、『扶桑記勝』巻六)。これにたいし、筆者は第一章・第二章で、酒呑童子の原像は、山陰道から都に侵入し猛威をふるった疫神だった、説話は、平安期以来の疫病流行とそれへの対抗(四堺祭)の記憶を下敷きにした素朴な原形に、中国の小説・伝説が導入されて構想が複雑豊潤化し、中世小説(室町時代物語)として結実をとげたもの、との見解を対置した。

奇想天外という声にたいしては、とくに説話にこめられたメッセージを読みとることができない、現代人の側の問題を指摘すべきだろう。中世人は、物語に描かれた世界やそこに展開されたコスモロジー(神話的宇宙論)に違和感を覚えず、隠された意味をそれぞれなりに感知しながら、しかも日常を離れた絵空事と半ば承知し、楽しんだに違いないからである。

というわけで、本章では、酒呑童子説話に内在する論理と主張を摘出し、説話世界の意味を読み解き、あわせてその成立母胎に迫ってみたい。

なお、いまは失われた祖本を起点とする本説話は、その後逸翁美術館蔵『大江山絵詞』(逸本と略称)と、サントリー美術館蔵『酒伝童子絵巻』(サ本と略称)に代表される両系統に分かれ、それぞれ独自な成長展開をとげた(第二章参照)。ひきつづき両本をにらみながら、考察を進めてみたい。

一、竜宮としての鬼が城

最初に焦点をあてるべきは舞台の性格である。一般に大江山の鬼退治というけれど、両本では鬼王のすみか(鬼の岩屋)は、「大江山の奥」(逸本)、「あの山のあなた」(サ本)とあって、大江山(伊吹山千町ヶ嶽)よりさらに奥に設定されている。そして、鬼王のすみかにいたるには、まず岩穴を抜けねばならない。

逸本では、絵・詞書ともに該当箇所が失われているが、鬼が城への道で最初に出会う老婆が、頼光一行に「是へおはしつる道には、岩穴の、ありつるぞかし、其穴より此方は、鬼かくしの里と、申所なり」と語りかけており、穴を抜けたことは間違いない。サ本は長さ「十二、三町」の穴を抜ける。『御伽草子』の「酒呑童子」では、形骸化して「暗き岩穴十丈ばかり」と貧相になっているが、それでも穴をくぐる。

千町ヶ嶽の峨々たる磐石をのり越え，岩穴にはいる(サ本)

頼光らはなぜ穴をくぐるのか、また穴のゆくてはどういう場所として、把握されるべきだろうか。

逸本の老婆は、「此所は遥に、人間《じんかん》の里を、はなれたり」という。人間とは、人の住む世界であり、現世・裟婆を意味するから、はるかに離れたとは異界(冥界)をさすだろう。そのことを身をもって示しているのが、彼女自身である。絵では、老婆は川のそばで洗濯物を木の枝に干している。

地獄に通じる川としての三途《さんず》の川が、日本に知られるようになったのは、平安中期だとされているが、それを述べる『地蔵菩薩発心因縁十王経』に、三途の川には奪衣婆《だつえば》と懸衣《けんえ》翁《おう》という男女の老鬼がいて、奪衣婆は亡者の衣をはぎ、懸衣翁は衣を木の枝にかけるとある。[*1] 日蓮著の『十王賛嘆鈔』では、奪衣婆

山伏姿の頼光一行，川のほとりで衣服を木にかける老婆に出逢う．右上にむくむくとした雲（逸本）

にあたる鬼は懸衣嫗《けんえおうな》と呼ばれ、はぎ取った衣服を樹上の懸衣翁に渡すと見え、逸本の老婆が懸衣嫗、川が三途の川を念頭に置いていることは、疑いない。

また、逸本ではこの画面にだけ、むくむくとした雲が描かれている。同種の雲は、『春日権現験記絵』や清涼寺本『融通念仏縁起絵巻』などでも、閻魔庁の場面に限って描かれており、冥界に入ることの記号と解せよう。

絵巻類では、地獄や竜宮は必ず磚《せん》（敷瓦）をしきつめ、色とりどりの瓦をふくなど、中国風に描かれている。逸本の鬼が城もそうである。これは中国風に描くことが、別世界（異界・他界）たることの絵画表現だったからである。ちなみに謡曲「大江山」の酒呑童子は、唐織を壺折りに着て唐団扇をもつ。これも中国風の装いである。

童子の館に着く．立派な八足門がある（逸本）

岩穴は他界への入口、この世の辺境・周縁を意味しているわけである。

「鬼かくしの里」は、いま一つの顔を持っている。すなわち隠れ里であり、神仙境（理想郷）である。頼光一行がさらに進んで見た光景を、逸本は「誠に八足《やつあし》の大門あり、門の柱、扉は、うつくしく、殊勝にして、あたりも、かがやく程也。四方の山は、瑠璃のごとし、地は、水精のすなを、まきたるに似たり」と述べる。瑠璃や水晶が、門や砂を修飾する語として登場するのは仙境の常である。また鬼が城内は、四方に四季を一時に見ることができる場所として描かれている。四方に四季を配する描写こそ、市古貞次・三谷栄一両氏が豊富な事例をあげて説いたごとく、中世日本における仙境の常套表現だった。[*2]

四季が一時に見られるのは、仙境と娑婆（現

酒宴に珍しき肴として出されたのは美女の切断された足．頼光と綱，たじろがず，そぐように切り，塩をつけて食う．中央右寄りが酒呑童子（サ本）

世）では、時間論的に異なった時間が流れているからである。仙境では時間はせき止められ、四季も移ろわず並列したままである。永遠の時間が支配する場と言いかえてもよい。

時間の永遠性というテーマは、アジアの前近代人の場合、抽象的概念でなく、不老不死という身体性をともなわねばならない。老婆はさらわれて以来二〇〇余年がたったという。童子も以前伝教大師（最澄）の延暦寺創建を妨害したという設定であるから、鬼退治のあった一〇世紀末には、これも二〇〇歳以上という勘定である。仙境の住人たるもの、まさにかくあらねばならぬ。

酒呑童子が退治されてのち、老婆も死んでしまうのは、主の死とともに仙境そのものが消失し、天寿をはるかに超えた彼女の命を支えるすべが、失われたからだろう。童子が酒を好むのも、単純に嗜好とはいい切れまい。酒の効用は、記紀の神功皇后摂政一三年条の「酒楽《さかくら》の歌」を待つまでもなく、久しい寿を保つところにあるからである。

神仙境といえばまた、唐の小説『遊仙窟』の世界を想起する人もあろう。あらすじは、帝命を奉じて黄河の源流を旅行中の張文成が、神仙の窟と称する山中に足を踏みいれ、川岸で着物を洗う女に宿を乞うて、その女主の崔氏の屋敷にいたる。そこで二人の美姫十娘《じゅうじょう》・五嫂《ごそう》の歓待をうけ、機知縦横の詩歌の贈答と宴飲歓笑があって、十娘と歓楽の一夜をともにする、というものである。

逸本が鬼が城での童子の頼光一行にたいする歓待ぶりを、『遊仙窟』のそれになぞらえているように、川辺で若い洗濯女に出会うこと、彼女の反対を押し切って鬼が城に着き、門傍らの建物に入ること、亭主の歓待を受け、数多の美女がはべることなど、逸本・サ本、さらには両本の出発点となった祖本は、プロットの構成にあたって、間違いなく『遊仙窟』の影響を受けている。『遊仙窟』は母国では早く失われたが、日本では『万葉集』をはじめ多くの作品に影響を与えた。同書が祖本の成立時期にも、多くの読者をもつものであったことは、現存する日本最古の写本が、正安二年(一三〇〇)六月の写本を、康永三年(一三四四)一〇月模写したものである事実をあげれば足りよう。[*3]

屈強な男が穴をくぐると仙境にというのは、もとよりヴァギナとコイタスのアナロジーである。[*4] これに、酒呑童子の囚われの美姫たちへの暴君ぶりが加わるのだから、鬼が城はいやがうえにもハーレム模様に染めあげられる。コイタス氾濫の暗示と猟奇趣味は、サ本の方が一層顕著である。

もちろん、この仙境は冥界と裏腹のそれである。逸本の四方四季は、じつは南の夏、西の秋、北の冬の不完全四季で、東の春が欠けている(サ本は四方四季を明記するが、北＝冬についての具体的な言及はない)。方位と季節の対応関係は、陰陽五行のそれと一致している。欠けている東は、陰陽五行の考えによれば木気にあたり、万物の生命の始まる「春」を象徴する。[*5] 当然、春は冥界にふさわしくない。東欠落の原因だろう。南方には人肉の鮨桶が据えられて、人骨も散乱する。鬼の住む冥界が、カニバリズムの楽園であるのは、当然のことである。

なお、陰陽五行でいえば、大江山のある帝都の「西北」は、陰の気の極まる方角である。逸本では頼光一行が都を出立するのが一一月一日だから、鬼王が猛威をふるったのは秋の頃だった。一〇月は陰の極まる月であり、一一月一日は陰が陽の方向に初めて転換する月の初日である。史実でも偶然でもなく、鬼退治の幕開きにふさわしい日が意図的に選ばれているとみるべきだろう。

かくして、大江山奥の岩穴は、豊饒のパラダイスへの入口であり、生と死の境界、この世とあの世がせめぎあう両義的な場所だった。酒呑童子説話が、岩穴くぐりにこだわり続けた秘密はここにある。こうした冥界と仙境の統一としての鬼が城を、一口で形容するならば、竜宮こそもっともふさわしい。

ふつう竜宮といえば海中を連想するが、中世説話では必ずしもそうではない。たとえば、『平治物語』には、邪気(病気などを起こす悪い気)払いに良いというので、摂津箕面《みのお》滝の滝壺に飛びこんだ平家の侍難波経房が、やがて「水もなきところへ」出る、そこには「うつくしくかざりたる御所」があり竜宮だった(下巻 悪源太雷となる事)、と山中滝壺の奥に竜宮を設定する。

祇園の神殿の下には竜宮に通じる穴がある(『釈日本紀』巻七 述義三 神代上)、興福寺の下に竜宮城がある(延慶本『平家物語』巻六—二二)といった観念も、広く流布していたようだ。山中の洞窟の奥や地下に竜宮があるというのは、石田英一郎が指摘したように、地下の洞穴は「いわゆる〝地脈〟として思想的には水界と通じている」からである。*6

竜宮は仙境だから、浦島太郎の例をあげるまでもなく、現世と異なった時間が支配している。だから、四季を一時に見ることができる。難波経房の話と同じ話が『源平盛衰記』にも載っているが(巻一一 経俊布引滝に入る事)、滝壺中の御殿の庭は「東西南北見廻せば、四季の景色ぞ面白」い様子であった。

竜宮が亡者の集まる苦界と観念されていたことは、建礼門院の夢に、壇ノ浦で滅亡した平家一門が、竜宮城に現れた、とあることに端的に示されている(『平家物語』灌頂巻六道之沙汰)。竜宮は無明の闇の世界ですらあった[*7](『渓嵐拾葉集』巻一〇八)。

二、竜王(水神)たる酒呑童子

竜宮の主はいうまでもなく竜王である。竜は「竜顔」の言葉が示すように、中国では天子や皇帝を意味する。[*8] 酒呑童子説話にあっても、一条天皇に対峙する「謀反」の英雄は、まずもって高貴な幻獣であることを必要とした。

竜王はまた、水神である。説話・伝承の世界では、水神(竜蛇神)はしばしば雷神の姿をとる。雷が雨を呼ぶからだろう。『俵藤太絵巻』でも、弓をかまえる藤太の前方上空の雲中に、竜と雷神が並んで現れている。

逸本で注目されるのは、鬼退治の戦端を開いた頼光一行が、毒酒に酔いつぶれ、正体を現した寝所の童子の前に集結する場面である。甲冑に身をかためた頼光らは、全員が太刀を肩にかつぐ姿勢をとっている。このポーズの意味するところはなんだろう。

『十訓抄《じっきんしょう》』に、箕面の滝をくぐって竜宮にいった難波経房の後日談が載っている。彼は、福原から京にのぼる途中で、怨霊と化した悪源太の雷にうたれ頓死するが、そのおり、「太刀ぬきてかたにうちかけたりけれども、したる事なかりけり」、太刀を肩にかついだけれど、効めがなかったとある(第六―二四)。太刀をかつぐポーズは、中世では臨

鬼王の前に集合，全員刀を肩にかつぐ(逸本)

戦の構えだったが、ここでは雷除けの呪法でもあるらしい。

雷除けの呪術に、金属および金気のものを用いる例は多い。『北野天神縁起』には、左大臣藤原時平が太刀を八双に構え、道真の亡霊が清涼殿に落雷せんとするのを、迎えうつシーンが描かれている。それが奇矯なふるまいでない証として、応安三年(一三七〇)、前関白九条経教の亭に落雷があった時、経教が小狐と名付けた名物の太刀を抜いて雷公を打ち払った、という例をあげておこう(『後愚昧記』同年八月一五日条)。

また、平安後期の法隆寺では、「雷の難を防ぐため」、五重の塔の第一楼の盤柱の下から、八方に五尺ばかり鎌を差し出していた(『七大寺巡礼私記』)。これなど、竿頭に鎌を結んで門口に立てると落雷しないという、現在に残る民俗に連続するだろう。

こうした雷神に金属の呪法は、世界中に果てしれない広がりをもつ、水神は鉄類を忌むという観念の一環といえるし、[*9]陰陽五行の、雷は木気で金(メタル)は木に剋《か》つとする考えの反映、とみることもできる。頼光の郎等公時(実在の人物としては下毛野《しもつけの》姓)が近世に入って坂田金時になり、金太郎と表記されるようになるのは、後者の「金剋木」の影響らしい。

逸本の絵師が、酒呑童子を雷神(水神)に見立てていたことは、明らかである。鬼は多く雷神の姿で描かれるとはいえ、ここはやはり、鬼が城が竜宮であることを意識した描法でなければならない。

話を進めよう。水神は多く童子姿で現れた。石田英一郎のいう「水辺の小《ちい》サ子」である。水神を童形とみる理解の好例は、水の妖怪としてのカッパで、河童という室町中期になって現れる表記[*10]もこれに淵源している(KaFawaraFa→kawawarFa→kawawappa→kawappa→kappa)。早い例なら、『日本書紀』神代上のイザナギ・イザナミが神々を生むくだりに、「生めりし海神《わたつみのかみたち》等を、少童命《わたつみのみこと》と号す」とある。

雷神も水神だから、落雷すると童形に帰る。小子部栖軽《ちいさこべのすがる》が、雄略天皇の命で「天鳴雷神」を招く『日本霊異記』冒頭の雷神少童の話、越後国上山《くがみ》に神泉を湧かせた「年十五六許なる」童形の雷神の話(『今昔物語集』巻一二—一)は、よく知られているだろう。『平戸記』にも、二条堀川の御家人の宿所に落ちた雷が、大勢の見物人の見ているなかを、

「小法師（蓬髪《ほうはつ》の非人姿）」になって内裏の方に走り去ったという奇談を載せる（寛元三年正月一二日条）。

酒呑童子が童子と呼ばれ、最初に童子姿で登場するイメージ上・潜在意識上の根拠は、間違いなくここにあった。となれば、浜中修氏がすでに指摘しているように、岩穴の出口に現れ、童子の死とともに命を終える洗濯の老婆も、桃太郎や一寸法師などの昔話にみえる、「水辺の小サ子」の背後にひそむ母性神（地母神）、として把握される。[*11]

一寸法師によって代表される小サ子の物語は、聖なるものは異常誕生するという観念の現れであり、童形に特異な霊力が宿るとの主張である。島津久基・佐竹昭広氏によって提唱された酒呑童子＝鬼子＝「捨て」童子説も、[*12]この文脈のなかに位置づけるべきものであろう。特異な霊力云々は、古代・中世の子どもが、霊界（神と鬼の世界）と人間界の中間的存在で、聖俗両界を自由に往来し、かつそのどちらにもとどまらない境界性・性的中立性・未成人としての社会的周縁性を持つ、とした中野千鶴氏の指摘[*13]などを手がかりに、今後一層掘り下げるべき重要研究テーマである。

とまれ、永遠の時間が支配する仙境の王には、老いとまったく無縁の童子こそふさわしい。童子・雷神二つの顔は、童子が仙境に対応する正のイメージ、雷神は冥界の負のイメージを背負うと解釈される。関係は、後ジテが神霊や怪異のものとなって出現する能の前場で、前ジテが童子や慈童の面を用いることと共通するものがあろう。童子や慈童は少年の面だが、普通の人間の少年でなく、永遠の若さを象徴する神仙の化現として、優雅で妖精的な神秘に満ちているのである。[*14]

こうして、酒呑童子の酩酊・就寝を間にはさんだ昼の童子、夜の雷神二つの顔も、ともに本質たる水神の現象で説明される。興味深いのは、寝入って正体を現した童子が、逸本の詞書では、頭と胴体は赤、左足は黒、右手は黄、右の足は白、左の手は青、という五色まだらの体色をしていることである。陰陽五行の思想では、各色はそれぞれ火・水・土・金・木を象徴する。このド派手なボディ・カラーから、九世紀末より京都神泉《しんせん》苑《えん》で行われた陰陽道の五竜祭(雨乞祭)のことが連想される。同祭の祭神は、『大灌頂経』に見える五竜王で、祭場に東方青竜神王、南方赤竜神王、西方白竜神王、北方黒竜神王、中央黄竜神王と配置された。[*15]五色が五竜王からきているとすれば、これも童子の本質が竜王(水神)であることの暗喩となる。

都にめでたく凱旋したのち、童子の首を宇治の宝蔵におさめた、という逸本結び近くのくだりも、竜神・竜宮との関連で読むことができる。一四世紀前半成立の天台口伝《くでん》教学を集成した大著『渓嵐拾葉集』に、「宇治を以て竜宮と習はす事」の一節があり、つぎのような古老の言葉が載せられている(巻九二)。宇治殿(平等院を建てた関白藤原頼通)は竜神となって宇治川に住んだ。宇治の宝蔵は、最上の重宝をことごとく収めた日本一の宝蔵で、たとえよその重宝が散佚することがあっても、ここばかりはいまだ紛失したことがない。宇治殿が、大竜となって毎夜丑の刻、河中より出現し、宝蔵を巡見するからであると。

酒呑童子の首は、竜宮の地で、竜に守られた宝蔵に収められるべきもの、と考えられていたわけである。酒呑童子の首を竜王の首と見てこそ、宇治の宝蔵が秘蔵場所または封じこめ場所に使われる意味も得心がゆくだろう（章末［補注］参照）。なお、宇治殿頼通は御堂関白道長の長男である。逸本に、鬼が城にさらわれ人として道長の御子がいたとあることも、頼通は宇治川の竜神、という伝承との関連で理解されるべきかもしれない。

逸本では、酒呑童子はつれづれなるままに笛を吹く。「天鳴雷神」を招いた小子部氏の宮廷での職掌も、朱儒の管掌と笛を吹くことだった。[*16]『多聞院日記』には、笛を吹く少童の記事がみえ、正体は大鬼だった（天文一〇年一一月二七日条）。「笛吹童子」といえば、筆者の世代にはなつかしいのであるが、この笛・童・鬼の三位一体観は古代・中世を貫通している。

この期の横笛を竜笛《りゅうてき》という。竜の鳴き声をまねて作られたという伝承からであり、竜《りゅう》吟《ぎん》・竜鳴《りゅうめい》とも称した。三者に通底するのは、やはり竜（水神）の面影である。

さて、水の妖怪たる河童をエンコウ（猿猴）と呼ぶ地方は多い。イエズス会士が採集した織豊期の日本語にも「Cauarŏ カワラゥ（河郎・河童）」の語があり、「猿に似た一種の獣で、川の中に棲み、人間と同じような手足をもっているもの」というポルトガル語の説明がついている（『邦訳日葡辞書』）。猿は水辺の動物として水にゆかりが深く、河童のイメージにも影響を与えたのである。

民俗学や文化人類学では、猿と河童の同一性をいい、ポジとしてのヤマワロ（山の神）と、ネガとしてのカワワロ（水神）が、夏六月を境に転換するという。[17] 猿と河童の親縁性は、陰陽五行思想で水の三合《さんごう》（生・旺・墓の三語であらわされる生物や事象の栄枯盛衰の輪廻）が申・子・辰であり、申（猿）は水の始まり、というところにあるかもしれない。

猿と雷神の親密な関係も、文明二年（一四七〇）一〇月四日、相国寺の七重塔が落雷で焼けた時、見ていた番衆が、猿のようなものが塔の重々に火をつけた、と証言したように（『応仁記』巻三）、古くから例がある。

第二章で詳しく述べたように、中国南宋末の通俗小説「陳巡検梅嶺失妻記」に登場するサルの化物（斉天大聖）は、酒呑童子説話のプロット形成に深甚な影響を与えたものであるが、素性をたどれば水の妖怪なのである。すなわち、斉天大聖は妹の泗州聖母《ししゅうせいぼ》を介し、そこから遡って、ついには無支祁《むしき》という「猿猴」に似た水神・水獣にいたる。[18] 中国の黄芝崗は、『太平広記』などに見える無支祁の話に影響を与えたのは、後漢の『呉越春秋』に見える、馬を水中に引きずりこむ淮水《わいすい》の水神ではなかったかという。[19] これぞ河童駒引《かっぱこまびき》である。[20]

追加しておくと、酒呑童子のイメージと深い関係にある猩々も、そのすみかは海中の竜宮だった。しかも猩々は少童の姿をとって現れる。能の猩々面も、童子と慈童の面に類似した面である。

三、兜二題

サ本には、不思議な兜が登場する。山伏姿の頼光一行が、鬼の岩屋に向かう途中出会った翁たち(神々の化現)から、酒とともに与えられた帽子兜である。酒は童子を酔いつぶす毒の酒。帽子兜は通眼《つうがん》(普通の人には見えないものを見通す眼力)の童子に、正体や心中を見破られないための用意で、兜巾《ときん》の下にかぶっていたため、宴会の最中、頼光ではないかといぶかる童子の疑念を、そらすことができた。

帽子兜は、下級の士卒や略式武装の武将が用いる兜で、室町前期までの各種文献に現れる。頼光は、「帽子兜を着、其うへに獅子王と申、五枚甲の緒をしめ」て鬼退治する。『平家物語』に「帽子甲に五枚甲の緒をしめて」(巻五 奈良炎上)の表現が見えるので、実際に兜を重ねかぶったときの下兜として用いたようだ。

逸本には正体を隠す兜のことは見えないけれど、代わるものとして蓑《みの》帽子がある。酔いつぶれた童子が寝所に引き上げたのち、頼光・保昌は鬼が城内を偵察する。そのおり老翁提供の蓑帽子をかぶっているため、自由に歩き回る姿が鬼の眷属たちからは見えな

頼光ら神々の化現より毒酒と帽子兜をもらう(サ本)

い、という設定になっている。黒田日出男氏は、逸本に描かれた蓑帽子こそ、中世の「隠れ蓑」だという。[*21]

では、なにゆえに蓑帽子や帽子兜が、「隠れ蓑」たりうるのか。そもそも両者には共通点があるのだろうか。右の疑問に迫るためには、両者の形や着用法にこだわらねばならないようだ。蓑帽子は「頭部から背部を覆うように作られた蓑で、その形態は肩蓑に頭部を附加したもので、ほぼ兜のしころの長いもののような形態をし、これを頭からかぶり、襟に付された紐を結んで着用する」[*22]ものである。

一方の帽子兜、名称はむろん帽子に似た形状に由来する。ところが、兜という漢字の字義には、頭部防御の武具以外に、①かぶりもの、②かこむ、などの意がある。①の場合、兜と帽子の違いは微妙だろう。蓑帽子の外見

頼光ら三人，蓑帽子に袈裟衣姿で鬼が城内を偵察，右端の牢には唐人らが幽閉されている(逸本)

が兜に似ているのも気になる。混線まぬがれがたいところだが、『塵袋《ちりぶくろ》』巻七に、千秋《せんず》万歳《まんざい》(年の初めに仙人姿で家々を訪れ、祝言を述べ歌舞するもの、第四節でふれる声聞師が伝習した)の被り物をなぜ烏兜というかと発問し、自答のなかで「甲」と「帽子」の違いを述べているのが、きめてになりそうだ。その一つは、帽子は「ナヘナヘ(萎々)トシテ頭ニ引入スル物」、兜は「コワク(硬く)テ」「イタダ(頂)」くものという点にある。

堅くて頭頂に載せるのが兜、柔らかくてぐいと引きかぶるのが帽子(帽子兜には革製のものもあったようだ)。蓑帽子や帽子兜が、用いた人間を見えない状態にする秘密は、どうやらその深くかぶるという動作、あるいはすっぽりつつまれている状態にあるらしい。ここまでくれば、帽子兜や蓑帽子が、覆面や裹頭《かとう》、風流《ふりゅう》の花笠や唐笠、深編み笠などと同性格のものだと気づくだろう。これらはいずれもかぶる、または内部空間に入ることによって、外界と遮断され、ほかから見えなくなる、隠されている、と信じられたものである。[*23]

かぶるとなぜ姿が見えなくなるのか。それこそ、日本前近代人の想像力の質や深層心理の深みにかかわる大問題だろう。この点について小松和彦氏が、象徴論の次元で、

『三十二番職人歌合絵巻』に見える千秋万歳法師．かぶっているのが鳥兜
（サントリー美術館所蔵）

「かぶりもの」は特定の状況下では、「かぶることによって、かぶった者を心的かつ物理的にかぶる以前の世界から隔離するので、脱日常的装置もしくは異界創出装置というように理解することができる」と述べていることが注目される。氏は、かぶりものという「儀礼的な囲い」の内部空間は、なにものかが宿る時空、この世と他界の媒介項、他界への通路、変身と再生の「母胎」ともいう[*24]。

小松氏の論旨に添うと、頼光らが、神々の助力によって帽子兜や蓑帽子を用いるプロットは、都からひきずってきた日常性からいったん完全に離脱する、「儀礼的な囲い」のなかに入り儀礼的に見えない状況を創り出す、つまりは、鬼が城という他界内にさらなる他界を創り出すこと、一時的な死を通して一段とグレードアップした英雄に再生する、という一連の意味を含意していた、と読み解ける。第二章で、童子と釣り合うのは天皇で、童子からみれば頼光は格下の存在だと指摘した。この懸隔を乗り越えて鬼退治を成就するには、帽子兜や蓑帽子は、不可欠の跳躍台なのである。プロットの荒唐さは、民俗的な心意の次元での無稽さを意味しない。

以上が、本説話の文脈における帽子兜への解釈である。このように、ある兜が、武具に解消できない独特の役割を付与されていたとすれば、ほかの兜にも、武具以外の角度からの光をあてうる可能性が生じる。

念頭に置いているのは、逸本の頼光の緋おどし・竜頭《たつがしら》の兜と、サ本の獅子王の兜である。ともに都から持参の兜で、酒呑童子退治のおりかぶっていた。前者については、首尾よく童子の首を刎ね、首が宙に舞い上がると、頼光は綱・公時二人の兜を借り、自分のそれの上に重ねかぶる。飛びかかった童子の目を抉って、ようやく息の根をとめたが、二人の兜は食い破られていた。

首が食いつく直前の頼光の奇妙な振舞いは、自分の兜が防御の面ではあてにならない、と承知した上での行動と解するほかあるまい。サ本の獅子王の兜も、童子の首に食い通され、帽子兜なかりせば命あやうし、のありさまである。

相手が鬼王とはいえ、二つの兜はオモチャに近い。とくに逸本の、防御に耐えないとあらかじめ承知している竜頭の兜を、なぜ持参するのか。私などこれを、竜頭の兜は、五月人形の飾り兜とあい通ずるところがあった、と解釈する。

五月五日端午の節句は、発祥地の中国では、雨期に入る五月の災凶を祓う行為や水神祭に起源する祭日である。鯉のぼりの吹き流しの起源も、わが国で薬玉《くすだま》になる五綵絲《ごさいし》で、「鬼及び兵《わざわい》を辟《さ》け、人をして瘟《おん》(流行病)を病まざらしむ」(『風俗通』)といわれるように、赤・青・白・黒・黄の五原色に邪悪を払う力があると信じられていた。菖蒲湯《しょうぶゆ》に使われる菖蒲の葉は、香気強く形が剣に似ているところが、悪魔払いの力を期待させる。

風物詩の飾り兜も、起源が菖蒲兜で、やはり辟邪の役割を負うものだった(武者人形は、飾り兜の鉢の部分に、人形の細工物をつけたのが独立したもの)。菖蒲兜は、菖蒲で作った兜で、男子の冠につける平安期の菖蒲縵《かずら》が変化したものといわれ、その存在は、史料上鎌倉期以前まで遡る。

中世以来多く五月五日に行われ、邪気・穢気払いの性格があるとされる印地打《いんじう》ち(飛礫《つぶて》、すなわち石合戦の民俗)にも、菖蒲兜の着用がみられる(『園太暦』文和四年同月同日条)。近世ではこの日、男の子たちは兜巾・篠懸《すずかけ》の山伏姿で、菖蒲鉢巻をしめ腰に菖蒲刀をさし、河原で敵味方に分かれたという。[*25] 菖蒲鉢巻は、まさしく菖蒲縵の系譜を引くものだろう。飛礫と山伏の密接な関係は、網野善彦氏の注目するところだが、[*26] 印地の日の兜巾に菖蒲鉢巻というスタイルは、頼光が兜巾の上に竜頭の兜をかぶったことを連想させずにはおかない。

頼光一行は鬼退治の後、鬼の死骸を焼いている。火はケガレを浄化すると信じられていたから、絵の意図は童子たちがケガレに満ちていることを印象づける点にあろう。

以上のことから、竜頭の兜は、疫鬼のケガレを避ける辟邪の意味を負っていた、とすることが可能と思う。サ本の獅子王の兜も同様の理解ができる。獅子王の兜とは、前立てに獅子の飾りをつけた兜で、獅子は民俗芸能としての獅子舞が示すように、破邪の聖獣と認識されていたからである。

ケガレを祓うのに兜を用いるという発想は、狂言の一節「けがれ不浄を払うなる、こがねを延べし兜なり」(「毘沙門」)からもうかがえよう。中世では疫神追却の祭たる風流《ふりゅう》に、しばしば兜・具足が用いられ、神社の祭礼にも甲冑姿の者が供奉した。万治三年（一六六〇）奥書の大蔵虎明《とらあきら》著『風流之本』に収められた「三社の風流」の詞章には、ずばり「三番中楽、具足にて舞給ふ事、悪魔降伏の為なれば」とある。[*27] 甲冑姿に、悪魔降伏の呪力、辟邪の効験が期待されていたことは否定できない。それは、第一章および別稿[*28]で説いた、武士や武が放つ辟邪の呪力とも重なるに違いない。

四、山伏姿の意味論

頼光一行は、逸本は鬼が城を捜す途中から、サ本では出立の初めから、山伏のコスチュームに着替える。前者は老翁の勧めに従い、後者はまるで当然のようにである。山伏姿がたんに険しい山中に分け入るための身ごしらえでないことは、鬼退治の時の甲冑下が兜巾・篠懸であり、それは以後都への凱旋まで一貫していることから明らかである。山伏姿を登場させる契機（素材）となったものについては第二章で論じたので、今は意味するところを考えたい。

手がかりとなるのは、山中は死者の魂の行き着く先であり、その山中他界に踏みこみ、亡魂と交信し、救済にあたるものが山伏である、という当時の社会通念である。[*29] これを踏まえれば、兜巾・篠懸・笈《おい》の姿こそ、冥界・異界としての鬼が城に赴く定まったスタイル、ということになるだろう。翁が大江山をさまよう頼光らに、「其すがた共にては、(鬼が城を)尋給はん事、かなふべからず」と諭した具体的意味はそこに存した。当時逸本の読者は、山伏姿に着替える箇所で、冥界入り近しを悟ったに違いない。

右のことは、小説づくりの際の約束ごとにとどまらず、この説話の形成・管理・伝播に、修験の山伏が深くかかわっていることを示唆する。逸本の結びは、鬼が城から救出された多数の唐人たちが帰国を許される場面であるが、彼らの帰国願いには「此珍事によりて、(不動)明王の威験を、遠方につたえ、(頼光・保昌)両将の面目を、異朝に施さん」という口上がついている。鬼王退治譚全体が不動明王の霊験を語るものという評価は、不動が修行中の山伏を守護する、山伏のいでたちは不動明王を象徴するなどの、これも当時強固に存在した観念を下敷きにすると、本説話の発生基盤を強く暗示するだろう。

逸本には、鬼が城内を偵察する頼光らが、牢中の道長の児《ちご》を見る場面がある。児を猿のようなものが守っているのにたいし、住吉神が、あれは叡山の早尾権現《そうい》、本地は大聖不動明王、猿は山王の使者、と教える。早尾社は、祭神スサノオ、本地仏は不動、日吉七社の一つである。修験の神々の中で、具体的な名前のでてくるのは早尾権現だけだから、おそらく、早尾社に集う山伏たちが、この物語の成立・管理・伝播になんらかの形でかかわっていたのであろう。

そもそも、舞台である逸本の大江山は、鷺流狂言「蟹山伏」の冒頭に「これは丹波の国、大江山より出でたる、駈け出《いで》の山伏です」と見えるように、中世には修験の霊場であり、サ本の伊吹山も七高山の一つに数えられる屈指の道場だった。雷神が落雷して童形になった『今昔物語集』の越後国上山《くがみやま》も（一一一一）、修験の道場として知られる弥彦《やひこ》山《さん》の南の山続きである。この地には、酒呑童子は土地の出身で、侍童として修行したが、傷害事件を起こし比叡山に移った、という伝説が伝わる。[30]

穴中地獄・山中竜宮は、修験の徒の修行中に浮かんだ他界についての幻覚やイメージと関係する、と日本文学研究者は指摘するが、[31]岩穴をくぐって鬼が城へという展開にも、山中の洞窟や岩の割れ目をすり抜ける、修験者の胎内くぐりの行を思わせるものがある。山岳・霊地を他界または胎内にみたて、その中を巡歴して修行し、いったん死んで生まれかわる擬死再生の行を、ヴァギナを連想させる生と死のイメージの交差する洞窟において、象徴的に実践するのが胎内くぐりである。

山伏はまた、日本各地に伝わる民間神楽の主たる伝承者でもあった。民間の神楽は、タマシズメ（鎮魂）を本質とする。山伏の演ずる神楽は、能楽大成以前の古い猿楽能の様式を伝承するともいわれており、曲目には「五竜王」「水神舞」「悪神退治」、そして「大江山」なども見うけられる。[32]

以上によって、山伏が本説話の管理者・伝播者であったことを、明らかにし得たつもりだが、加えて、説話中に安倍晴明や土御門の姫が出てくることに留意すべきだろう。安倍晴明は陰陽の大家、土御門家はその後裔で、近世中期には諸国陰陽師はすべてこの家の統制下にあった。ここで、陰陽道を民間に広めるにあたってもっとも力があったのが、修験陰陽師と声聞師《しょうもじ》であったという事実に思いいたる。

陰陽と修験の結合は、種々の呪術的作法の酷似が語るように、早くから進んだ。鎌倉前期の『古事談』には「晴明は俗ながら那智千日の行人なり、毎日一時滝に立て打たれけり、先生《せんじょう》も止むごとなき大峰の行人と云々」(巻六—六四)と見える。虎明本狂言「いぐい」に登場する陰陽師は、本名を「天狗左衛門」[*33]という。「いぐい」の現存最古のテキストたる天正狂言本では、彼は「山ぶし」とある。説話中に、陰陽五行の思想の影響とおぼしき箇所がくりかえし見えるのも、こうした山伏と陰陽師の関連を念頭に置くと、よく理解できるだろう。

陰陽道を民間に普及させたもう一方の柱たる声聞師は、中世被差別民の一種で、金鼓《こんぐ》打ち、暦の頒布、民間の陰陽師、千秋万歳・曲舞《くせまい》などの呪術的雑芸能者、盆・彼岸などに家々を訪れて、経を誦したり摺仏《すりぼとけ》を配ったりする者の総称である。京都では、『雑談抄』に「古老伝云《つたえていう》、往昔は元朝《がんちょう》(元日の朝)寅時に、犬神人《いぬじんにん》禁裏日華門《にっかもん》の外に参て毘沙門経の文句を訓読に唱て、祝の儀をなせり、故に此者の党類を呼で唱門師と称す」とあり、声聞師は祇園の犬神人の役だった。その犬神人は、天和三年(一六八三)までの祇園御霊会《ごりょうえ》で、八角の樫棒を持ち、白い頭巾に甲冑姿で、神輿の先導役をつとめている。[*34]

甲冑姿に悪魔払いの呪力があったとした、先の指摘を思い出していただくとともに、この棒の衆や弦指《つるさし》の最上位者を選定するのが、毎年正月二日の夜、洛東坂弓矢町《さかゆみやちょう》の愛宕《あたご》寺で行われる、「天狗の酒盛」と称する秘法の席だった。狂言「いぐい」をはじめ天狗と山伏を同一視する事例は、枚挙にいとまがない（本書【付録2】参照）。

説話の管理者・伝播者と想定する山伏・下級の陰陽師・声聞師の間には、金太郎飴を思わす連続性・互換性が認められる。こうした境界的・底辺的一団の連鎖に、さらに一環を付け加えるならば、琵琶法師（盲僧）があげられよう。

盲僧琵琶は、中世では平曲を語るほか、かまど祓いの地神経《じしんきょう》をよみ、土地の神を祓い鎮めて回った。荒神供《こうじんぐ》である。盲僧と山伏の関係は深く、盲僧のいないところでは、荒神祓も山伏法印が行うものであり、山伏神楽の仕事だったという。[*35]

土地の神を鎮め固めることを業とする盲僧が、地下の世界を語る。それが冥界譚で、第一節の難波経房の滝中竜宮詣も、北摂地方で語られていた冥界譚の一つと考えられる。[*36]酒呑童子説話の源流となる鬼が城の冥界譚を語り伝えた、盲僧集団の存在を、予想してもよいかもしれない。頼光一行を助ける神々に熊野が入っているのも、熊野が盲僧の拠点として重要な場所だった、[*37]ということが関連しているのではないか。

五、水神の両義性

水神には両義的性格がある。まず水の支配者として、国土の豊饒や人の命をつかさどる者とみなされる。他方、乏少な水は旱魃《かんばつ》を、過剰な水は洪水を、降り続く長雨や不快な湿潤は流行病《はやりやまい》を招くから、水神は同時に祟り神でもある。

たとえば、貴船明神は、京都北郊にある貴船が鴨川の水源である関係で、水の神としてあつく信仰されていたが、寛仁二年(一〇一八)六月の藤原道長の病は、彼に種々苦汁をなめさせられた藤原延子の呪詛による「貴布禰《きぶね》明神の祟り」だといわれた(『小右記』六月二四日条)。また応永二七年(一四二〇)七月八日京都神泉苑《しんせんえん》で祈雨を行ったが、効果がなかった。『看聞日記』は炎旱を「貴船大明神の御祟り」としている。戦国期の弘治二年(一五五六)、京都に咳逆《がいぎゃく》(流行性感冒)が流行し多くの小児が死ぬ。占うと「貴船の神の祟」と出たので、九月九日疫神を追却したところ鎮まった。以後京洛の児童は、毎年九月九日に貴船神輿《みこし》・狭小輿《ささこし》と称する小神輿をかついで、市中を練り歩くようになったという(『雍州府志《ようしゅうふし》』巻二)。

水はケガレを「水に流す」。荒ぶる疫神を鎮め、災厄を祓い浄化する水神祭は、六月と一二月、とくに夏に集中する。この季節は、人口が密集し居住・生活・衛生環境の劣悪な前近代都市にあっては、疫病の発生や水害の脅威といつも隣り合わせだからである。京都の梅雨明けと夏の開始を告げる祇園祭は、平安期の祇園御霊会に起源をもっていた。疫神怨霊を鎮める御霊会も、水と関係の深い行事であり、[*38]罪やケガレや災厄の一切を川に流しこむ六月祓《みなづきばらえ》の行事と連動している。中世人の心の世界にあっては、疫神―水神―竜(蛇)―雷―御霊は、切れ目のない円環を描いていた。

酒呑童子が竜宮城の主(水神)とみなされたのは、その原像が都に病を流行らす疫神だったからに違いない。竜宮の冥界と仙境の両義的性格も、水の両義性に通じる。そして、この説話の形成・管理・伝播の一翼を担った声聞師こそ、水を制御する特殊な呪術的能力をもつとして、近年注目されている存在である。[*39]

初期『洛中洛外図』の鴨川内五条橋中島に注目した瀬田勝哉氏は、京都の死命を制する鴨川洪水の平穏を祈るこの地に、中国で治水神とされた禹《う》を祭る「禹王廟」が設けられていたこと、そこが安倍晴明伝承の一大中心地であり、河原者が治水の実際的な担い手としての自覚を強めていったのは、中島に集まる晴明の徒(声聞師)との交流の結果で、「禹王廟」を作るという発想も、彼らの影響によるところ大であったことなどを鮮やかに論じている。[*40]まさに声聞師の世界は、中国の小説・伝説を踏まえた酒呑童子説話展開の母胎の一つたるにふさわしい。

水神の問題は、多くの検討課題を残す。「山のあなた」と翡色《ひそく》の神秘をたたえた山中水底の奥に、さらなる探究の旅を続けねばならぬ。

＊1　定方晟『須弥山と極楽』講談社新書、一九七三年、一六一〜一六三頁。
＊2　市古貞次『中世小説の研究』東大出版会、一九五五年、三四一〜三四六頁。三谷栄一『物語史の研究』第三章Ⅱ、有精堂出版、一九六七年。
＊3　前野直彬「遊仙窟解説」『中国古典文学大系第24巻　六朝・唐・宋小説選』平凡社、一九六八年。
＊4　中野美代子『中国の妖怪』岩波新書、一九八三年、一七〇〜一七二頁ほか。
＊5　日本における陰陽五行思想の具体相については、吉野裕子『陰陽五行と日本の民俗』人文書院、一九八三年が示唆に富む。
＊6　石田英一郎「新版・河童駒引考」『石田英一郎全集　5』筑摩書房、一九七〇年、三三二頁。
＊7　竜宮と地獄の類似性については、浅野祥子「竜宮について――地獄との類似性」『国文学踏査』第一五号、一九八九年参照。
＊8　深沢徹「境界の宇治――モノガタリが蝟集し封じこめられる場」平安京文化研究会、一九九二年三月二〇日報告より示唆をえた。
＊9　石田＊6書、五〇〜五二頁。
＊10　室町中期の『黒本本節用集』に「獺《かわうそ》老いて河童《かわらう》と成る」とある。なお、カワウソを水

精とする北アジア系の説話については、三品彰英「フツノミタマ考」『三品彰英論文集第二巻　建国神話の諸問題』平凡社、一九七一年参照。

＊11　酒呑童子の河童的・水神的性格についても、すでに高崎正秀・浜中修両氏がある程度言及している。高崎「金太郎誕生縁起」『高崎正秀著作集第七巻』桜楓社、一九七一年。浜中「「酒呑童子」論」『中大国文』第二四号、一九八一年。

＊12　島津久基『国民伝説類聚　前輯』大岡山書店、一九三三年。佐竹昭広『酒呑童子異聞』平凡社、一九七七年。

＊13　中野千鶴「童形と神聖」『月刊百科』二七一号、一九八五年。

＊14　中村保雄『能の面』河原書店、一九六九年、一九四〜一九八頁。

＊15　村山修一『日本陰陽道史総説』塙書房、一九八一年、二〇六頁。

＊16　郡司正勝「朱儒考」同『童子考』白水社、二〇一〇年。

＊17　アウエハント『鯰絵――民俗的想像力の世界』第二部第三章、せりか書房、一九七九年。

＊18　中野美代子『文庫版・孫悟空の誕生』福武書店、一九八七年、五五〜六八頁。

＊19　黄芝崗『中国的水神』龍門書店、一九三四年、一七一〜一七二頁。

＊20　日本における河童駒引の初見は、横浜市金沢の称名寺舎利塔基壇の下框に描かれた永仁五年(一二九七)の年紀をもつ戯画である。この駒引するものには申の注記があり風姿も間違いなく猿である。近藤喜博「永仁年間の河童駒引戯画」『民間伝承』一四―二、一九五〇年参照。

＊21　黒田日出男「『隠れ蓑』・『隠れ笠』」同『歴史としての御伽草子』ぺりかん社、一九九六

年。

＊22 宮本馨太郎『かぶりもの・きもの・はきもの』岩崎美術社、一九六八年、九〇頁。

＊23 郡司正勝・山口昌男・杉浦康平「[鼎談]かつぐ・かぶる・こもる」『季刊自然と文化[特集]かぶる』一九八五年夏季号。黒田日出男「こもる・つつむ・かくす——〈王〉の身体をめぐって」同『王の身体　王の肖像』平凡社、一九九三年。

＊24 小松和彦「蓑笠をめぐるフォークロア」同『異人論——民俗社会の心性』青土社、一九八五年。同「異界創出装置としての『かぶりもの』」『季刊自然と文化[特集]かぶる』一九八五年夏季号。

＊25 中沢厚『つぶて』法政大学出版局、一九八一年。

＊26 網野善彦「中世の飛礫について」同『異形の王権』平凡社、一九八六年、一三二頁。

＊27 天野文雄「能と具足——翁の周辺」川口久雄編『古典の変容と新生』明治書院、一九八四年。

＊28 髙橋昌明「遊興の武・辟邪の武」同『武士の成立　武士像の創出』東京大学出版会、一九九九年。

＊29 和歌森太郎「山と鬼」『和歌森太郎著作集　第二巻』弘文堂、一九八〇年。

＊30 藤沢衛彦『日本伝説研究　第一巻』六文館、一九三二年、六〜一〇頁。

＊31 岩崎武夫「夢と他界観——中世における人穴譚考」『国文学　解釈と鑑賞』昭和五二年八月号、一九七七年。

＊32 本田安次『山伏神楽・番楽』財団法人斎藤報恩会、一九四二年。五来重編「民間神楽」

『日本庶民生活史料集成』第一七巻、三一書房、一九七二年。

＊33　佐竹昭広「有世の面影」同『下剋上の文学』筑摩書房、一九六七年。

＊34　黒田日出男「洛中洛外図上の犬神人」同『境界の中世　象徴の中世』東京大学出版会、一九八六年、一六四〜七頁。

＊35　五来重「筑前玄清法流盲僧琵琶史料　解説」『日本庶民生活史料集成』第一七巻、三一書房、一九七二年。

＊36　徳江元正「慈心房説話再考」同『室町芸能史論攷』三弥井書店　一九八四年。なお河音能平氏は、「日本院政期文化の歴史的位置」『河音能平著作集2　天神信仰と中世初期の文化・思想』文理閣、二〇一〇年で、延喜帝堕地獄説話が、平曲以前の盲僧琵琶の主要レパートリーだったと主張している。

＊37　角川源義「『義経記』の成立」和歌森太郎ほか編『中世文芸と民俗』弘文堂新社、一九六〇年。

＊38　髙橋＊28論文参照。

＊39　三鬼清一郎「普請と作事　大地と人間」『日本の社会史第八巻　生活感覚と社会』岩波書店、一九八七年。

＊40　瀬田勝哉「失われた五条橋中島——洛中洛外図を読む」同『増補・洛中洛外の群像——失われた中世京都へ』平凡社ライブラリー、二〇〇九年。

［補注］　宇治の宝蔵については、王権とその源の物語を語るものとして、すぐれて中世的イメージをまとっている、とする田中貴子氏のあざやかな研究がある（「宇治の宝蔵」同『外法と愛法の中世』平凡社ライブラリー、二〇〇六年）。氏の論理に従えば、酒呑童子の首を宇治の宝蔵に秘蔵する趣向は、邪悪なものを宇治の宝蔵に封じこめることによって、その圧倒的な負の力を王権を護る正の力に転換せんとする意図を語ろうとする、と読むことができる。これは酒呑童子説話の主題が、王権の危機と鬼王征伐による、その劇的回復の物語であることと照応する。

第四章　二つの大江山・三つの鬼退治

――酒呑童子説話と聖徳太子信仰

酒呑童子の大江山は、山陰道が丹波国から山城国に入る境の大枝山(大江境、現在の老ノ坂)で、童子の原像も、ここから都に侵入し疫病を流行らせた疫鬼だった。ところが、近世初頭成立とみられる『御伽草子』の「酒呑童子」では、大江山は、間違いなく京都府福知山市と与謝《よさ》郡与謝野町の境、かつての丹後・丹波境にある標高八三三メートルの大江山(千丈ヶ嶽)である。

南北朝・室町初期作とされる逸翁美術館蔵『大江山絵詞』(逸本と略称)は、現存酒呑童子説話諸本中最古のもので、大江山の所在を「帝都の西北」とする。老ノ坂は、京都の西(西南西)ではあっても西北ではない。加えて、頼光一行が鬼が城を求めて、深山幽谷、険しきなかに尋ね入るという設定になっており、老ノ坂を深山幽谷とは、いくらなんでも無理である。鬼が城は、この時点ですでに丹後・丹波境の千丈ヶ嶽に移っている、とみるべきだろう。

本章では、酒呑童子説話の舞台が、老ノ坂から千丈ヶ嶽へ引き寄せられていった背景を考えるため、中世丹後のイメージを明らかにし、進んで中世以来丹後地方で語られてきた、麿子《まろこ》親王の鬼退治伝説を取り上げてみる。

一、竜宮の地としての丹後

中世丹後のイメージを論ずるに際し、丹後が都の西北、戌亥《いぬい》の方角にあたるという事実に注目したい。戌亥は、これまで指摘してきたように、陰陽五行では、陰の気の極まる方角、民俗でも黄泉の国の方角、霊魂の還り行く方角、悪霊の風の吹ききたる悪しき方角である。丹後は京都からみれば、九州で流行った疫病が、山陰道を通って押し寄せてくる、まがまがしい方向とされていた。

一方、戌亥には、富の湧き出るめでたい方角、という正反対の性格もある。三谷栄一氏が、各種文献を渉猟して徹底的に論じたように、戌亥の隅に据えられた瓶に、福徳としての米や酒が湧き、長命がもたらされるとする発想は、日本社会の時代を超え、地域を超えて普遍である。[*1]

『日本歌謡集成』巻五、近古篇所収の「禁中千秋万歳歌」のなかには、京都に運びこまれる全国の「国々の貢《みつぎ》もの」について歌った詞章があり、「西は丹波、丹後、因幡、伯耆、国々島々の宝物を大船に取積《とりつみ》て、能《よき》順風に帆をかけて、堺の浦まで漕付《こぎつけ》〳〵参る也」と見える。中世以後の史料とはいえ、京都の人々が、丹後以下山陰道方面の国々を、いかなるイメージで捉えていたかがよくわかる。まことに丹後は、吉凶両義を帯びた国であった。

前章では、酒呑童子の鬼が城のイメージは、仙境と冥界の統一、永遠と豊饒のパラダイスにして恐ろしき苦界《くがい》、という両義を帯びており、中世人の観念に即すれば竜宮にほかならない、と論じた。そのおり、この竜宮の両義性が、丹後の吉凶両義的色彩と交錯しているかもしれない、と想定していた。丹後がとりわけ竜宮と縁深い土地だからである。その筆頭が浦島伝説で、『日本書紀』以来浦島が竜宮(蓬萊山、トコヨ)に赴いた浦は、丹後国与謝郡の筒川(水江《みずのえ》、現伊根町)になっている。

同じ与謝郡には日本三景の天の橋立(現宮津市)もある。三・三キロに及ぶ長い砂嘴《さし》は、南対岸の文珠で切れており、そこを九世戸《くせど》(渡)、または切戸《きれと》(渡)という。北対岸の籠神《この》社(丹後一宮)の縁起で、文明頃(一四六九〜八七)成立の「丹後国一宮深秘」には、「彼《かの》九世戸ノ洲崎ニ一念カ渕トテ在之《これあり》、是ハ竜宮城又仙宮へ通ル門也」と見えている。

現世と彼岸の間に、生身の人間に越すことのできない川がある、とする神話的な観念は、世界各地に伝わる。川に対応して、細い揺れ動く橋がかかるとされ、死者の魂は橋を渡って彼岸に向かう。中世人の渾然たる観念の世界にあっては、天の橋立の長大な砂嘴は、その橋に見立てられていたのではないだろうか。

九世戸には、文殊で有名な智恩寺(文殊堂)があり、『拾芥抄』下(諸寺部第一)に六斎《ろくさい》日《にち》には竜が文殊堂に燈明を供えるとある。また、南北朝以前に成立していたらしい同寺

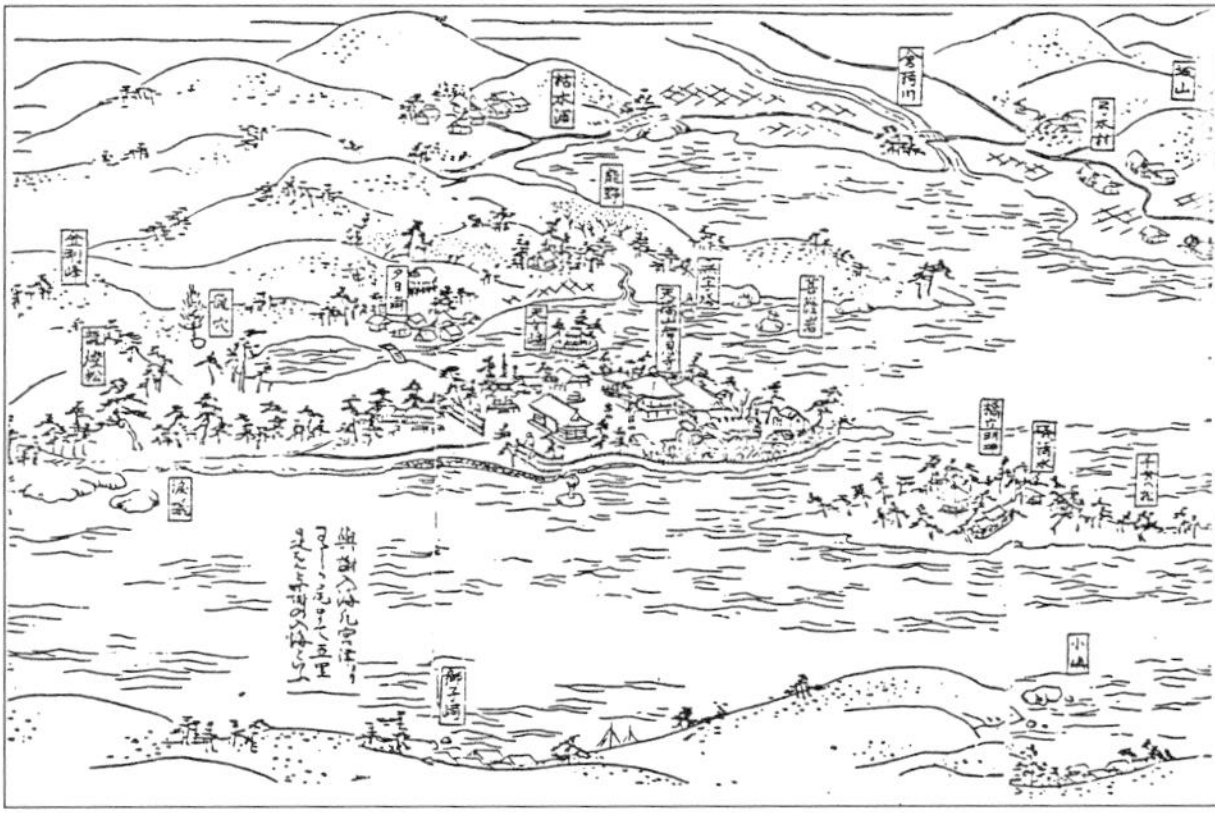

享保 11 年(1726)の『丹後与謝海図誌一』に見える「天橋立之図〔部分〕」. 左方に竜灯の松と竜穴が描かれている.

の「九世戸縁起」は、文殊の竜神教化の説話を含む。これは『法華経提婆達多《だいばだった》品《ほん》』に、文殊師利《マンジュ＝シリ》が法華経によって、娑《シャ》竭羅《カラ》竜王の娘に完全なさとりを得させる、とあることを踏まえているだろう。

法華経による竜神教化といえば、観世信光作の謡曲「紅葉狩」が連想される。越後城氏の祖平維茂が、信州戸隠《とがくし》山の鬼女を退治する五番目物である。維茂がワキとして登場する趣向は、たんに武勇の士だからではあるまい。

鎌倉期の「戸隠寺略記」には、嘉祥二年（八四九）、学問行者が戸隠山で法華経を誦すと、「九頭一尾の鬼」（九頭竜《くずりゅう》）が現れ、学問はこれを岩室に封じこめた、戸隠寺の開基である、と見える。戸隠は修験の道場であるが、もともと当地方の水源であり、開基説話の背景に、水神の権化した九頭竜の信仰があったことが推察される。『後拾遺往生伝《ごしゅういおうじょうでん》』によると、維茂は法華経をあつく信じた法華の持者だったので(巻中―一五)、悪竜教化(鬼退治)の英雄にふさわしい。逸本にも、藤原道長の御子をさらってきたものの、余念なく法華経を読誦するため、童子も持て余すというくだりがある。童子の正体が竜宮の主、すなわち水神(竜神)であることに注目すれば、法華経による竜神教化のバリアントと読める。

話をもどそう。天の橋立の絶景は、早くから多くの人々の関心を惹いてきた。その筆頭に足利義満があり、至徳三年(一三八六)から応永一四年(一四〇七)にいたる約二〇年間に、六回も当地を訪れている。彼の天の橋立遊覧は、山陰に強勢を誇る有力守護山名氏を牽制するためと説明されているが、頻繁な訪問を政治史だけで解けるだろうか。彼の内面に、「京師を去ること二十八里、蓋《けだ》し往反七日程なり」(『空華日用工夫略集』至徳三年一〇月二二日条)、という距離をおして通うだけの、必然性があったからではないか。

義満は明徳四年(一三九三)七月三〇日、丹後宮津・栗田《くんだ》両荘領家職《りょうけしき》を京都等持院に与えている(『等持院常住記録』)。等持院は、歴代室町将軍の菩提所となった寺、宮津荘は宮津湾に沿って展開する荘園で、荘内の獅子崎《しいざき》上空から西を見た光景は、雪舟等楊《せっしゅうとうよう》描くところの「天橋立図」に近似するだろう。寄進は、二カ月前の五月一八日、二度目の九世戸訪問で、いよいよ景勝に感銘を深くした義満が、智恩寺・橋立・成相《なりあい》寺がおりなす景観を、そっくり等持院に付託した行為、とも解することができる。

天の橋立はこの世の仙境であり、竜宮というあの世の仙境への入口とも観念されていた。だから、彼が現世で絶景を賞翫するだけでなく、それを将軍家の奥津城《おくつき》どころたる等持院に結びつけることによって、やがて訪れるべき死後にもここに遊び、とこしえの長生を楽しまんとした、と考えて不思議はない。

ともあれ、中世人にとって、丹後与謝の地が竜宮(神仙境)を連想させる場所だったことは否定できない。室町初期には「よざの浦をば千年の浦とも云」ったらしい(『三国伝記』巻六―三)。おそらくは、京都から見て、南の熊野那智が観音補陀落《ふだらく》浄土であるのと対をなす、畏怖と憧憬の交差する北の辺地だったのだろう。

さて、これも前章で指摘したように、酒呑童子説話の鬼が城は、厳密には大江山(千丈ヶ嶽)でなく、その奥にあると設定されている。中世京都からの旅人が天の橋立や丹後国府に向かう時、いわゆる山陰道丹後別路を通り、最後の関門として与謝峠(標高三六三メートル)を越えねばならない。与謝峠は、「与謝の大山」の名で呼ばれた大江山連峰の西端赤石《あかいし》ヶ岳(同七三六メートル)が、西の江笠《えがさ》山(同七二七メートル)との間につくる鞍部である。

峠を越えんとする旅人の視界正面に赤石ヶ岳が迫る頃、東に一段と高い峰が連なるのが印象的である。これなん千丈ヶ嶽で、峠を越せば、はや与謝郡。右方の千丈ヶ嶽の山容が意外に女性的である。かくて、竜宮(天の橋立)は「大江山の奥」(逸本)、「あの山のあなた」(サントリー美術館蔵『酒伝童子絵巻』、サ本と略称)にある。

竜宮(鬼が城)の地としての丹後与謝郡、越えるべき障壁として立ちはだかる与謝の大山(千丈ヶ嶽)。このような実際の位置関係が、鬼が城を「大江山の奥」といわしめた感覚の素地だろう。

二、麿子親王の鬼退治伝説

丹後地方には、一二世紀の都ぶりを示す薬師仏を本尊とする一連の寺がある。これらの寺々には、用明天皇第三の皇子麿子親王が、勅命によって三上《みうえ》ヶ嶽に棲む鬼を退治した後、薬師如来を造って七カ所に安置した、わが本尊もその一つである、という伝説が伝わる。*2

伝説は確実に中世に遡る。三上ヶ嶽は、長らく場所が特定できなかったけれども、西舞鶴図書館所蔵「宮津領主京極時代宮津領峰山領絵図」(一六六二〜六九年の間に制作とされる)の「大江山(千丈ヶ嶽)」のかたわらに、「ミうへヶ嶽」とあることが紹介され、かつての与謝の大山、現在の大江山連峰の一角であることが明らかになった。酒呑童子説話との関連が問題になるゆえんである。

麿子親王伝説にかんする中世〜近世初頭の史料には、現地に「清園寺《せいおんじ》縁起」「円頓寺惣門再興勧進状」「等楽寺《とうがくじ》縁起」「斎《いつき》明神縁起」があり、謡曲にも三上ヶ嶽鬼神退治説話に取材した「丸子」という廃曲がある。

右のうち成立年代が記されているのは、「円頓寺惣門再興勧進状」だけで、文亀元年(一五〇一)八月の制作にかかる。謡曲「丸子」は、大永四年(一五二四)の奥書がある「能本作者注文」に、観世弥次郎長俊(一四八八〜一五四一)作として見える「みうへが嶽」のことだろう。「等楽寺縁起」と「斎明神縁起」は絵巻形式で、史料紹介者若杉準治氏の教示によれば、前者が一六世紀極末、後者は近世初頭作という。*3

「清園寺縁起」は、三幅の掛幅絵として清園寺に伝存したもので、南北朝期作という見方もあるが、若杉氏は、樹木の描きよう、建物の三方(裏)が見えること、建物をピンクで彩色しているなどの点から、少し降って一五世紀前期の作かとする。つまり、逸本とほぼ同時期のもので、麿子親王伝説関係史料のなかでは群を抜いて古い。そのかわり、対応する説明文が存在しないため、話の筋をたどるのが容易でない。

幸い原本の熟覧を許されたので、他の史料が語る麿子親王鬼退治のストーリーも参考にしつつ、縁起絵の細部を読みこんでみた。

本縁起は、次の内容を伝えているとみられる。

清園寺縁起(第一幅　清園寺蔵〈福知山市教育委員会提供〉)

むかし、都の西北、丹後の三上ヶ嶽という険しい山に、三鬼を大将とする数多の鬼神が住んで民の煩いをなした。退治のための朝議が行われ、用明天皇第三の皇子麿子親王に、魔軍退治の命が下った。親王は勅命拝受のため参内し、四将以下の軍兵を率い都を出立する。

親王らは途中死んだ馬を埋める商人に行き会い、竜馬であることを惜しみ、譲り受けた。そこに薬師仏を描いた鏡を頭上にいただく白犬が現れ、供を申し出る。犬が、鞭を刻んで七仏薬師を作れ、さらば如来の加護を得、死馬も蘇る、鬼退治の成就間違いなし、と教えたので、親王は手ずから薬師仏を刻んだ。すると、たちまち馬は蘇る。

いよいよ三上ヶ嶽にいたり、鏡をいただいた白犬と、竜馬にまたがった親王を先頭に、鬼神を攻めると、勢いに手下の鬼ども浮き足立ち、あるいは水に潜りあるいは逃げのがれた。

鬼の大将の三鬼は、竹野郡の鬼が城に逃げこむ。下は波濤渦巻く峨々たる絶壁。三鬼は隠形の法によって姿を隠すが、親王が一心に薬師仏に祈ると姿が現れ出た。白犬と親王らは、雷神姿の一鬼に打ってかかり、ついで残りの二鬼が窟深く隠れているところを退治した。

こと終えたのち、親王一行は、ある翁夫婦の庵で馳走にあずかる。

その後、親王は薬師仏を本尊とする立派な寺を建てた。清園寺である。一方伊勢の

清園寺縁起(第二幅　清園寺蔵〈福知山市教育委員会提供〉)

斎宮を勧請した斎明神社には、親王および鬼退治に活躍した馬と犬とが祭られ、脇には親王に食物を捧げた夫婦も祭られた。神社の裏には一叢の竹、これは親王の旗竿の竹が根をはって繁茂したものである。

親王はめでたく都に帰還し、自邸にくつろいだ。

あらすじが、後続のものと最も違っている点は、神仏のうち神のウエイトがそれほど大きくないことだろう。時代が降ると、麿子親王が鬼退治に先だって伊勢神宮に参籠する(斎明神縁起)、天照大神《あまてらすおおみかみ》より神剣を賜る(等楽寺縁起、斎明神縁起)、白犬も「神体」(謡曲丸子)や神の化現たる「老翁」(斎明神縁起)に連れられて現れるなど、伊勢神宮の冥助《みょうじょ》がすこぶる強調されてくる。

「清園寺縁起」では、神の要素は、白犬が頭上に神鏡をいただいていること、末尾近くで親王らが斎明神社に祭られるといった程度にとどまっている。しかも、神鏡には薬師仏が描かれており、神仏習合思想にもとづいて鏡面に本地仏を刻んだ、いわゆる線刻鏡像である。白犬は神の使であるとともに、根元的には薬師仏の使者なのである。

こうした伊勢神宮の強調は、室町初期を画期とする伊勢信仰の隆盛、上下階層の参宮《さんぐう》の流行という全国的な動向を反映しているとともに、伊勢神宮が伊勢に鎮座する以前しばらく当地にあった、と主張する福知山市の元伊勢《もといせ》神宮(豊受大神社・皇大神社両社)の、在地における活動とかかわりがあるだろう。

「清園寺縁起」の画像で注目されるのは、三上ヶ嶽の鬼神が、いかにも水神らしく描かれている点である。鬼たちが水中に隠れようとしたり、波濤渦巻く岩窟に身を潜めたり、雷神として描かれたりしている点などは、その絵画表現である。鬼神を水神として描くのは、疫神たることを指示するためであろう。逸本で疫神たる酒呑童子が水神(雷神・竜蛇神)として描かれているのも、水神が高温多雨の梅雨期~夏期には、病を流行らせる祟り神の相貌を帯びるからである。

してみれば、本伝説の七仏薬師の加護による鬼退治も、ストーリー的に首尾一貫したものがあるわけである。というのも、薬師信仰は治病・延命・産育の現世利益を願うもの。七仏薬師も天台密教系の『阿娑縛抄《あさばしょう》』(穴太《あのう》流の修法作法と図像を集成した書)は、七仏全部が薬師でなくともよいが、薬師を先頭とするから七仏薬師、「その功能は、大旨《おおむね》除病延命」、との説が載っている。中世天台の世界にあっては、法華経が治病効果をもつとされるところから、七仏薬師とは八軸の法華経を七巻に調巻したものとされ、「薬師・法華一体」の教説が唱えられていた(『法華経直談《じきだん》鈔』巻一)。七仏薬師が助勢する鬼退治は、法華経による悪竜教化のモチーフと共鳴するところがあろう。ちなみに清園寺は鎌倉後期には延暦寺領であった(『鎌倉遺文』二二六六一号)。

伊勢神宮の冥助《みょうじょ》については、当時信仰の社会各層への広範な浸透のなかで、伊勢の神

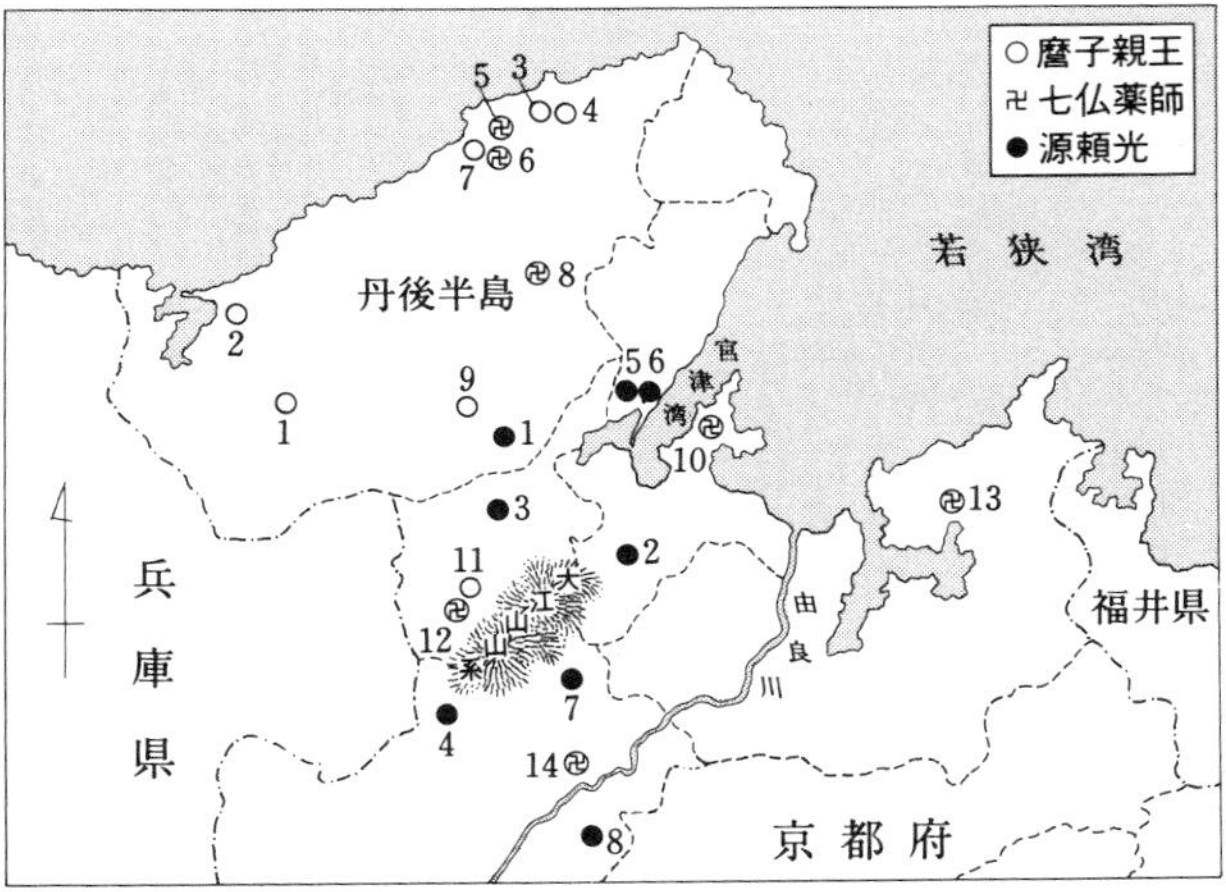

○麿子親王の夷賊退治

1. 熊野郡円頓寺村(京丹後市)
2. 熊野郡平田村(京丹後市)
3. 竹野郡宮村(京丹後市)
4. 竹野郡牧の谷(京丹後市)
5. 竹野郡願興寺村(京丹後市)—竹野　元興寺
6. 竹野郡是安村(京丹後市)　—竹野　神宮寺
7. 竹野郡平井村(京丹後市)
8. 竹野郡等楽寺村(京丹後市)—溝谷庄等楽寺
9. 丹波郡三坂村(京丹後市)
10. 与謝郡宿野村(宮津市)　—宿野　成願寺
11. 与謝郡温江村(与謝野町)
12. 与謝郡滝村(与謝野町)　—加悦庄施薬寺
13. 加佐郡多禰寺村(舞鶴市)　—白久庄多禰寺
14. 加佐郡河守駅(福知山市)　—河守　清園寺

卍七仏薬師

●源頼光の夷賊退治

1. 丹波郡谷内村(京丹後市)
2. 与謝郡小田村(宮津市)
3. 与謝郡四辻村(与謝野町)
4. 与謝郡雲原村(福知山市)
5. 与謝郡中野村(宮津市)
6. 与謝郡大垣村(宮津市)
7. 加佐郡仏性寺村(福知山市)
8. 加佐郡南山村(福知山市)

(資料:「丹哥府志」「丹後田辺府志」より)

麿子親王関係地(京都府立丹後郷土資料館特別陳列「大江山酒呑童子」掲載図をもとに作図)

が、皇祖神・国主神といった抽象的観念だけでなく、現世利益的、呪術的な面も引きうけ、病にたいする霊験ある神として認識されるようになっていた、[*4]という点を重視せねばならない。

白犬が重要な役割を演ずるのも、犬は「小神通《じんつう》(力《りき》)の物」で、「魘術《ようじゅつ》を見顕《あら》はす」ことができると信じられていた(『古事談』巻六―六二)。さらには民俗や昔話で冥界や水神と関係深い動物として現れる、[*5]などのことがあるのだろう。

鏡は光を反射させることにより、邪悪なものを撃退したり、鏡に映し出したりする効能があるとされるほか、姿を映ずる点で水とも密接な関係を持っている。金属鏡が水神祭祀に使われた例は多い。[*6]

三、伝説はローカルなものか

酒呑童子の鬼が城が、老ノ坂から丹後の千丈ヶ嶽に舞台を移すにあたって、磨子親王の伝説が吸引力、受け皿になった、とする魅力的な仮説がある。地元で多年親王伝説研究に従事してこられた芦田完氏の提起[*7]に始まる説である。当然当否が問題となるが、その前に、現地にかかわるもう一つの鬼(土蜘蛛)退治物語の性格や成立過程について、見通しをつけておく必要がある。

『丹後風土記残欠』の川守郷《こうもり》の項を中心として、つぎのような内容が記されている。

崇神天皇の時、青葉山山中に陸耳御笠《くがみみのみかさ》・匹女を首領とする土蜘蛛《つちぐも》がおり、人民を苦しめたので、日子坐王《ひこいますおう》が勅命を受けて討伐にやってきた。各地で戦いが続き、蟻道郷《ありみち》の血原でまず匹女を殺す。陸耳が川を越えて逃げようとしたので、王の軍勢は楯を並べて川を守った。陸耳御笠の軍勢は由良川を下流へと敗走するが、そこに一艘の舟が川を下ってくる。王は舟にのって陸耳の軍勢を追い、由良港にきたが見失う。日子坐王が石を拾って占ったところ、陸耳御笠が、与謝の大山に逃げこんだことがわかった。

内容はごらんの通り、千原・楯原・川守などの地名の起源を説明する説話である。川を守ったところから川守郷と呼ばれるようになったとする川守は、千丈ヶ嶽や三上ヶ嶽、すなわち与謝の大山が含まれる地域で、舞台は麿子親王伝説地と重なる。麿子親王が退治した三鬼のうち一匹が、諸本に「つちぐま」「土車」とあるのも、この土蜘蛛と関係あるかに思わせている。

『丹後風土記残欠』の奥書には、一宮大聖院(籠神社)の住僧智海が、京都の神祇伯資益王家の蔵本を年来懇望し、ようやく許されて長享二年(一四八八)臨写した、と記す。ところが、この『丹後風土記残欠』は古代の風土記の断片どころか、偽撰になるものであることが、すでに百年以上前に看破されており、[*8] その記述の扱いについては、大いに慎重でなければならない。

では、日子坐王の土蜘蛛退治説話は、まったくのねつ造で、麿子親王伝説と無関係かといえば、『古事記』の崇神天皇の記事に、天皇の国内統一事業にふれて、日子坐王を「旦波国《たにはのくに》に遣はして、玖賀耳之御笠を殺さしめたまひき」とある。さらに、日子坐王（彦《ひこ》坐《います》皇子）は、『先代旧事本紀《せんだいくじほんぎ》』の天皇本紀に、開化天皇の子で「当麻《たいま》の坂上君等の祖」とある。一方、麿子親王とは、用明天皇の皇子当麻王の別名らしく、当麻王は当麻氏の祖とされる人物である。[*9] 両者には当麻というはっきりした接点があり、実際、奈良県北葛城郡當麻町（現葛城市）に鎮座する当麻氏の氏神たる当麻都比古《つひこ》神社の祭神は、彦坐皇子と麿子親王の双方なのである。

地元丹後の地域史を研究する加藤晃氏は、『丹後風土記残欠』は、近世中期の作成になるものと推測している。[*10] 妥当な判断だと思われ、おそらく事実は、麿子親王伝説が先行し、『残欠』作成者がそれに刺激をうけ、古代の日子坐王の玖賀耳之御笠退治の話を地名説話風にふくらまし、風土記の残欠と偽装していったのであろう。

つまり、『残欠』の日子坐王の話は、はるか古代にまつろわぬ逆族を退治した『古事記』の記事に種子をもちながらも、中世丹後地方に伝承された麿子親王の鬼退治譚に触発された、その近世における創作品とでもいうべき性格のもの、と位置づけられよう。

磨子親王伝説と日子坐王の土蜘蛛退治説話の関係が、このように理解されるとして、つぎなる作業は、磨子親王伝説に帰って、その成立にあたり、どのような材料が動員されているか、の吟味である。

まず死馬を譲り受けたという話は、藁《わら》しべ一本から長者への立身を説く「藁しべ長者」説話に、主人公の面前で頓死した良馬を、蘇生すると当てこんで手持ちの布と交換する一幕があることを思い出させる（『今昔物語集』巻一六―二八など）。布といえば「清園寺縁起」にも、なにやら衣装のようなものを馬主に与えている場面が見える。

ほかにも、中世小説（室町時代物語）の「田村」ものの一本に、主人公の俊宗将軍が陸奥霞山ヶ嶽に住する大嶽丸征伐に先だち、京の五条で今にも死にそうな斃《たお》れ馬を見つけ、馬主の翁に莫大な対価を与えて、手に入れる場面がある（「鈴鹿之物語之双紙」）。馬は中空を駆ける天馬（「竜」とも表現）で、俊宗はこれにまたがり三百余里の道を一足で飛ぶのである。

磨子親王伝説の竜馬獲得には、中世の説話・小説類にみられる同趣向の話が転用されている、とみて間違いない。

さらに、磨子親王が鞭を削って七仏薬師を作り、鬼退治成就ののち、薬師仏を祭る寺を建てたという点は、主に中世の聖徳太子信仰の影響をうけている、と判断される。じつは磨子親王（当麻皇子）と聖徳太子は、同じ用明天皇を父とする異母兄弟である。

親王，鞭を削って七仏薬師を作る（「清園寺縁起」清園寺蔵）

『日本書紀』以来の太子伝記類を集大成し、その後の展開の原点となったのが、平安中期成立の『聖徳太子伝暦《でんりゃく》』である。[*11] この『伝暦』の物部守屋《もののべのもりや》討伐の合戦条に、守屋軍の強勢に直面し、仏の加護以外に勝利は得難いと思った太子が、秦河勝に命じ、白膠木《ぬるで》（ウルシ科の落葉高木）をとらせて四天王像を作り、所願成就の暁には伽藍を建立すると祈願した、これが四天王寺の起源である、との一節が見られる。また、太子の生涯を絵画化した「聖徳太子絵伝」諸本のなかには、四天王像に合掌して戦勝祈願する太子、および白膠木の木を削って四天王像を彫刻する側近の武将を描くものがある。[*12]

たんに話型が似ているだけでなく、聖徳太子信仰の影響が決定的だと確信されるのは、一六世紀極末の「等楽寺縁起」で、麿子が削ったのが白膠木でなく、ウツギの鞭となっているからである。ウツギ(ウノハナ)で作った鞭から、仏像が刻めるわけがない。この不審を解く鍵は、醍醐寺に伝わった鎌倉末の『聖徳太子伝記』(以下、醍醐寺本と略称、『伝暦』の大幅な増幅・潤色として成立した中世太子伝には、『正法輪蔵《しょうぼうりんぞう》』系と増補本系がある。前者は甲類、乙類にわかれ、醍醐寺本は乙類)[*13]に、「仍《より》て白膠木を求め、御衣木《みそぎ》と為《な》して、御長《たけ》八寸、或ひは三寸、多聞・持国・増長・広目、四天王の形像を造り奉り玉ひければ」とあることである。

「御衣木」とは、もともと神仏の像を作るに用いる木なのであるが、これから薄く木をそぎ削って作った板を意味する削《そぎ》を連想すると、どうなるか。削は文明本『節用集』に「楚木　ソギ　家を葺く小板なり、又曾木に作るなり」とあって、当時漢字で楚木とも書いた。この漢字の楚には、シモト、つまり鞭の意味がある。さらに一〇世紀初頭に編纂された現存最古の漢和辞典『新撰字鏡』にはユズリハ属の⿰木戎《じゅう》について「⿰木戎　宇豆木又志毛止」とあり、⿰木戎という漢字は、ウツギともシモトとも読まれたことがわかる。一種の連想ゲームといえるが、ヌルデの御衣木が削へ、削が楚木へ、楚がシモトへ、シモトが鞭やウツギへと変転していった、と変化の道筋を推察できるのである。

ウツギの鞭がヌルデの御衣木の大変身の結果なら、麿子親王伝説が中世太子伝の影響下に形成された、という想定が不動のものとなるばかりか、影響の時期もおよそ判明す

霧をふらしてかくれていた鬼ども，神鏡の威力で姿を見露わされる(「等楽寺縁起」竹野神社蔵〈京都国立博物館寄託〉)

る。醍醐寺本以前の諸本には御衣木の語が見えず、一方『正法輪蔵』系諸本は、鎌倉末の文保年間(一三一七〜一九)を中心として、その前後十数年にわたって形成されたからである。

さらに醍醐寺本には、太子一〇歳の時、千島の荒夷《あらえびす》の侵攻があり、太子が単身平定するという話が載っている。そこには、「形は鬼神に同じ」夷たちが、「軍《いくさ》の秘術」で「霧を雨《ふら》して(彼らが立て籠もる)城を隠」し、「大磐石《だいばんじゃく》を懐《いだき》て遥かに高き峰より太子に投懸け」、石は播磨国揖西《いっさい》郡の海辺にまで届き、そこは「今投石《なげし》の浦と申す国の名所」である、などのことが記されている。

「等楽寺縁起」にも、三鬼のうち、討ち漏らされた一鬼が「竹野ゝかう(竹野郷)鬼かしやう(鬼が城)」に逃げこみ、「鬼のしゆつ(術)をもつて、きり(霧)をふらして、かくれゐてありける」とある。また、最初に与謝の山中で闘った時、三鬼は投石で麿子親王に抵抗、「鬼のなくる(投ぐる)いし(石)よさのふもと(与謝の麓)にいまにあり」とする。両者の類似性は明瞭だろう。となれば、死馬(竜馬)の獲得も、守屋合戦や東夷降伏の物語での騎乗の聖徳太子のイメージ、あるいは太子の乗馬として知られる「甲斐の黒駒」を意識したと解しうるかもしれない。

中世の聖徳太子伝説と麿子親王伝説の親縁性がはっきりすると、近松門左衛門の『用明天皇職人鑑』(一七〇五年初演)のことも思い出される。同作は、花人親王(用明天皇)とその后玉世姫が、花人の異母弟で仏敵の山彦皇子と争う波瀾万丈の物語で、最後は玉世の腹に生まれた聖徳太子が、悪党を語らって丹後大江山の麓に土城を築いていた山彦皇子を討ち果たす話で結ばれている。酒呑童子の大江山のイメージからでも説明できないことはないけれど、近松の手元に麿子親王伝説とどこかで接点をもつ情報があった、と思われてならない。

四、伝説をもたらした人々

麿子親王伝説の形成にあたって、中世太子伝が大きな役割を果たしたことが明らかになった。ならば、その形成の作業を担ったのは、いかなる人びとだったのだろう。

磨子親王伝説を伝える中世～近世初頭の史料の性格(形式)に改めて注目したい。

まず「円頓寺惣門再興勧進状」。筆は当代きっての文化人三条西実隆で、様式・内容から見て、同寺惣門の再建費用調達のための勧進活動、つまり募財のための勧進帳として作られたことが明らかである。さしたる収入源のない、権力の保護を欠いた中小寺院・地方寺院にとって、勧進は堂塔建立(再建)経費の調達に欠かせない。

その一節に「用明天皇の御子なにがしの皇子」による鬼退治のことが見えているのは、喜捨《きしゃ》を求めるには、寺の縁起を述べねばならないからで、実隆が一枚かんでいるのは、勧進行為にハクをつけるため、当代の能筆に揮毫を依頼するのが普通だったからである。勧進帳は京都での勧進に利用されたのではないか。貴顕の奉加を仰げば、少額でも宣伝効果がある。

『実隆公記』には、揮毫の依頼者として、仁和寺尊海僧正の名がみえる。彼は勧進帳ができた五カ月前に丹後九世戸に遊んでおり、おそらくその時、円頓寺関係者から実隆への仲介を依頼されたのであろう(文亀元年八月一九日条、三月二二日条)。

つぎに「清園寺縁起」については、掛幅装となっていることから、絵解《えと》きに使ったものと推測される。絵解きとは、社寺の縁起や祖師の伝記を絵に描き、聴衆を前に解説をつける行為である。人の喜捨を仰ぐにあたり、本尊や秘仏の開帳、猿楽や平曲など娯楽物の興行と組み合わせ、掛幅絵や絵巻による絵解きが行われる(謡曲「丸子」もそうした興行の際の出し物だったに違いない）。秘仏開帳はたびたびというわけにはいかないから、縁起や絵巻物をもって、京都や諸国に勧進の絵解きをして回ることも多い。

この場合、住持にかわって勧進の任にあたったのが、勧進聖《ひじり》たちであった。特定の寺院に専属しないフリーランサー、依頼に応じて各寺社のための募財を行う勧進のプロである。[*14]彼らは実態的には、絵解法師とよばれる琵琶法師類似の卑賤な語りの芸能者と、変わるところがなかった。

「等楽寺縁起」は、絵巻形式だが独立の詞書を有さず、連続して展開する画面の処々に説明の文章を書きこんでいる。そのなかに「鏡の松これなり、願興寺にあり」「鬼のなぐるいし、よさのふもとにいまにあり」など、絵解き者が眼前の聴衆に、絵の各場面を指しながら説明するための短い書きこみがある。本作は絵解台の上に置かれ、絵解きされた絵巻だろう。

これにたいし「斎明神縁起」は、独立の詞書をともなうから、普通の絵巻のように見える。しかし、現物を子細に点検すれば、もとは絵画部分と詞書部分が別のものだったことが判明する。詞書部分の「然る間、仏像自づから彫刻なさる体《てい》、是也」などの文言から、これも絵解き用の絵とそのテキストを、後世合体させ絵巻仕立てにしたものらしい。

古い麿子親王伝説の史料が、いずれも勧進や絵解き用に作成されたものだということは、伝説の流布、さらには形成そのものが、丹後在地寺院の勧進活動と深くかかわっていたことを意味している。これら丹後諸寺の勧進に起用されたワタリの職業的勧進聖・絵解法師たちこそ、『古事記』の日子坐王土蜘蛛退治の短い記事をヒントに、丹後を舞台とする麿子親王の鬼退治伝説を組み立てていった人びとだったのではないか。

親王伝説に中世太子伝諸本の影響が見られるのも、後者がもともと「聖徳太子絵伝」を絵解きするための台本で、担い手に共通するものがあったからである。死馬を買い取る藁しべ長者類似の話が混入しているのも、それが元来大和の勧進聖たちによって語られた長谷寺の霊験譚だった[*15](『今昔物語集』巻一六—二八など)ことと関係があろう(わずかの喜捨が大利につながる主題は、募財に効果的)。

中世、勧進聖の拠点となった寺は少なくないけれど、一つに大和の当麻寺をあげることができる。同寺は、麿子親王を創建者とする伝承を伝える。当麻の地と日子坐王の関係についてはすでに述べた。自然、麿子親王鬼退治伝説は当麻寺関係の勧進聖たちの手を経て成立した、という着想が浮かんでくる。

彼らこそ捜し求めている人びとに違いない。いや、そのように考えなければ、麿子親王伝説の背後に、中世の聖徳太子伝説を検出できる本当の理由も、明らかにならないのである。

ここで当麻寺が、麿子親王によって創建されたという説にふれたい。同寺創立の縁起は、建久二年（一一九一）の『建久御巡礼記』に、用明天皇皇子麿子親王御願の寺で、のち当麻真人《まひと》国見が天武天皇の白鳳九年（六八一）二月一五日、現在地に遷し造った、と記すのが最初である。これらの縁起は、もちろん信用しがたく、「壬申の年の功臣」（『続日本紀』大宝元年七月二一日条）である当麻国見ら、奈良前期の当麻氏全盛時代の有力者が中心となって創建した、というのが真相であろう。[*16] 麿子建立説は、同寺を氏寺とする当麻氏の末裔が、みずからの祖たる親王を、寺の創建者に擬する歴史の書き変えをやった結果らしい。

当麻寺は、鎌倉期に入って聖徳太子信仰がますます盛んになってくると、河内の聖徳太子磯長廟《しながびょう》と山一つ隔てた位置にあることもあって、太子信仰と関係深い場になってゆく。鎌倉中期の聖徳太子伝の一つ『顕真得業口決抄《けんしんとくごうくけつしょう》』に、元久年中（一二〇四〜〇六）、もと当麻寺の住僧であった浄戒と顕光二人の聖が、廟内に入って太子の歯を盗み、これを目玉に衆庶に勧進して歩いた、とあるのは知られた話である。

しかも、当麻氏が祖と仰ぐ麿子親王は、太子信仰のなかにあっては、「聖徳太子と麻呂子親王は分形連気《ぶんけいれんき》の兄弟なり」（『顕真得業口決抄』）、「太子ノ御兄ノ麻呂古ノ親王ト申ハ、御本地、妙音菩薩ノ化身也、聖徳太子ハ又、観音ノ垂跡也、忝クモ、妙音観音之二人ノ菩薩、済度利生ノ為、人間ニ化来シテ」（東大寺本『正法輪蔵』）といわれるように、ただの異母兄弟でなく、形は分かれて生まれても、同じ気をうけて相連なっているような存在だった。

このため鎌倉中期の縁起になると、麿子による当麻寺創建からさらに進んで、彼の建立がそもそも聖徳太子の勧めによる、と話がエスカレートしてゆく。[*17]

麿子は、すでにこれ以前より、太子の有した武の面を、太子に代わって代表していたようだ。たとえば、法隆寺西院の聖霊院には、平安後期の聖徳太子像があり、四体の侍者像を従えている。侍者は三王子と高麗の僧恵慈で、それぞれ如意《にょい》・筥《はこ》・太刀《たち》・柄香炉《えこうろ》を持ち物とする。このうち太刀を抱く像が卒末呂王《おまろ》(卒は接頭語で麿子親王のこと)である[*18](『聖徳太子伝私記』)。当麻皇子(麿子親王のこと)が、『日本書紀』に征新羅将軍として名をとどめていることが(推古天皇一一年四月朔日条)、こういう役割を担う背景になっているのであろう。

要するに、彼は当麻寺の創建者であると同時に、聖徳太子の分身であり、武の側面を肩代わりする人物なのである。そして、重要なことは、この場合の太子が、一介の聖者でなく、中世太子伝という形に造形された王権の代表、中世王権と仏法の関係、およびその始源を神話的に語る存在だという点である。[*19]

麿子が聖俗両秩序の守護者たることとかかわって、古代・中世社会では、「謀反人」と「国家領域外の民」と「王化にまつろわぬ鬼神(疫鬼)」の三者が、しばしば同一視され、互いに置き換え可能な関係にあること(第二章参照)、最大の疫病たる疱瘡が新羅から流行ってくると観念されていた事実を指摘せねばならない(第一章参照)。

「大友皇子の乱(壬申の乱)」(『建久御巡礼記』)鎮定者の祖であり、征新羅将軍の称号をもつ麿子親王が、三上ヶ嶽の鬼神退治に登場してくる理由、聖徳太子のイメージを背負いながら、同時に王権の護り手として登場してくる秘密は、以上の論理連関の内に存したのである。

こうして、当麻寺勧進聖関与の想定は動かぬところだろうが、丹後が当麻寺と大いに縁ありの地だということで、ダメを押したい。材料は迎講《むかえこう》である。

迎講とは、念仏行者の臨終に、諸菩薩をともなった阿弥陀如来が迎えにくるさまを催す法会のことである。当麻寺では、現在五月一四日(旧暦四月一四日)に、聖衆《しょうじゅう》来迎の練《ねり》供養として、曼陀羅堂(浄土)から娑婆堂までの間に一二〇メートルの板橋を架け、その上を仮面姿の二十五菩薩が練って往復する。迎講を始めたのはかの地出身の恵心僧都源信とされるが、室町期にも「毎年不退の法会」として実施されていた(『大乗院寺社雑事記』長禄三年四月一四日条)。

一方、『今昔物語集』に、ある聖人が丹後国で国守の助力を得て迎講を始めたとある(巻一五—二三)。聖人は『古事談』(巻三—二七)によれば、寛印供奉のことらしい。恵心僧都の弟子で、丹後に生まれ丹後に没した高僧だった(『元亨釈書《げんこうしゃくしょ》』第五)。享禄本『当麻寺縁起』下巻七段、迎講の本縁と利生を説いた条にも、恵心の始めた迎講を寛印が引きついだと記す。

『慕帰絵詞《ぼきえことば》』には、貞和四年(一三四八)、天の橋立を訪れた本願寺三世の覚如が、成相寺から九世戸の砂嘴の先端に向かおうとして途中、「大谿《おおたに》といひてきこゆる迎講のところにいたれり」と見える(巻九第一段)。丹後迎講は毎年三月一五日に行われ、亡くなった身内の霊に逢いたくば、「丹後ノ国府ノ迎講ニ往詣スベシ」といわれた(『述懐抄』)。勧進聖が勧進にあたり、迎講、もしくはそれと似た場を設定することがある。徳田和夫氏は、その際橋を利用し、結縁希望の者を聖衆に扮した勧進聖の後につけて、橋の両袂を往還させ、あたかも極楽と娑婆の間を練り歩く幻想を与えたのでは、と説く。[*20] 丹後が迎講の盛んな土地だというのも、まさに天の橋立の長い砂嘴が、迎講の橋を連想させたからではないか。

「等楽寺縁起」の末尾近く、麿子親王建立の等楽寺が荒廃しているのを寛印が再興する、という記述が出てくるのも、偶然とは思われない。

五、酒呑童子説話と聖徳太子伝説

麿子親王伝説の素性と翻案や伝播の担い手を追いかけて行くと、丹後のローカリティの所産に帰すべきでないことが明らかになった。丹後でそれが流布されはじめるのは、

『正法輪蔵』系諸本の成立から若干降った南北朝期以降であろう。これは酒呑童子説話の推定成立時期とほぼ重なる。

もっとも、当麻寺の勧進聖たちによる麿子親王の丹後への持ちこみは、一回限りのことでなくくりかえし行われたらしい。それを示唆するのが、元禄一〇年(一六九七)成立の「無量寺縁起」に、麿子親王の軍が三上ヶ嶽に向かう途中、焼栗を植え薬師仏の功徳を試したところ、一夜にして生長する奇瑞が起こった、とある点である。ここは享禄本『当麻寺縁起』(一五三一年完成)上巻の、壬申の乱で吉野に落ちのびる途中の天武天皇が、田原の里人より焼栗を献ぜられた時、四方に投げ、再び昔に返ることができるようなら、この栗一夜に生ずべしといったところ、ことごとく生え出た、とあるくだり(さらにその原話は『宇治拾遺物語』巻一五―一に見える)の引き写しなのである。

以上のことから導き出される結論は、酒呑童子の鬼が城の丹後千丈ヶ嶽への移動の背景には麿子親王伝説の存在がある、とする芦田氏以来の仮説は、そのままでは十分な説得力をもたないということである。これを活かそうとすれば、当麻寺の勧進聖たちによる麿子親王伝説の形成と、勧進活動を通じての一定の流布という過程が先行する、という形になるだろう。

もとより、「清園寺縁起」と逸本の成立時期の接近ぶりからいえば、逆に丹後大江山を舞台とする酒呑童子説話の方が先行し、これが麿子親王伝説を丹後に呼びこむ契機になった可能性も否定できない。現存史料ではなおいずれとも決しがたいのである。

右の確認で本章を閉じることもできるが、論ずべき課題はそれにとどまらない。酒呑童子説話自体に、聖徳太子伝説の影響を受けている面がある、という衝撃的な提起がなされているからである。提起者の牧野和夫氏は、醍醐寺本の「太子卅二歳御時」都遷の一節に注目する。[*21]

すなわち、聖徳太子の未来記に、太子入滅一七〇年後京都に遷都する、そこは四神相応の勝地であるが、「東北方の高嶽に大勢力の悪鬼有り、時々に障碍《しょうがい》を作《な》さん、是を一つの大難と為す」というので、太子がみずから最澄に生まれ変わり、「彼の高嶽において、鎮護国家の大伽藍を建て、一乗円宗の教法を崇めて、悪魔を千里に払ひ、皇基を千万歳に守」った、という内容である。

これは、最初比叡山を本拠としていた酒呑童子が、最澄が根本中堂を建立せんとしたため妨害をくりかえすが、及ばず追い出されてしまうという、逸本のプロットと符合している。太子伝の都遷が『平家物語』「都遷」に影響を与えたばかりか、[*22]酒呑童子説話にも影響を与えていたという、確かな証拠がここにある。

右の指摘に触発され、改めて酒呑童子説話を見直すと、サ本では、酒呑童子の本地は仏敵の代表的存在たる第六天の魔王で、弥勒の化現である一条天皇が、四天王の筆頭たる毘沙門天(頼光)の手を借りて仏敵を退治する、という構図になっていることが注目される。逸本でも一条天皇は慈尊(弥勒)の下生、頼光は大威徳天、四人の郎等は綱が多聞天(毘沙門天)、公時が持国天、忠通が増長天、季武が広目天をそれぞれ本地とする。

　これらは、四天王は四天王でも人ならぬ諸天(神々)の助けを借りながら、王化にまつろわぬ鬼神、仏法に仇なす魔王を退治するという構想であり、ここに、中世太子伝中のハイライト守屋討伐譚との接点、主題の基本的な類似性がうかがえるだろう。

　中世太子伝で、守屋討伐に助勢した四天王を祭った寺とされた四天王寺は、東大寺図書館蔵の『正法輪蔵』や、同系本最古の写本たる日光天海蔵本などを検討した阿部泰郎氏によると、中世太子伝成立に極めて重要な役割を果たした場である。[*23]

　これにさらに、鎌倉期のほぼ全般を通じて四天王寺の別当職を掌握していたのが、酒呑童子説話生成の地と想定されている延暦寺であること、四天王寺の事務機構を支配する執行《しぎょう》職を握っていた秋野氏の背後に、摂津渡辺党の一翼遠藤渡辺氏があったこと、[*24]前述の日光天海蔵本には、享徳四年(一四五五)渡辺氏の本拠摂津渡辺の仏勝寺にて書写された旨の奥書がある、といった事実を重ね合わせてみるべきだろう。

　中世の聖徳太子信仰が、磨子親王伝説に決定的な影響を与えただけでなく、酒呑童子説話成立にもインパクトを与えているとすれば、大江山(三上ヶ嶽)を舞台とする二つの鬼退治は、ある種の兄弟関係にあったことになる。

　中世文芸の天地は、広大にして、いたるところで錯綜している。

＊1　三谷栄一「日本文学に於ける戌亥の隅の信仰」同『日本文学の民俗学的研究』有精堂出版、一九六〇年。
＊2　先駆的な研究として中野玄三「八・九世紀の七仏薬師像――丹後・丹波地方の諸像を参照して」『仏教芸術』五九号、一九六五年がある。
＊3　若杉準治「新出の丹後七仏薬師縁起絵――等楽寺縁起と斎明神縁起」『両丹地方史』三六号、一九八二年。
＊4　瀬田勝哉「伊勢の神をめぐる病と信仰――室町初中期の京都を舞台に」同『[増補]洛中洛外の群像――失われた中世京都へ』平凡社ライブラリー、二〇〇九年。
＊5　柳田国男「花咲爺」「昔話と文学」「桃太郎の誕生」「木思石語」、いずれも『定本柳田国男集』所収。三谷＊1論文一三九頁。
＊6　中野正樹編『日本の美術42　和鏡』至文堂、一九六九年、八九～九六頁。
＊7　芦田完「磨子親王伝説の研究(6)」『ふくちやま』二一三号、一九六九年、二一～三頁。
＊8　村岡良弼「丹後風土記偽撰考」『歴史地理』三巻五号、一九〇〇年。井上通泰『上代歴史地理新考』第一巻、一九四一年。
＊9　佐伯有清『新撰姓氏録の研究　考証編　第一』吉川弘文館、一九八一年、二四九～二五二頁。
＊10　加藤晃「『丹後風土記残欠』原本について」『両丹地方史』四一号、一九八五年。同

「「勘注系図」「残欠」と丹後国風土記逸文――雪舟「天橋立図」研究の途上で」『両丹地方史』五四巻一〇号、二〇〇二年。

＊11　各種太子伝の成立と展開を鳥瞰したものとして、『国文学　解釈と鑑賞　特集聖徳太子伝の変奏』五四巻一〇号、一九八九年が便利である。

＊12　奈良国立博物館編『聖徳太子絵伝』東京美術、一九六九年。

＊13　阿部泰郎「聖徳太子伝――中世太子伝『正法輪蔵』の輪郭」『国文学　解釈と鑑賞』五一巻九号、一九八六年。

＊14　村山修一「中世末期に於ける社寺の勧進について」『史泉』一号、一九五一年。徳田和夫「勧進聖と社寺縁起」『国文学研究資料館紀要』第四号、一九七八年。

＊15　永井義憲「勧進聖と説話集――長谷寺観音験記の成立」『国語国文』二二巻一〇号、一九五三年。

＊16　福山敏男「当麻寺の歴史」『仏教芸術』四五号、一九六一年。

＊17　小野一之「当麻寺における聖徳太子建立伝承の形成」『古代文化』三八巻一一号、一九八六年。

＊18　『奈良六大寺大観　法隆寺四』岩波書店、一九七一年、解説二〇〜二四頁。

＊19　阿部泰郎「中世聖徳太子伝『正法輪蔵』の構造――秘事口伝説をめぐりて」林雅彦他編『絵解き――資料と研究』三弥井書店、一九八九年、四一二〜四一四頁。

＊20　徳田＊14論文。

＊21　牧野和夫「事相書・口伝書にみる『日本紀』・平基親のことなど――覚書」『実践国文

学』三三号、一九八八年、四八頁。

＊22 黒田彰「都遷覚書――太子伝との関連」『国語国文』五七巻五号、一九八八年。

＊23 阿部泰郎「『正法輪蔵』東大寺図書館本――聖徳太子伝絵解き台本についての一考察」『芸能史研究』八二号、一九八三年。

＊24 加地宏江・中原俊章『中世の大阪――水の里の兵たち』第五章、松籟社、一九八四年。

第五章　伊吹山の酒呑童子

「これはもう、当て推量の段階に入りつつあるようだ」モーティマー医師がいった。
「いや、さまざまな可能性を比較検討し、もっとも確実性のあるものをえらびとろうとしている段階です。これが想像力の科学的応用というもので、しかも我々の思索には、いつもちゃんとした具体的根拠があるのです」
(コナン・ドイル『バスカヴィル家の犬』阿部知二訳)

酒呑童子の鬼が城は、大江山の専売ではない。サントリー美術館蔵『酒伝童子絵巻』(サ本と略称)と逸翁美術館蔵『大江山絵詞』(逸本と略称)には、多くの相違がある。鬼が城が、前者の伊吹山のあなた、後者の大江山の奥となっている点は、最たるものである。サ本と同系のテキストである岩瀬本・大東急文庫本も伊吹山、能本「大江山(酒天童子)」[*1]、『御伽草子』の「酒呑童子」[*2](以下、渋川板と略称)は大江山である。

従来の研究では、鬼が城所在地の別を基準に、諸本を大江山系と伊吹山系に分類してきた。[*3]しかし、渋川板のように、場所は大江山でも、ストーリーの展開はサ本の系統をひいているものもあるから、[*4]この分類法は満足すべきものではない。

本書では、内容に即して逸本系・サ本系の分類を提唱し、あわせて、

逸本系初期本 ↘ 能本[*5]（章末[補注]）、サ本 ↓ 渋川板、の系譜関係を想定しておきたい。
↙ 逸本

一、伊吹山はなぜ鬼退治の舞台か

それにしても、サ本は、なぜ大江山でなく伊吹山を鬼が城としているのだろうか。この謎にせまる手がかりに、伊吹弥三郎伝説がある。同伝説の最古態は、『三国伝記』巻六―六「飛行《ひぎょう》上人の事、付けたり伊吹弥三郎殿の事」で、左の通りである。

さき頃、伊吹山に弥三郎という変化のものがいた。昼は険しい山中の洞窟に住み、夜は関東・九州の遠方まで出かけ、人家の財宝を盗み、国土の凶害をなした。天下の憂いとなったので、近江の守護佐々木備中守頼綱に、国内の狼藉を退治せよとの勅命が下る。そこで険難の峰に分け入ったが、いるかと思えば他郷に逃れ、たまに山にある時は人の通わぬ竜池に隠れ、容易に退治できない。頼綱は思案のあげく、摩利支天《まりしてん》の秘法、隠形の術を習って姿を隠し、ついに弥三郎が高時川の河中にあるとき近づいて殺した。

そののち、弥三郎の怨霊は毒蛇となって高時川の井の口を深い淵になし、水がゆかないようにして田を荒廃させ、人びとを苦しめた。悪霊を神と崇め井の明神として祭ったところ、毒心改まって井の口の守護神になった。

人びとの暮らしに幸いをもたらすようになっても、年に一度夏の頃、弥三郎は伊吹山頂の禅定に通った。その時は一天にわかにかき曇り、霹靂《へきれき》が轟き霰《あられ》が降るので、見た人びとは、弥三郎殿が伊吹の禅定に通うぞ、と恐れ怖《お》じた。

よく知られているように、同話は歴とした史実を背景にしている。すなわち、鎌倉初め、醍醐寺領近江国坂田郡柏原荘の地頭柏原弥三郎が、かずかずの非法を働いたため、近江守護佐々木定綱に宣旨《せんじ》を下し、討伐を命じた。弥三郎はいずこともなく姿をくらまし、半年後の建仁元年(一二〇一)五月になって、ようやく定綱の四男信綱に誅罰された(『明月記』正治二年一一月二六日条、『吾妻鏡』正治二年一一月一日、一二月二七日、建仁元年五月一七日条)。

『三国伝記』は、応永の末年から正長・永享・嘉吉の頃(一四二〇年代後半から一四四四年まで)までには成立したとされるから、[*6] 伝説の成立下限も一五世紀前半から中頃までになろう。上限については、弥三郎を殺したのが佐々木頼綱(一二四二〜一三一〇)だから、彼の没後の英雄伝説化、と見る丸山顕徳氏の見解がある。[*7] 上限一四世紀、下限一五世紀前半、おそらくは南北朝内乱期成立というのが妥当な線だろう。

一方、酒呑童子説話祖本の上限も同じ時期だろうし、逸本は南北朝～室町初期、サ本は戦国初期の作である。[*8] サ本の登場はかなり遅れるが、白猿伝説との異同でいえば、逸本より祖本の古態を残している気配があり、同系の始まりは、もっと遡るはずである（いわばサ本系初期本とでもいうべきものの存在が予想される）。ともかく、有力な一方の系列に、伊吹山を舞台とするものがあるという点から、弥三郎伝説との間になんらかの交渉があったとみなすのが自然だろう。

結論からいえば、弥三郎伝説は頼光の鬼退治譚の成立と普及を前提とし、その影響をうけている。その根拠として、前者の摩利支天隠形法を習得することによって姿を隠し、首尾よく弥三郎を討つという趣向が、酒呑童子説話の隠れ蓑（帽子兜）による鬼退治のプロットを想起させることをあげておこう。

もちろん、弥三郎伝説の酒呑童子説話への影響を考える、逆の可能性もありうるが、頼綱が討伐の主役となっている点からみてむずかしい。というのも、弥三郎を討った武将は、史実によれば佐々木信綱であった。これが伝説で信綱の孫にあたる頼綱にすり変わっている事情について、佐竹昭広氏は、酒呑童子に酷似する凶賊を退治した武将が、源頼光に擬せられるという可能性を想定している。頼綱の字音ライカウは頼光のライクワウに極めて近い、このことが示すように、柏原弥三郎討伐の武将は源（佐々木）信綱であったが、伝説化した伊吹弥三郎退治の英雄は、「源頼光」への連想をともなう「源頼綱」でなければ、一般に受け入れられなくなってしまったのだろう、と言われるのである。[*9]

見事な推理で、しかも両者の先後関係について、有益な問題提起になっている。こうして、酒呑童子説話の流通の方が、『三国伝記』の弥三郎伝説に先行せねばならぬ、という判断が導かれる。

以下、これを基礎に論を進めるが、いったん弥三郎伝説が形を整えると、今度は逆に酒呑童子説話に刺激を与える事態が生じたのではないか。中世小説「伊吹童子」などもその一つの例である。これは酒呑童子説話の広範な流布を踏まえ、それにうまく接続するよう、酒呑童子の誕生から鬼神として大江山に住むようになるまでの前半生を物語化した作品で、童子も伊吹の弥三郎と大野木殿の姫君との間に生まれた忘れ形見、という設定になっている。

サ本系で、鬼が城の舞台が伊吹山となっているのも、そのような還流の結果ではなかろうか。もっと大胆にいえば、酒呑童子説話をとりいれながら弥三郎伝説の形成を進めた力が、返す刀で酒呑童子説話に若干の改変を加えた可能性はないだろうか。

現状では、サ本で伊吹山となっているのが、祖本ないし逸本系古伝・サ本系初期本の大江山を書きかえた結果だ(サ本系初期本も、すでにそうであったかもしれない)、という証明はできない。しかし、そもそも、祖本成立以前の説話揺籃期において、鬼が城の舞台が伊吹山だった可能性は存在しないだろう。本書第一章および〈補説2〉で明らかにしたように、大江山(大枝境)は、平安京以来鬼気が跳梁する場所、疫病の侵入と雷公の飛来し来る方向、という恐怖のイメージとかたく結びついているのに、伊吹はそうした具体的な歴史的記憶を有しないからである。

祖本形成という説話成立の画期をむかえても、大江山という地名は、構成要件としてほとんど絶対不可欠であったに違いない。ところが、祖本への飛翔と同時あるいは若干遅れて、舞台が丹後与謝の大山に移動した結果(逸本系の能本は第一章〈補説1〉で述べたように、まだ大枝境にこだわっている。丹後への移動が祖本より遅れる可能性もある)、山城国の西北の境、というトポスが放つ晦冥《かいめい》なインパクトは大幅に薄められ、大江山は互換をゆるさぬ場所から、代替可能な山名へと変化していったのであろう。これにたいし伊吹には、丹後の大江山となら、とって替わりうる素地があった。

その第一は位置である。伊吹は都の東北、直線距離にして八〇キロ弱、西北の丹後大江山も約八〇キロで、奇しくも両者は、京都からほぼ等距離にある。中世日本の、西北は気味の悪い悪風の吹き来る縁起の悪い方角、という観念についてはくりかえし述べたけれど、東北も鬼門の方角にあたる。

鬼門は、中国の『山海経』や『風俗通』などに、東海中に度朔山《どさくさん》という山があって、頂に広さ三千里にわたって枝を張る桃の巨木がある、その枝は四面に垂れ下がり、東北方だけが開いて、門のようになっているため、鬼どもが出入りする、ゆえに名づけて鬼門という、とある。日本でも陰陽道の普及とともに、百鬼の出入りする方角として忌み嫌われた。大枝境から解放された中世後期の都人にとっては、東北方の伊吹の印象は、ゆうに丹後大江山に拮抗するだろう。酒呑童子(蚩尤)につきものの風にかんしても、「おぼつかな伊吹おろしの風先に朝妻舟は遭ひやしぬらん」(『山家集』一〇〇五)など、伊吹おろしは古くから著名である。

第二は、修験の道場としての共通性である。丹後大江山の主峰を千丈ヶ嶽といい、一方、伊吹山も「千町ヶ嶽」と称される。このセンチヤウが本来「禅定」で、高山の頂上を意味する修験道関係の語彙であること(『三国伝記』の弥三郎伝説にも「伊吹ノ禅定」の語が見える)、丹後大江山・伊吹山双方が、修験の霊山としての性格を持っていたことについては、佐竹昭広氏が明快に論じている。[*10]

二、伊吹山も竜宮の地

その三は、伊吹山自体の性格である。これも何度も指摘したことだが、中世人のコスモロジーにあっては、鬼が城は仙境と冥界の統一、つまり竜宮と別のものではなかった。竜宮の主は竜王(水神)で、焦点の伊吹山も水神や竜神と縁が深い。

伊吹山麓の長尾寺には、近世書写と思われる「長尾寺縁起」が残り、これに、八大竜王の第一たる難陀《なつだ》竜王が伊吹山に住んでいる、本尊の毘沙門天像（平安後期作）は竜宮城より流れ来た浮木を刻んだもの、といった伝承が載っている。『三国伝記』の描く弥三郎像も、蛇神（水神）・竜神・雷神を本質とし、伊吹山の「人倫都通《すべて》はざる竜池の辺」に隠れる必然性がある。

さらに姉川の合戦で有名な姉川について、『三国伝記』の別の説話には、「伊吹大明神の御手洗河あり、源大乗（伊吹山）の峯、竜の馬庭池の崛《あな》より出て、湖海に朝宗《ちょうそう》（川の水が海に集まりそそぐこと）せり、閻魔大王の姉の竜の栖《す》む河なる故に姉河と是を云」とある（巻六―一八　江州長尾寺能化覚念上人の事）。冬にしばしば東海道新幹線や名神高速道路を徐行・渋滞させる、日本でも屈指の多雪地帯なるがゆえに、伊吹山とその山麓は豊潤もしくは過剰な水を蔵しているのである。

この水神は、高時川の井堰を破壊し、在地に荒廃や飢饉死亡をもたらす荒ぶる霊力であるとともに、慰撫鎮祭によって、一転井の口の守護神となり、「風雨天の時に随、水津地利を潤せり」と、豊かな恵みをもたらす両義的な存在である。

関連して思い起こされるのが、伊吹の荒神を征するために登山した日本武尊《やまとたけるのみこと》（倭建命）が、山神の毒気にあたって発熱する記紀の話である。山神は『日本書紀』では「大蛇」、『古事記』では「白猪」となっている。蛇が水神であるのはもちろん、中国の『唐国史補』に「雷公は秋冬には則ち地中に伏し、人取りてこれを食す、形は彘《いのこ》に似たり」とあるように、猪も雷神(水神)の化現である。日本でもこうした観念は存在した。[11]

なお、記紀の援用に場違いを感じる方のため、中世でも書紀の威力が大きかったことを申し添えたい。中世社会には、歌学と日本紀注と神道説によって、幾段階もの増補・合成が行われ、『日本書紀』原典とは大きく隔たる、ある意味では荒唐無稽としかいいようのない内容の日本紀が実存しており、これらのいわば中世日本紀に示された諸説こそ、中世の知識や学問・教養の水準をなしていた。

それらは文学としては塵芥にも等しいものであるが、中世文学はまさに、この塵芥を堆肥とする土壌の上に咲きでた美しい花なのである。[12] 第四章で片鱗を紹介した中世太子伝なども、こうした中世日本紀と類縁関係をもって成長してきた文学の、巨大地下水脈にほかならない。

中世日本紀のある断片によれば、日本武尊を病ましめた山神は、伊吹の大明神すなわち風水竜王であるとともに、もとは出雲の八岐大蛇《やまたのおろち》で、尊より天叢雲剣《あめのむらくものつるぎ》を取り返そうとしていた、となる(三千院円融蔵「三種神器大事」)。幼時から酒を好み、生きながら獣を食す弥三郎を、人びとは八岐大蛇の祭祀をつかさどる人間と恐れた、とある大英博物館本「伊吹童子」の記述は、中世日本紀が、弥三郎伝説の成長にも影響を及ぼしていることを、明瞭に示しているだろう。

さて、いま一歩進めて、サ本には、酒に酔った童子が頼光一行に、自分はもともと伊吹の千町ヶ嶽に住んでいた、一時「弘法大師といふゑせ者」に追い出されたが、大師の高野入定後再びもとに帰って住んでいる、と語る場面がある。逸本の比叡山を追い出されて大江山へというすみかの移動と、追い出す伝教大師の役回りが、サ本ではこのようになっているわけである。

祖本がどうなっていたかだが、移動の方が復帰より、プロットとしては、波瀾が大きくおもしろい。逸本のこのあたりのくだりは、前章五節でふれたように、聖徳太子伝とも符合する、中世説話文学にとって重みのある内容である。サ本はそこをさらさらと書き流す。ここは逸本の方が本来的な内容に近いようで、そうすればこれも、祖本または逸本系初期本・サ本系初期本を書きかえた部分ということになる。

なぜ、比叡山や伝教大師を書きかえねばならないのか。この難問を解くにあたって、丸山顕徳氏が、伊吹長尾寺の深有《じんゆう》上人が弥三郎伝説の作成に一役かっていた、と推測していることに注目したい。*13

『本朝高僧伝』によれば、深有は、叡山で天台宗の教えを学び、醍醐寺で真言密教の修法を修めたあと、文和元年(一三五二)大和の忍上嶽に入って修行し、のち伊吹の長尾寺に移り、荒廃した寺を再興させた人物である。『三国伝記』巻六―一八の説話は、在地の振興につとめる彼の姿を伝える。丸山氏は、深有が醍醐寺で東密(真言宗古義派の総称)を学び、のちに山に入って修行した時、その場が長尾寺であったのは、伊吹山麓の柏原荘が醍醐寺領であったことと無関係ではない、と説いている。たしかに長尾寺は、伊吹の西麓の字大久保すなわち柏原荘域内にある。歴史上の人物としての柏原弥三郎が地頭に補任されていたのも同荘であった。

長尾寺の歴史を遡れば、古代の伊吹山寺にいたり、開祖は平安前期の三修上人である。また、『三国伝記』の「飛行上人の事、付けたり伊吹弥三郎殿の事」の本文は、皇后の病を治した「飛行上人」の超能力を語る話で、上人は、三朱(三修)上人その人である。

丸山氏のいうように、深有にとり、始源の開祖である三修上人は、神話的人物として極めて関心の高い人物であったに相違ない。その彼が広く三修上人の記憶を呼び覚ますことに意欲を燃やすとともに、並行して、柏原荘に忘れがたい災厄をもたらした弥三郎に言及することも、あり得ないことではない。超能力者という点でも、三修と弥三郎は共通項がある。

となれば先に、酒呑童子説話をもちこんで、弥三郎伝説の形成を推進するとともに、酒呑童子説話の鬼が城を、伊吹の奥に書きかえた可能性を想定したが、その実行者はほかならぬ深有かその周辺だった可能性が出てくる。少なくとも一四世紀中頃以降という彼の活動年代は、弥三郎伝説の成立年代と矛盾しない。先述の「長尾寺縁起」には深有が登場する。この縁起が彼以後に作られたことは確実なのだが、その中に源頼光が、

「伊吹千町の岩屋の酒天童子」退治の勅使として当寺に到着、本尊より甲冑と太刀を賜わった霊夢を見て、童子を滅ぼしたとある。長尾寺と酒呑童子説話の接触交流の痕跡を示すものかもしれない。

ここまでいえば、あとは深有は真言系の醍醐寺と深い関係を有していたから、説話の伝教大師を弘法大師空海にさしかえ、比叡山からの追放ももとから伊吹に住んでいた、とする動機があった、ともっていけるのではないか。鬼退治に協力する神々がサ本では、逸本系初期本の三神(おそらく、住吉・日吉・八幡の三神、章末【補注】および第六章参照)や逸本の住吉・八幡・日吉・熊野の四神でなく、日吉抜きの三神になるのも、天台系を避ける感覚かもしれない。さらに「長尾寺縁起」には、淳和天皇時代(八二三〜八三三)、空海が寺の奥院、聖岩において護摩をたき、天下安全・人法繁昌を祈念、その時以来滝から五色の光焔が立つようになったという記事が見え、やはり空海を押し出す動機に数えあげられる。

いっそのこと、酒呑童子が悪疫をもたらす水神の面影を残していたことが、空海の登場をいっそう容易にした、というアイデアはどうだろうか。空海は、神泉苑における守敏《しゅびん》との壮烈な祈雨の法力合戦に勝利したように、説話世界では、まさに水の制御者としての破天荒な霊能を有すると信じられていたからである。*14

以上、もつれた糸をさばくのに勉めた。決め手になる史料が乏しく、論理の綱渡りとなったことは否めない。しかし、酒呑童子の鬼が城がなぜ伊吹山か、という疑問の一端はこれで解けたと思う。

＊1 『自家伝抄』に宮増作とある。宮増作と伝えられる各作品の肌あいには幅があって、能作者宮増をひとりに絞る必要はないといわれる(西野春雄「中作能の作者と作品」『岩波講座 能・狂言 Ⅲ 能の作者と作品』一九八七年、二四三〜二四八頁)。永享頃(一四二九〜四一)から活動が知られる宮増大夫が初代能作者宮増で、彼が作者なら本曲は逸本からさほど降らない時期の作品だろう。

＊2 渋川板「酒呑童子」は、江戸時代の中頃、大坂心斎橋順慶町の書林渋川清右衛門が刊行した、いわゆる『御伽草子』二三編の一つである。この『御伽草子』本「酒呑童子」の本文作成時期は「江戸極初期頃」まで遡るらしい(橋本直紀「『酒呑童子』の古版本について——御伽草子本解明に寄せて(二)」『国文学(関西大学国文学会)』六〇号、一九八三年)。

＊3 松本隆信「増訂室町時代物語類現存本簡明目録」奈良絵本国際研究会編『御伽草子の世界』三省堂、一九八二年。同「御伽草子本『酒顛童子』の諸本について」『続日本絵巻大成月報』一八号、一九八四年。

＊4 渋川板は、鬼が城の場所が大江山であるなど一部を除き、内容・ストーリーの展開の面でサ本とよく似ている。ただし、とくに後半部にはストーリーの展開を大きく変えない程度の省略がある。渋川板は、能本からも副次的な影響をうけたらしいが、サ本との間に主

たる系譜関係を設定するのが妥当だろう。

＊5　能本は、主に童子と頼光の対話の内容面から、逸本との親近性が主張されている(菊地勇次郎「最澄と酒呑童子の物語」『伝教大師研究』早稲田大学出版部、一九七三年。天野文雄「『酒天童子』考」『能　研究と評論』八号、一九七九年)。これは大局的には正しい。章末[補注]参照。

＊6　池上洵一校注『三国伝記(上)』解説、三弥井書店、一九七六年。

＊7　丸山顕徳「伊吹弥三郎伝説の形成」『和田繁二郎博士古希記念　日本文学　伝統と現代』和泉書院、一九八三年。

＊8　榊原悟「サントリー美術館本『酒伝童子絵巻』をめぐって(上)」『国華』一〇七六号、一九八四年。

＊9　佐竹昭広『酒呑童子異聞』平凡社、一九七七年。

＊10　佐竹＊9書。ほかに満田良順「伊吹山の修験道」五来重編『近畿霊山と修験道』名著出版、一九七八年。宮本正章「『大江山伝説』成立考」『近畿民俗』四八号、一九六九年。『大江町誌　各説編　下巻』第二章第三節修験道など参照。

＊11　松前健「神話における日本と中国」『国文学　解釈と鑑賞』昭和四〇年九月号。

＊12　伊藤正義「中世日本紀の輪郭――『太平記』における卜部兼員説をめぐって」『文学』四〇巻一〇号、一九七二年。

＊13　丸山＊7論文。

＊14　鎌田東二「怨霊鎮めの呪戦」『歴史読本　特集魔界都市「平安京」』三三巻一三号、一九

八八年。

［補注］　能本では、頼光らに助勢するのが、逸本の住吉・八幡・日吉・熊野の四神でなく、八幡・山王の二神になっている。牧野和夫氏はこの箇所は三神冥助の形（三神だと逸本のように「四神が童子の四方の手足を押さえる」ことは不可能で、したがって童子の四肢を鉄の縄で縛るサ本のごとくなる、その方が「白猿伝」により忠実）が元来の筋展開だったとして、大江山系（私のいう逸本系）に「白猿伝」により近い古伝（古写本）の存したことを想定されている（「『幽王始めて是を開く』ということ――天台三大部注釈書と『源平盛衰記』の一話をめぐる覚書」『実践国文学』三四号、一九八八年参照）。また、能本では、頼光らが鬼が城で最初に出会う洗濯女は老婆でなく若い女になっており、サ本や『遊仙窟』とプロットが共通する。牧野氏の想定する古伝は、あるいは祖本そのものかもしれない。能本は逸本と連続ではなく、失われた逸本系古伝（もしくは祖本）の系譜を引くとすべきであろう。本書ではこの古伝を逸本系初期本と称する。

第六章　酒呑童子説話の成立

前近代の都市は、一箇の巨大な墓場、人口調節装置といわれる。人口の稠密、人や物の絶えざる接触、劣悪な居住環境・衛生状態などにより、しばしば疫病が荒れ狂い、農村からの流入によってふくれあがった人口は、劇的に減少する。平安京・京都も事情は同じで、このため王権と皇都を疫病の脅威から守り、清浄・安寧を確保するさまざまな祭祀が行われた。道饗祭・四角四堺祭によって代表される「都城の道切りの祭」である。その結果、丹波・山城国境の大江山(老ノ坂)は、疫病流行時には鬼気が跳梁する四堺祭中最重要の祭場となった。ここで行われる一連の呪的行為は、モノノケのモノを見えない霊的存在から、形象化され実体感のある鬼へと転化させる契機になる。酒呑童子は、祭儀のくりかえしのなかから浮上し、人々の集団記憶に刻みつけられた大江山の鬼神に、さまざまなイメージが重畳した結果にほかならない。

右は、繰り返し述べた筆者の本説話分析の起点たる着想である。本書の結びにあたって、それが頼光の鬼退治物語へとはるかに飛翔してゆくプロセス、すなわち酒呑童子説話の成立過程全般について考えてみたい。

一、渡辺綱と渡辺党

とはいえ、その過程を明らかにする史料は、まったく存在しない。説話の内部徴証から推理してゆくよりほかない。しかし、説話は増補・出入り・組み替えを続けて変貌してやまぬ生き物だから、成立過程をうかがわせるかに見える徴証が、成立の一応の到達点にすでにあったものか、その後の変貌で付加されたものかを、慎重に吟味する必要がある。ところが、同説話の祖本は失われており、一応の到達点がどのようなものだったか、それ自体明らかでない。

そこで思い切って、逸翁美術館蔵『大江山絵詞』(逸本と略称)・サントリー美術館蔵『酒伝童子絵巻』(サ本と略称)両本に認められ、祖本以来と考えられる一つの要素を突破口にする。なにかといえば、説話のなかに占める渡辺綱の役割の大きさである。

逸本では、綱は、鬼が城にいたり童子に案内を請い、土御門の姫から事情を聞く役をつとめ、鬼退治の時童子の首が天に舞い上がると頼光に兜を貸し、鬼の目をえぐるなどの役を果たしている。サ本では、伊吹千町ヶ嶽で出会った三人の男(神)を鬼の眷属と疑って頼光にたしなめられ、川辺で洗濯する若い女性に最初に話しかけ、鬼が城内で頼光ともども臆せず血の酒を飲み、人の肉を食べる。正体を見破られそうになった時も四天王では彼だけが目をつけられ、童子酩酊の宴席で眷属の挑発にいきり立ち、最後には鬼の四天王と死闘を闘わせる。これを要するに、ほかの郎等はもとより、保昌をも凌駕する積極的働きをし、童子や姫君と最初に接触する狂言回しの役を演ずる。

このことは、酒呑童子説話が頼光物語であるとともに、本来綱の物語でもあったことを示唆している。屋代本『平家物語』剣の巻、謡曲「羅生門」などを見ても、鬼とのつき合いは頼光以上に深い。彼の身辺を洗っていくならば、説話発生のるつぼ、犯罪捜査でいう事件発生の第一現場が見えてくる予感がする。身辺ということになれば、まず渡辺党が対象になるだろう。

この党は、淀川河口の渡辺を本拠とし、近辺の港湾を管掌する水の武士集団で、平安末期には一部が摂津源氏、頼光五代の孫頼政に統率されていた。彼らは、代々滝口をつとめ、一一世紀末頃より大江御厨《みくりや》渡辺惣官《そうかん》の地位についた。

大江御厨は河内から摂津におよぶ広大な荘園である。領域内各所には供御人《くごにん》(中世、神社または朝廷に供御を献ずる義務と特権をもつ人びと)が住み、深く湾入する難波の海が作る入江や池沼で、漁労活動を営んでいた。その中心地の一つが渡辺で、供御人を統括し、宮中に魚介類や米を貢進していたのが、渡辺惣官職《しき》であった。

党内部は、源姓の一族集団と遠藤姓一族に、実質的に二分されており、前者は嵯峨源氏の流れを称し、渡辺綱を祖と仰いで、特異な一字名乗りを特徴とする。後者は、祖を藤原南家の末流に仮託し、二字を名乗る集団である。最初源姓が優勢で、平安期に党全体を統括する渡辺惣官職の地位についたのも、彼らだった。[*1] この点章末[補注1]参照。

渡辺党にかんする話題を、もっとも豊富に集めているのは、建長六年(一二五四)成立の『古今著聞集』である。小林美和氏は、巻第九 弓箭一三を中心に七つ、源姓渡辺党関係の説話がまとまって収載されていることに注目し、これらは渡辺党の家伝や武勇伝承に取材源があるのではないか、と論じた。[*2]

『古今著聞集』は、著者橘成季自身が「家々の記録」などを調べてつくった、とあとがきで記しており、五味文彦氏も、『台記』のような日記類、彼の芸能の師や主家西園寺家、一門、蔵人《くろうど》仲間などから仕入れた話が、主要な材料となっていることを論じている。[*3]

七話の一つなど「これはまさしく、かける(翔)がかた(語)りけるなり」と結ばれており(魚虫禽獣第三〇)、これら武勇伝の大半が、一三世紀前半実在の渡辺翔の語りを介して収集された、渡辺党の家系伝承であった可能性は大きい。著者の一門に蔵人になった人間が多いこと、渡辺党が多く任じられた滝口が、蔵人所に所属したことを考え併せると、成季には蔵人所の人脈を通して、渡辺党との接触があったのかもしれない。

さて、『古今著聞集』には、七話以外に「源頼光鬼同丸を誅する事」という周知の話が載っている(武勇第一二)。

源頼光が弟頼信の家にたちよると、鬼同丸という怪しい童が縛されていた。頼光が鬼同丸ほどの者をこれしきの戒めではと言ったので、鎖で厳重に縛りなおした。恨みに思った鬼同丸は、復讐をしようと夜中に鎖を切り、狐戸《きつねど》(屋根の破風《はふ》の下にとりつけた格子戸)から入って、頼光の部屋の天井に忍ぶけれど、油断がない。翌日の鞍馬参詣の予定を知って待ち伏せした鬼同丸は、市原野で牛の腹をかき切ってなかに隠れるが、綱に見とがめられ、弓で射られる。鬼同丸はなおも頼光に打ちかかったものの首を打ち落とされ、首は頼光の馬の胸懸《むながい》に喰いついた。

鬼同丸がいかなる存在か明らかでないが、名前や行動の異様さは、鬼への発展を暗示させる。また、童子姿をとり、四天王も登場、斬られた首が飛んで頼光に噛みつこうとする、などの点があって、本話は酒呑童子説話形成途上の姿、いまだ行方も定かならぬ初期の通過点ではないか、と考えられる。

そして、本話の末尾に、「さて首は、むながひにくひつきたりけるとなむ、死ぬるまで武《たけ》くいかめしう侍《はべ》りけるよし、かたりつたへたり」云々のくだりがある。だれが語り伝えたかといえば、綱の活躍や、破風のあたりから鬼同丸が侵入したとあることから、渡辺党自身であっただろう。綱から腕を奪い返した一条戻橋の鬼が、破風から外に飛び去ったので、渡辺党では家作りに破風を設けないと語られるように(屋代本『平家物語』剣の巻)、鬼の出入口ということで破風にこだわるのは、渡辺一族の伝統だからである。

鬼同丸退治譚が、成季に採集された渡辺党の始祖伝承の一つで、酒呑童子説話形成途上の一齣かもしれないとすれば、綱の身辺に探りを入れることが、いよいよ有益となってくる。

その綱であるが、『尊卑分脈』には、嵯峨天皇の六代の子孫、武蔵守源仕《つかう》の孫、武蔵国足立郡箕田《みた》を本拠とする宛《あつる》の子とある。

彼の実在を証明する確かな史料は皆無である。史料ばかりか、平安期説話文学にも名前が見あたらない。のちに頼光四天王に数えられる平貞道・平季武・公時の三人は、頼光の有力郎等として『今昔物語集』(巻二八―二)に登場するけれど、そこには綱の名は見えず、四天王という呼称自体がない。渡辺党の摂津源氏への従属が確認できるようになるのは、頼政の代まで待たねばならず、一一世紀半ばの初《はじめ》など、頼光叔父満政流源斉頼《なりより》の郎従であった(『百練抄』天喜三年三月一八日条)。頼光四天王という称は、建暦二年(一二一三)四月以後成立、と推定される『古事談』(巻二―五七)にようやく出現するが、やはり綱の名は出てこない。鎌倉中期の『古今著聞集』鬼同丸説話が、じつに説話文学中デビューの場なのである。[*4]

これらのことは、彼が創作された架空の人物ではないか、との疑問をいだかせる。

『尊卑分脈』嵯峨源氏の綱の注記に、「但し、仁明天皇四代孫源次《げんじ》敦《あつし》、子として養育すと云々」とあるのもおかしい。第一に、本当に敦の養子だったら、綱の子孫は仁明源氏でなければならないのに、そうなっていない。第二に『続群書類従』(第五輯下)所収「渡辺系図」では、敦は仕の子にして綱の父となっており、嵯峨源氏の宛と同一人物のように書かれている。このあたりの系譜には、重大な作為があるようだ。

二、綱と四天王について

さらに、綱の語られざる背後の事情を探ってみる。状況証拠的にいえば、鎌倉前期、遠藤渡辺氏に比し源姓渡辺氏の退潮が始まったところに、登場の背景があるように思われる。遠藤渡辺氏の家国は、一族出身の文覚《もんがく》上人の勧めによって、頼朝挙兵時から頼朝の軍勢に加わり、その後西国出身の御家人ながら、東国御家人なみの待遇を得て、鎌倉殿・北条氏に近習の侍として仕えるようになった。加えて承久の乱で、源姓渡辺氏主流が京方に味方したため、保持していた渡辺惣官職も没収され、遠藤氏の手中に移った。両者の力量に逆転が起こったのである。*5

こうなれば、斜陽の源姓渡辺氏が、一族の歴史をふりかえりつつ、傷ついたアイデンティティの回復につとめることも、起こりうるだろう。その渦中で始祖伝承にめざましい一頁を加える動きが始まり、綱が造形された可能性はないか。自己宣伝に達者な一族のことである[*6]。同じ頃「渡辺の海賊人」として、各種系図類には見えない刑部丞源綱法師なる人物が、世を騒がせていることも暗示的である（『吾妻鏡』寛元元年一一月二六日条・四年三月八日条）。

始祖の系譜にあらたに誰かを案出するとなれば、彼は頼光の有力郎等でなければならない。平安後期から鎌倉前期にかけて摂津源氏を主家と仰いだという一族の華々しい歴史は、始祖の創出にあたっても、摂津源氏の祖とされる人物の股肱《ここう》の臣であることを要求するからである。

かくして、綱は『今昔物語集』に現れる頼光の三人の有力郎等に伍すべき定めを背負って、登場せねばならなかった。その際、同輩となる平貞道は著名な武者、その父は一層有名な村岡五郎良文である。綱が良文と原野で堂々の一騎打ちをした有名な箕田源氏の充《あつる》（『今昔物語集』巻二五―三、異本には宛ともあり両者は同一人物）の子となっているのも、貞道の家名に位負けせぬための細工ではなかろうか。

綱の時代に、本拠を関東から遠く摂津渡辺の地に移したと称するのも、なんとなく不自然である。箕田源氏は早く衰退したようで[*7]、それに目をつけた渡辺氏が系図上つなげた公算が強い。こうしたことが、すでに述べた系図の不審・混乱の原因と考えられる。少なくとも、一一世紀中葉以前の源姓渡辺氏の系図は、そのまま利用できるものではない。

なお、『今昔物語集』は広く流布した本ではなかった。*8 だから右の仮説が成り立つためには、『今昔物語集』と因縁深く、南北朝期頃まで存在していた『宇治大納言物語』などで、同種の材料を得たことが前提となる。

綱誕生の秘密がこのようなものであったとしても、なぜ綱が四天王の随一で、鬼退治物語の主役、大江山の勇者なのかという点の解明が残る。後者については、第一章で平安期の渡辺党が、淀川を流れてきた都のケガレを管理する任務を有したらしいこと、*9 弦打ちの技能をかわれて、王家や貴顕の家に宿直番として勤務することを伝統としたこと、代々滝口の地位についたこと、四堺祭の祭使(勅使)として大江山に派遣されたものがいたかもしれないこと、などを指摘した。たとえ、派遣の事実がなくとも、彼らがかかわる大江御厨や大江岸(渡辺津の一部)の名から、大江山への連想がはたらいたことが考えられる。一一世紀の良暹《りょうせん》法師の「渡辺や大江の岸にやどりして雲居にみゆる生駒山かな」(『後拾遺集』五一三)は、広く知られた歌である。

これらは家の伝統反映説、とでもいうべき着眼であって、それなりの説得力はあるだろう。しかしなお、説話内容に即した指摘でないうらみがある。そこで注目されるのが、酒呑童子説話登場人物たちの本地である。サ本では、酒呑童子は仏敵の代表たる第六天《だいろくてん》の魔王、一条天皇は弥勒《みろく》の化現、頼光は毘沙門天とある。逸本でも一条天皇は慈尊(弥勒)の下生《げしょう》、頼光は大威徳天、四人の郎等は綱が多聞天(毘沙門天)、公時が持国天、忠通が増長天、季武が広目天を、それぞれ本地とする。つまり、酒呑童子説話では、鬼退治は、同時に諸天としての四天王や、その筆頭たる毘沙門天による仏敵退治でもある。

四天王が仏教の四天王、頼光が毘沙門天の化身だというのは、どうでもよいことではあるまい。中世説話文学で毘沙門天の化身といえば、他に坂上田村麻呂・藤原利仁・源義経・楠木正成などがおり、田村麻呂・利仁は、頼光・保昌とともに、異類や魔王退治の主役格だからである。

四天王が護法の神になったのは、古代インドの護世神が仏教に取り入れられ、四方を守る護法神になり、『金光明経四天王品』などによって、鎮護国家的性格を強めたからである。北方を守護する多聞天だけが、独立に信仰されることも珍しくなく、その場合は毘沙門天と呼ばれる。

毘沙門天の魔王退治の役割というのは勘所だから、こだわってみたい。といっても、古い時代のことは略し、修正会《しゅしょうえ》の追儺《ついな》式をとりあげる。

修正会は、平安中期以降、貴族仏教寺院で行われるようになった歳始め行事である。それが院政期に入ると、結願の夜追儺式を行うものが現れた。この儀礼の核心は、猿楽呪師《じゅし》の扮する竜天・毘沙門の所作に応じ、参列者が、牛玉杖《ごおうづえ》で、鬼を追い廻して打つ「鬼走り」である。鬼は、達魔・毘那夜伽《びなやか》(障碍神の意味)とも呼ばれる。竜天は天竜八部衆のことで、毘沙門天ともどもも仏法の守護神であるから、三者の所作は、鬼が象徴する障碍・穢悪を打ち払うことを意味する。これにより、年頭の浄化と再生を祈る修正会の根本的意義が実現されているわけで、追儺が修正会中最重要儀式であったのも、当然といえる。[*10]

追儺（鬼遣《や》らい）は、大陸の大儺《だいだ》に発し、元来宮廷の大晦日の行事として行われていた。鬼を追う役は、四つ目の黄金仮面をかぶり、玄衣朱裳をまとった方相氏《ほうそうし》がつとめる。追儺が修正会に組みこまれた時、方相氏にあたるものが必要になり、それを毘沙門天が果たすようになったのだろう。

小林太市郎氏は、中国の方相氏は、元来新死者の遺骸を邪気（悪鬼）から護る守り神として、墓室の四隅に置かれ、六朝《りくちょう》期に仏教が興隆しはじめると、四天王と交流・交錯するようになった、かの地の四天王の、甲《よろい》をつけ戈をとって四方を撃つ恐しい形貌が、インドのそれより方相氏に似ているのはこのためで、中国の古俗に仏教信仰が接合された例である、と述べている。[*11] 方相氏と毘沙門天（四天王）の互換性に、示唆を与えてくれる。

毘沙門天という護国の神将が、疫鬼を追う存在ともなるのは、本書でたびたびふれてきた古代・中世における、謀反人・夷狄《いてき》（化外《けがい》の民）・疫鬼の三者同一視による。

かくして、中世社会の進行につれて、毘沙門天が悪鬼を追うという、一般的観念が形成された。毘沙門天が、坂上田村麻呂など超人的武将とイメージ的に重なっていったの

辟邪絵第五段(奈良国立博物館蔵)

は、四天王が武将の像容をしており、なかでも毘沙門は随一だからである。金刀比羅本『保元物語』が、鎮西八郎為朝を、

> 鎧かろげに着なし、小具足つまやかにして、弓脇にはさみ、烏帽子ひきたてゆるぎいでたる形勢は、かの刀八(兜跋)毘沙門の悪魔降伏のために、忿怒のかたちをあらはし給ふもかくやとおぼえてをびたゝし。いかなる悪鬼・行疫神も、面をむくべきやうはなし

と描いたのは、この種の感覚の典型である。

これで頼光や四天王の本地が、仏教の四天王や毘沙門天であった背景が明らかになった。王化にまつろわぬ鬼神、仏法に仇なす魔王退治の物語は、諸天(神々)たる四天王にまつわる観念を取りこむことによって、はじめて安定感を得るし、聞き手の共感も集められる関係が存在していた。しかも半井本《なからい》『保元物語』に「頼光ハ四天王ヲ仕《つかひ》テ朝《ちょう》ノ御守ト成リ奉ル」とあるように、[*12]当時頼光は四天王を使うことで、朝廷の守りを果たした、と伝説的に回顧されていた。

このことは、史実として頼光に四人の有力郎等がいたかどうかにかかわりなく、鬼退治譚を展開するには四天王が必要、という見地を導く。言い方を変えれば、鬼退治譚をもちこむことによって、頼光の四天王が自然になる。四天王という人数枠があるから、三人の有力郎等への綱の追加もたやすくなる。酒呑童子説話において、貞通(道)・季武の二人にほとんど具体的な活躍がないのも、それが綱の側の必要で駆り出された、という事情があるからに違いない。

その際、綱がすんなり毘沙門天に習合しえたのは、渡辺党の社会的役割とかかわって、弓の名手の家柄だったからに違いない。平安末期の『辟邪絵』に、法華経を読む青年僧を三匹の鬼(疫鬼)から守るため毘沙門天が降臨、弓で射る図がある(第五段)。[*13]時空を隔てれば、大英博物館所蔵敦煌画「行道天王図」の一枚(Stein painting 45. ch. 0018)にも、毘沙門天王子で安西城に救援に赴いた独健が、弓に矢をつがえ上空を飛ぶ悪鬼を射る図がある。[*14]当時、毘沙門天は弓をもって邪鬼を払う、と理解されていたのである。

三、四天王寺・住吉・八幡

京から四天王寺参詣をするには、ふつう淀川を船で下って摂津渡辺津に上陸し、南下して天王寺西門前にいたる。渡辺党はこの地縁もあって、院政期以降摂津四天王寺と深い関係をもち、執行《しぎょう》として管理機構を掌握するようになっていた。四天王寺の側から見れば、寺院機構と荘園所領を維持してゆくには、畿内武士としての渡辺党がもつ実務・渉外の能力と、武力のとりこみが、不可欠だったのだろう。[15]

四天王寺の信仰の中心は「御手印縁起」であり、その思想内容は①四天王、②救世《ぐぜ》観音である。①は、四天王に外敵並びに天災厄疫の調伏を祈るもので、物部守屋討伐にあたり、聖徳太子が四天王像をつくって戦勝を祈願したことに由来する。②は、救世観音・釈迦およびその化身としての聖徳太子を尊崇するものである。

四天王と聖徳太子への信仰は、鎌倉時代後半のモンゴル来襲を機に高揚した。たとえば、聖徳太子をあつく信仰する叡尊は、元寇に際し、いち早く四天王寺に参詣、異国の難を払わんがため種々の勤行をし、さらに『感身学正記《かんじんがくしょうき》』によると、建治元年(一二七五)八月、四天王寺薬師院において、最勝王経の転読、如意輪大咒、四王(四天王)惣咒ならびに十二時四王供養法を修している。とくに後二者は三日三夜の不断総咒であった。[16]

四天王寺西門付近

第四章の五節で、四天王寺は中世太子伝成立に極めて重要な役割を果たした場だった、と述べた。聖徳太子信仰が、酒呑童子説話成立にインパクトを与えている、との指摘もした。諸天(神々)の助けを借りながら、王化にまつろわぬ鬼神、仏法に仇なす魔王を退治するという酒呑童子説話の構想は、中世太子伝中のハイライト、守屋討伐譚と主題的な類似がある。

これに前節の見解を重ねれば、渡辺党が四天王寺と深いかかわりをもっていたことが、重要な意味を帯びてくる。源姓渡辺氏の内部において、綱鬼退治説話が成長成熟してゆく過程で、四天王寺の信仰内容と中世太子伝が大きな刺激になった、との判断が導かれるからである。逸本に藤原道長が登場してくることも、古くから四天王寺内部で、道長は聖徳太子の生まれ変わりとの説が唱えられていたことと(『栄華物語』巻一五)、なにか関係あるかもしれない。

もっとも、渡辺党とはいっても、有力な寺僧を送りこみ執行としたのは、遠藤渡辺氏だったらしい。しかし、両渡辺氏は鎌倉中期頃までは、一族として緩やかな結びつきを保っていたようだし、源姓渡辺氏も、四天王寺に現れているから(『吾妻鏡』嘉禎三年八月一三日条)、むりに区別立てする必要はない。なんといっても、隔たること四キロという地縁である。渡辺党が、四天王寺の信仰内容に無関心であったはずがない。

四天王や毘沙門天の問題は、これくらいにし、説話成立過程究明のつぎなる手がかりを捜せば、鬼王退治に助勢する神々のことが見えてくる。

逸本を点検すると、四神の中で終始中心的に活躍するのが老翁で、これは住吉神。つぎは、童子退治の戦端を開くにあたり、鉄石の寝所を破壊し、われら四人で手足を押さえつけているので、銘々心を合わせて鬼王の頭をめがけて斬りかかれと促す若僧、これが日吉山王。そのつぎは、若僧と一緒に寝所を破壊し、別れにあたって、頼光と形見を取り交わす老僧の八幡。四神目の山伏(熊野)は、名前ばかりで実際の活躍がまったくない。

第五章で、祖本は三神の物語であったとしたが、そのことはこうしたところにも透けて見える。そして、もとは三神のなかでも二神、具体的には住吉中心、日吉従の物語だったのではないか。

住吉主、日吉従の物語といって、直ちに思い出されるのが、『古事談』の、

住吉大明神、託宣して云はく、「昔、新羅を伐ちたる時は、吾れは大将軍たり、日吉は副将軍たり、その後、将門を伐ちたる時は、日吉は大将軍たり、住吉は副将軍たり、これ、天台宗の繁昌するによりて、日吉、法施を受くること無限にして、威徳倍増のゆゑなり」と云々

という一文である(巻五―一七)。鎌倉時代には広く流通していたらしく、『続古事談』や『野守鏡』にも現れる。遡っては『袖中抄』第九「しるしのすぎ」の項にも見られ、著者顕昭はその出典を大江匡房の『江記』に求めており、平安後期にはすでに成立していたらしい。

この説話は、住吉社が強大な勢力を誇る日吉社と折り合いをつけつつ、外敵・謀反制圧に神威を現した、過去の実績をアピールしたものであろう。住吉神が神功皇后の三韓征伐に助勢の功があったとする主張は、例の国家領域外の民＝謀反人＝鬼神(疫神)という社会意識の鋳型(かたくなな排外主義)を媒介にすると、鬼神(疫神)退治への加勢の物語

にスライドする可能性をはらんでいる。

住吉社は、当時瀬戸内海の海上生活者の信仰の中心であった。渡辺党のような、淀川と瀬戸内を縦横に往来した水の武士集団が、これと没交渉だったとは考えがたい。果たして、彼らは摂津国衙《こくが》の役人として、住吉社の支配機構にも関与していたらしい。[*17] また、住吉社領の一つに「西生(成)郡渡辺」がある(『住吉松葉大記』巻一二)。正和四年(一三一五)以前に、後伏見上皇院宣によって、渡辺などから上る関銭の半分が、住吉社造営料として寄進された事実も、見逃せない(『鎌倉遺文』二五五七三号)。

頼光らは、鬼退治出発以前に、それぞれの氏神に参って冥助を得ようとするが、サ本で住吉に赴くのは綱と公時である。主役を演ずる住吉を氏神に仰ぐ綱、という設定は、この説話が渡辺党を基盤に生成してきた、という仮説の支えとなり、同時に住吉主、日吉従の新羅征伐譚から、刺激をうけた確率を高いものにしている。中世文学に住吉を信仰する海上生活者の伝承が反映していることについては、角川源義氏の『義経記』にかんする明快な指摘がある。[*18]

なお、第一章で、正暦五年(九九四)の疫病の大流行の記憶が、酒呑童子説話成立の背景にあると述べた。頼光鬼退治の年代設定が正暦年中(九九〇~九九五年)である、というだけでは論証といえず、これを実証するのは、なかなかむずかしい。いまは、中世太子伝中の一本、光久寺本『正法輪蔵』(高田専修寺旧蔵)に、つぎの一節があることを紹介しておく。

一条院之御時ノ正暦五年三月十五日住吉明神託宣云、昔シ神功皇后之御時新羅ヲ討シ時ハ我ハ大将軍也、日吉ハ副将軍也、朱雀院之御宇承平年中ニ将門之ヲ打シ時ハ日吉大将軍也、我ハ副将軍也(巻三)。

住吉と日吉の外敵・謀反制圧譚の反復であるが、住吉神の託宣があった日が、一条天皇の正暦五年三月一五日と特定されている独自性が、注目される。まさしくこの年の疫病の本格的流行が始まらんとする時点である。わざわざ正暦の疫病流行時に合わせて、住吉の新羅征伐の故事が想起される形になっているのは、疱瘡(疫病)は新羅より流行ってくる、という当時の観念を踏まえているからに違いない。ここから、疱瘡の脅威を防ぐため住吉神を祭るという、第一章で紹介した近世社会の信仰までは間近いし、正暦の大疫病の流行(大江山の鬼神の猛威)を、住吉や日吉の力を借りて治める構想が、生まれ出る萌芽もほの見えている。

右は中世太子伝と住吉信仰、住吉信仰と酒呑童子説話の交錯を示すだけでなく、太子伝が、酒呑童子説話に影響を与えてゆく具体的局面にかかわる、極めて興味深い史料といえよう。『正法輪蔵』系諸本は、鎌倉末文保年間(一三一七〜一九)を中心として、前後十数年にわたって形成されたとされているので、交錯、影響の事態が生じていたのは鎌倉末期だろう。

さて、石清水八幡である。論の帰結として、この神は遅れて説話に参入した要素ということになるが、ここでも住吉と同種の事実を指摘できる。同社は、中世、瀬戸内海を通じて北九州まで、大きな支配力をもっていた。その神人《じんにん》が、瀬戸内海の海上交通と深くかかわり、瀬戸内海域で、もっとも優勢な力をもつ神人集団であったことは、網野善彦氏の研究に詳しい。[*19]

一方、モンゴル襲来とともに、多くの社寺で異国降伏の祈願が行われた。石清水八幡宮にとっても、神徳発揮の重大なチャンスだったから、これを機に新たな縁起が作成される。それが一三世紀末から一四世紀初めに成立した『八幡愚童訓』甲本である。

同本は、文永・弘安の役の経過と、モンゴル軍を撃退した八幡大菩薩の霊威を叙述していることで知られ、前半には、八幡神の国家守護・異国降伏の威力の例証として、神功皇后三韓征伐の物語があり、皇后の胎内にあって、三韓まで往反した皇子が応神天皇であり、のち八幡大菩薩として顕現したこと、八幡が、新羅王子によって水瓶に封じられた諸神を、救い出したことなどが述べられている。

さらに南北朝期以降になると、各種の八幡縁起がつくられ、『八幡愚童訓』甲本前半の内容に増補が加えられ、広範に流通していった。[*20]こうした八幡縁起に共通しているのは、住吉神を先導、大将軍とする夷狄征伐のストーリーであり、同時にそれが八幡神の神徳の現れであるという政治性である。八幡は、天照大神とならぶ宗廟社稷《しゃしょく》の神であるだけでなく、異国・夷狄降伏の霊威に満ちた神、という神格を濃厚に帯びるにいたった。

以上、鎌倉〜南北朝期の住吉・日吉・八幡にまつわる人びとの観念と、それが酒呑童子説話に結びつく蓋然性について述べた。鬼退治説話における住吉・日吉・八幡というとりあわせは、偶然でもなければ、一朝一夕でもなかったのである。

四、叡山で跳躍する

従来酒呑童子説話は、中世叡山(延暦寺)の内部で成立した、と説かれてきた。筆者もこれだけ複雑な要素と構成を持つ説話の成立過程が、渡辺党とその周辺だけで説明できるとは考えない。

酒呑童子説話の形成に、中世延暦寺がどのように関与していたかについては、最近の牧野和夫氏の研究がとくにすぐれている。氏は、当時山門内で流通していた中国の天台山開闢《かいびゃく》、日本の延暦寺開闢にかかわる諸説に注目し、それらの相互交渉のなかから、説話が形成されてゆく過程を展望している。[*21] 氏の研究は、資料の博捜において抜群であるけれど、あまりにも過剰な豊饒と個性的な文体のため、やや読みづらい。氏の論をもっ

頼光一行の前に，変化の物が現れ誑かさんとする（逸本）

と深められる、と気づいた点もある。

そこで、氏の注目した諸説・伝承とそこから導かれる見通しを、私なりにかみくだきながら、展開することにしたい。諸説とは、左のごとくである。

①隋の灌頂の撰になる『隋天台智者大師別伝』によれば、中国天台山の開祖智顗《ちぎ》は、陳の太建七年(五七五)、天台山に登り山水を歴遊した。ある日石橋のほとりで護法神の化現たる三人の僧に会い、老僧に寺を建てることを勧められる。智顗はまた、仏隴《ぶつろう》山《ざん》の山頂で定光禅師に出会い、草庵に宿し同じ峰に一寺を建てた。その後、北の華頂峯で托鉢修行中の夜半、魔類の障碍《しょうがい》に遭遇するが、まどわされなかった。明け方になって「神僧」が現れ、智顗の勇気をたたえ、

法を説く。さらに学ぼうとして神僧の法門を問うと、汝は自力で他を教化できる、自分はそれを見守るであろう、と語った。

②鎌倉後期の『渓嵐拾葉集』や『和《わ》光同塵利《こうどうじんり》益灌頂《やくかんじょう》』などから、中世の叡山内部で天台開闢説話がさまざまに成長増殖し、流動ただならぬ状態にあったことをうかがうことができる。それらによれば、智顗の天台山開闢に立ち会った「神僧」は、「獮《び》猴《こう》」のことであり、さらに「釈尊の化身」であった。この猿は山王とも主張されている。さらに、獮猴は、かつてインドの霊鷲山《りょうじゅせん》の東北の角を背負って、中国天台山に飛来し、さらに天台山の東北の角を担って、比叡山に至った白猿でもあった。

③天台開闢説話は、日本の叡山開闢譚にも影響を与え、延暦寺開創にあたって、最澄が「一化人」に会ったことになっている。これは②の「神僧」や「獮猴」に通じる存在で、最初童形で登場、続いて山王として現れる。当時流行った一児二《いちちごに》山王《さんのう》(最澄が比叡山にはじめて登った時、最初に稚児に会い、ついで山王に会ったと伝える故事)という叡山のことわざは、ここからきている。

④叡山開闢譚に、同山を「凡夫の臨むべきところにあら」ざる「仙窟」とする理解が示されているが、これは天台山を仙境とみなす観念を下敷きにしている。

⑤叡山開闢のおり、根本中堂の七仏薬師を最澄が手ずから造る、というよく知られた伝承があるが、この時杣山の木を守護していたのは、二匹の鬼であった。

⑥中世太子伝のなかに、聖徳太子入滅一七〇年後に平安遷都があり、東北の峯に悪鬼がいて障碍をなすので、太子が最澄に生まれ変わり、叡山に国家鎮護の大伽藍を建て、悪魔を千里の外に追い払った、という一節をもつテキストがある。

中国渡来の①の文献内容からは、酒呑童子説話主要部の構図が導き出されるだろう。山中で智顗が三僧(一人は老僧)に出会うのは、頼光一行と三神(一人は老翁)の邂逅、定光禅師の草庵に宿するのは鬼が城への入城、華頂の峯で変化の障碍に出会うのが鬼王の眷属の誑《たぶら》かし、とそれぞれ重なり、翌朝の神僧の登場と智顗のやりとりは、鬼退治後の三神との別離の場面に対応している。

⑤⑥は、はじめ叡山をすみかとしていた酒呑童子が、根本中堂の建立を妨害するため楠となって抵抗し、結局最澄に追い出されてしまうという、逸本の宴席での童子の身の上話につながる。②③からは、飛行する獼猴(白猿)＝山王(地主神)が童形として現れる形が生まれ、それが地主神[*22]の面から⑤⑥の先住の鬼に結びつけば、童子の正体は悪鬼だという話になる。

さらに、獼猴(白猿)が媒体になって、第二章で詳しくふれた中国の白猿伝説(「白猿伝」「陳巡検梅嶺失妻記」など)が、酒呑童子説話へなだれこんでいった可能性を想定することもできる。当時叡山内部で、『太平広記』が読まれていたらしい形跡もある。

④の叡山仙境視は、仙境としての鬼が城へと連続する。その過程で唐の小説『遊仙窟』の要素が取りこまれ、頼光一行が川辺で洗濯女に出会う、彼女の反対を押し切って鬼が城につき惣門脇の建物に入る、亭主の歓待を受け、数多の美姫がはべるなどの要素が生まれたのではないか。

右の牧野説(プラス髙橋説)によって、説話主要部分を構想するにあたり、利用された原材料が何であったかが、ほぼ明らかにされたと言える。これにより説話形成過程における叡山の関与は、いよいよ動かぬところとなった。

渡辺党の内外で成長しつつあった説話原形が、延暦寺の天台開闢譚と接触するについては、四天王寺がパイプになっていたのではないだろうか。延暦寺は、鎌倉期には四天王寺の本寺として、別当職の地位を掌握していたからである。[*23] すでにおなじみの⑥の存在自体が、中世聖徳太子伝説のメッカとしての四天王寺と叡山の交流・交信の一端を示しているだろう。

単純な交信よりもっと積極的に、三神中に日吉山王が入っていることが山門側の興味をそそった、と見ることもできる。説話の飛躍にあたり、記家《きけ》がなんらかの関与をしたことが考えられるからである。

記家とは、比叡山の記録・故実を学問修道の対象とする一家のことで、鎌倉末期を黄金時代とする。彼らは当時の風潮として、たんなる記録者にとどまらず、記録・故実にみな秘伝を認め、口伝《くでん》を説いて相承伝承した。その内容は、天台宗の顕密の教学、他学派・他宗との異同、叡山の境域・堂塔・仏神像の由来・意義、先哲・碩徳の行状、霊験・奇瑞・懲罰・災異の伝説にまで及ぶ。②に見える『和光同塵利益灌頂』は、こうした記家秘伝の最高・究極のものといわれる。

彼らは、仏・菩薩が、日吉山王七社など垂迹の神々として比叡山に現れ、国土と衆生を守護し教化してきた歴史的事実と、現実の境内・堂舎・仏神像・教学・儀礼などの状況とを論述し意味づけることを、とくに重視した。いいかえるとそれは、比叡山で発展した神道説(日吉山王神道)の探求であり、その方法が記録の探求だった。[*24] 記家とはかかる「縁起」的・神話的な歴史解釈を、創造・増幅・普及し、ひいては神国思想の興隆を準備した人々のことである。

かくのごときものであるから、記家が、日吉を含めた三神の助勢による異国・夷狄降伏譚(鬼退治譚)に、関心を寄せることはありえる。そうなら、神国思想につながるイデオロギッシュなものが媒体となって、日吉山王＝白猿＝童子という所説と鬼退治譚という、一見異質で無縁に見える両者が結びついたことになるだろう。直接の関与はなくとも、彼らの所説は叡山内で広く承認されていたから、それを思考の当然の前提とする人物(人びと)が、後者に前者を流しこみ、豊潤化の作業を行ったのかもしれない。それが、中世後期、記家とならんで叡山内でひときわ目だつ存在となった、修験の山伏であった可能性を考えたい(第三章四節参照)。

かくして、住吉・日吉・八幡の三神の助勢による頼光と四天王の鬼退治、という比較的単調な渡辺党の鬼退治譚は、その大筋を維持しつつも、天台(叡山)開闢譚との接触によって、プロットを柔軟豊富化し、さらに「白猿伝」など中国の小説に刺激され、ハーレム模様の鬼が城を舞台とする緊張と躍動の物語に飛躍、充実の後半段階に入った。同時に、大江山の鬼神に、酒呑童子(斉天大聖《せいてんたいせい》)の僭上の名と、まばゆい毒素が賦与されたため、説話は、危殆《きたい》にひんした王威と社会的秩序が、仏神の助けをかりた決死の鬼退治で、急転回復される浄化と言祝《ことほ》ぎの歴史物語に昇華してゆく。

いわば、イデオロギッシュなものが、エロスと暴力こき混ぜた波瀾の物語に導いたわけで、皮肉ともいえるが、そこに人間の不思議と中世という時代の一面がある。中世の多くのイデオロギー説は、外見の厳めしさとはうらはらに、実際には人間の生の現実性、欲望や体臭とないまぜの形でしか存在し得なかったのである。

住吉や八幡・四天王寺の信仰と結びついた渡辺の鬼退治譚が、中世叡山を媒介にして質的な飛躍をとげ、酒呑童子説話として一応の形成を見つつあったのは、状況から推して鎌倉末から南北朝内乱の初期である。

右の点を押えながら、さらに先に進む。説話に最後的に付加された重要要素は、おそらく頼光の主人公化という点だろう。最後的と考えるのは、頼光の役割の増大は足利氏の興隆と連動しており、室町幕府の創設以後のことでなければならぬからである。

足利氏は鎌倉時代には源氏の一門であったが、一時は頼朝によって御家人身分に位置づけられていたから、尊氏が権力を握ると、頼朝と源氏将軍の「嫡流」性を相対化せねばならず、源氏の系譜から足利氏が枝分かれした義家以前の祖先にみずからの正統性の証しを求める必要があった。そのため思い切って、武士として本格的に活動を始め、摂津源氏・河内源氏・大和源氏など清和(武家)源氏全体の祖たる一〇世紀後半の満仲《みつなか》まで遡り、彼の霊廟の地である摂津多田院をあつく信仰した。[*25] 満仲の子にして多田を領したと見なされていたのが摂津源氏の祖源頼光で、南北朝期・室町期には頼光への尊崇の念も高まってゆく。

渡辺党から発した説話形成の長い旅は、こういう時代風潮のもとでは、綱の主人である頼光の物語へと、重心を移してゆかざるを得ないであろう。第一章〈補説2〉で述べたように、頼光(雷公)が大江山(大枝境)に結びつく必然性はあったから、主役交代は案外スムースに行われたのではないか。

八幡神が、住吉とは一味違う位置を占めているのも、源氏の氏神として足利氏の保護尊崇を受けるようになったことと関係があろう。同時期の尊氏・直義《ただよし》兄弟、第二代義詮《よしあきら》将軍の石清水への参詣の頻繁さはただならぬものがある。[*26]

頼光主役化の背景とは別に、鬼退治の将軍に藤原保昌が登場するのはどんな理由からだろうか。これには、朝敵(夷狄・鬼)退治には二将軍が必要という説話枠組みの問題と、ほかならぬ保昌という人物の性格がある。

前者は、第二章でふれたように「陳巡検梅嶺失妻記」の斉天大聖を捕らえに行く二人の神将の影響ではないかと思うし、本章第三節の新羅征伐における二神、中世太子伝における弥陀・釈迦二尊の加護による守屋退治、「鬚切《ひげきり》・膝丸」など二振りの宝剣による天下の守護など、当時常套の話型を変形したのかもしれない。後者については、保昌が盗賊袴垂《はかまだれ》を恐怖させた超人的武勇の持ち主だった以外、その姉妹は満仲の妻であり、保昌は頼光の義理の母の兄弟にあたるという縁続きであった(『尊卑分脈』)。その名が追儺で鬼を追う方相氏を連想させた、というアイデアもある(第一章参照)。

逸本では住吉を氏神と仰ぐのが保昌となっていることから、ここにも住吉社が一枚かんでいる可能性があろう。住吉明神は歌を好み、和歌と結びついた説話が多い。憶測であるが、保昌が摂津守経験者で和泉式部の夫であったことが、武勇伝承とあいまって彼を登場せしめた理由ではないか。説話世界でもっとも著名な歌人は和泉式部だからである。

ちなみに、保昌が丹後守も経験し、『十訓抄』の説話のように(第三―一一)、「よさの山」と縁深いことは、大江山の丹後への移動に寄与することになったのではないか。

五、祖本と逸本

ここにきて、酒呑童子説話を構成する要素がそろった。ほかにも、大江山の鬼神に中国の伝説的謀反人蚩尤のイメージがダブってゆく過程、『神道集』「田村の草子」などとの影響関係など、考えるべき問題はあるが、割愛する。最後に、説話祖本の成立時期と、祖本・逸本・サ本の関係、逸本の成立時期についてまとめておきたい。

酒呑童子説話の成立を示す最初の徴証は、伏見宮貞成《さだふさ》親王が応永二七年(一四二〇)一一月に書きとめた「物語目録」中に、「酒天童子物語一帖」が見えることである(『看聞日記紙背文書』)。『東院毎日雑々記』応永二年(一三九五)六月一〇日条に、「宗観坊、頼光物語を持ち来る」とある『頼光物語』が、『酒天童子物語』の別称とすれば、成立時期は若干繰り上がる。前節までの考察からすれば、さらに一歩二歩遡らせてよいだろう。

注目されるのは、旧岩波日本古典文学大系の『保元物語』に、「古その名聞えし田村・利仁が鬼神をせめ、頼光・保昌の魔軍をやぶりしも」の一節があることである。この底本は金刀比羅本で、『保元物語』の伝本分類を試みた永積安明氏は、同本をもっとも流布した室町期成立の第四類に分類している。[*27] 鬼神・魔王退治の武者として、平安前期の坂上田村麻呂・藤原利仁、中期の源頼光・藤原保昌二組のペアを併記するのは、室町期の常套で、金刀比羅本もそれを踏襲しているわけである。

田村麻呂・利仁ペアに並んで頼光・保昌ペアの魔軍撃破のことが見えるということは、第四類成立当時すでに酒呑童子説話が流布していたからに違いない。したがって、二組のペアが併記されることをもって、成立時期の目安にすることは可能であろう。

田村麻呂・利仁のペアによる魔王(悪路王・赤頭《あかがしら》)退治の物語は、一三世紀末〜一四世紀初頃成立の『吾妻鏡』に登場しているが(文治五年九月二八日条)、頼光・保昌ペアは、それにまだセットされてない。鎌倉期には、二組のペアどころか頼光・保昌が対立の関係で理解されていたことを示す事実さえある。頼光四天王の初見である鎌倉前期の『古事談』の説話は、頼光が四天王を派遣して、保昌の従者清原致信(逸本の保昌従者大宰少監と同一人)を討つことを内容としている。『古事談』説は、史実としてはあたらずといえども遠からずなのであるが、頼光・保昌のペアの未成立から、大江山鬼神退治の説話は鎌倉期には十分熟してなかった、と判断してよいだろう。

二組のペアの出現は、『梅松論』の「将軍は君を扶佐し、国の乱を治る職なれば、おぼろげの事にはあらず、異朝の事は伝聞計《ばかり》也、我朝の田村・利仁・頼光・保昌、異賊を退治すといへども、威勢国に及ばず」、『異制庭訓往来』の「古の武者乱を治めること徳に帰す、異朝則ち白起《はくき》・王翦《おうせん》・廉頗《れんぱ》・李牧《りぼく》等なり、是皆武の武たるを知り、徳の徳たるを知るなり。我朝則ち田村・利仁・頼光・保昌等なり」とあるあたりが早い。前者は

頼光一行，三神の化現にあう(サ本)

貞和五年(一三四九)成立が通説で、文和元年(一三五二)以降、嘉慶年間(一三八七〜八九)以前とする説もある。後者は延文〜応安年間(一三五六〜七五)に成立したと推定されている。

こうした論法が妥当なら、酒呑童子説話祖本は、鎌倉幕府滅亡後、南北朝期の一四世紀中葉頃までに成立したと判断できる。少なくともこれは前節までの考察と矛盾しない。もって成立年代の具体的な提案としたい。

成立した祖本は、本書のこれまでの考察からすると、次のような特徴をもっていた。

A、鬼が城の舞台は、伊吹山でなく大江山である。老ノ坂か丹後・丹波境かむずかしいところだが、まだ後者に移ってなかった可能性がある(第五章参照)。

B、『隋天台智者大師別伝』のことを考えれば、鬼退治の途中で頼光一行が出会う神々は、四神ではなく三神でなければならない(第五章・本章第四節参照)。

C、『遊仙窟』の影響から言えば、岩穴を抜けた一行が最初に出会った洗濯の女性は、老婆でなく、若い女房でなければならない(第三章参照)。

D、『隋天台智者大師別伝』の、華頂の峰で智顗が遭遇した魔類の障碍の内容を考えると、童子酩酊後の鬼が城での眷属との対決は、逸本に近いものであっただろう(本章第四節参照)。

E、伊吹弥三郎伝説の摩利支天隠形法との関連でいえば、帽子兜より蓑帽子の方がよい。帽子兜は正体や心中を見破られないだけで、隠れ蓑のように姿そのものが見えなくなるわけではない(第五章参照)。

F、「白猿伝」を下敷とする点から見て、鬼退治の時、神々が童子の手足を押さえるのでなく、鉄の縄で縛した方が本来的なものである(第二章参照)。

B・C・Fはサ本、D・Eは逸本の趣向、Aは丹後境なら逸本、老ノ坂ならどちらでもない。黒田彰氏が「今に残る香取本(逸本、筆者)や古法眼本(サ本、同)は、その祖本から分かれたもので、両本共に色々な局面において或る程度の改変を経たものと思しい」と述べた見通しの正しさが(第二章参照)、改めて証明された。また、右のように整理し

唐人送還の図(逸本)

てみると、サ本の方が祖本の古態を若干多く残していることがわかる。それでは逸本の独自性はどこにあるか。

Cの指摘とかかわるが、逸本では岩穴の後はじめて出会う女性を老婆にしたため、若い女房はさらにつぎの段階、鬼が城内に入って登場する形になってしまった。こういう重複をあえて冒したのは、鬼が城の冥界性を、三途の川・懸衣嫗《けんえおうな》によって印象づけたかったからに違いない(第三章参照)。

冥界を強調したのは、中世人の観念の世界にあっては、鬼が城(竜宮)は冥界と仙境の統一たることを要したからだろうし、天台山や叡山の仙境観にひきずられて、仙境にウエイトのかかりすぎた祖本を軌道修正するには、こうした作品の手直し・書きこみが必要だったのであろう。この結果、吉凶両義のイメージを帯びた丹後への舞台の移動とあいまって、冥界・仙境のほどよいバランスが実現され、水神(疫神)・竜王としての童子の性格が、鮮明に打ち出されることになったのではないか。

逸本最大の独自性とは、この点にあると思う。

ならば、逸本はいつ成立したのだろうか。気になるのは『大江山絵詞』最末尾に、童子に捕らわれていた唐人たちが、解放されたことを喜び、われらの帰還を許して欲しい、加えてこの珍しい事件をかりて、頼光・保昌の面目を異朝に施したいと申したので、九州博多に下し神崎の津より船出させた、というくだりがあることである。

酒呑童子説話諸本のうち、逸本のみに見えるこの趣向を、どのようにして発想し得たのだろうか。筆者は、倭寇《わこう》被虜の返還、という歴史的事実に触発されたと考える。

この視角よりする時、足利義満が南北朝内乱の末期、南朝方の懐良《かねよし》親王の征西府権力を大宰府から追い落としたのち、応安七年(一三七四)四月九州博多より遣明使を明都に派遣、同時に「虜するところの中国及び高句驪の民、無慮百五十人」(宋濂「送無逸勤公出使還郷省親序」)を帰国させた事件が重要となってくる。これは倭寇被害に悩む明にたいし、以前明から「日本国王」と認定された懐良でなく、我こそが問題を解決しうる真の実力ある権力である、とアピールする幕府の政治的デモンストレーションだった、と意義づけられている。

さらにこの船には、対日交渉のため派遣され、義満に帰国を命じられた明使も乗っていた。当時幕府の内紛によって丹後雲門寺《うんもんじ》（東舞鶴湾に臨む場所にあり、千丈ヶ嶽や天の橋立とも近い）に退隠していた禅僧春屋妙葩《しゅんおくみょうは》と明使との間には、詩文や書簡が交わされており、妙葩の弟子の中には挨拶のため、出帆を待つ博多に派遣されたものもある。[*28]

悪逆なアウトローに捕らえられた大量の中国人を博多より送還する、武家の棟梁の中国への威勢誇示、丹後から博多への人の移動。これら三つを一体としてみた時、逸本の末尾が描いた筋と大きく接近する。話が逸本系初期本にすでにあったものか、逸本段階ではじめて付加されたものか明らかにするすべもないが、応安七年の明人被虜送還前後のいきさつを踏まえて創作されたことは疑いあるまい（[補注2]）。

こうして、逸本成立の上限は応安七年に設定できるわけである。美術史家の南北朝期、降っても室町初期成立という想定は、こころもち時期をくり下げた方がよいようだ。また上限応安七年となれば、それ以前に成立した祖本には、さらに、G、捕らわれの唐人にかかわる話はなかった、とつけ加えるべきだろう。この点でもサ本の方が祖本に若干近いのである。

＊1　渡辺党については、三浦圭一「中世における畿内の位置――渡辺惣官職を素材として」同『中世民衆生活史の研究』思文閣出版、一九八一年。加地宏江・中原俊章『中世の大阪――水の里の兵たち』松籟社、一九八四年。河音能平「鎌倉時代の摂津渡辺津」『河音能

平著作集4　中世畿内の村落と都市』文理閣、二〇一一年など参照。

＊2　小林美和「中世武勇伝承とその基層――中世渡辺家伝」『立命館文学』四三五・四三六号、一九八一年。

＊3　五味文彦「『古今著聞集』と橘成季」『平家物語、史と説話』平凡社、一九八七年。

＊4　史上の人物としての公時の本姓は、下毛野氏である。「下毛野氏系図」(京都大学図書館蔵)その他によれば、競馬の上手であり相撲使であり、道長の番長として活躍した人物である(『御堂関白記』『小右記』など参照)。

＊5　河音＊1論文。章末【補注1】参照。

＊6　小林＊2論文

＊7　野口実氏の教示によれば、宛や良文の武蔵国の権益が、頼光の父満仲と叔父満政兄弟に吸収された可能性も考えられる。系図上綱の孫となっている安が、満政孫斉頼の郎従となっていることも、このことと関係があるのかもしれない。少なくとも、一二世紀段階の東国社会に、嵯峨源氏系武士団が存在した痕跡は見あたらない。

＊8　池上洵一「『今昔物語集』の世界――中世のあけぼの」『池上洵一著作集第三巻　今昔・三国伝記の世界』和泉書院、二〇〇八年。

＊9　渡辺党の呪術的な側面については、近藤喜博「難波の渡辺党(上・中・下)」『国学院雑誌』六二巻五・六・七・八号、一九六一年に、大胆な推測がある。

＊10　修正会の追儺式については、森末義彰『中世芸能史論考』東京堂、一九七一年。能勢朝次『能楽源流考』岩波書店、一九三八年。丹生谷哲一「修正会と検非違使」同『検非違使

——中世のけがれと権力』平凡社、一九八六年など参照。
＊11　小林太市郎『漢唐古俗と明器土偶』一条書房、一九四七年、一八四～一八七頁。
＊12　半井本『保元物語』は完本としては最も古態をとどめているが、現存諸伝本中最古のものは文保二年(一三一八)の書写年次を有する。新岩波日本古典文学大系『保元物語　平治物語　承久記』栃木孝惟「解説」、一九九二年。
＊13　『辟邪絵』については、宮島新一「辟邪絵——わが国における受容」『美術研究』三三一号、一九八五年参照。
＊14　松本栄一『燉煌画の研究——図像編』第三章第一〇節、東方文化学院東京研究所、一九三七年。なお、安西城毘沙門説話については、髙橋昌明「羅城門の兜跋毘沙門天」同『洛中洛外——京は〝花の都〟か』文理閣、二〇一六年参照。
＊15　川岸宏教「「遠藤系図」に見える天王寺執行について」『四天王寺国際仏教大学文学部紀要』一四号、一九八一年。
＊16　川岸宏教「叡尊と四天王寺——御手印縁起信仰の展開」『四天王寺学園女子短期大学研究紀要』第七号、一九六五年。
＊17　加地・中原＊1書、第五章。
＊18　角川源義「『義経記』の成立」和歌森太郎ほか編『民俗文学講座Ⅴ　中世文芸と民俗』弘文堂新社、一九六〇年、二〇～二四頁。
＊19　網野善彦「瀬戸内海交通の担い手」同『日本社会再考——海民と列島文化』小学館、一九九四年、一八〇～一八六頁。

＊20　八幡縁起の作成状況については、中野玄三「社寺縁起論」奈良国立博物館編『社寺縁起絵』角川書店、一九七五年。宮次男「八幡縁起」『新修日本絵巻物全集　別巻2』角川書店、一九八一年など参照。
＊21　牧野和夫「叡山における諸領域の交点・酒呑童子譚――中世聖徳太子伝の裾野」『国語と国文学』六七巻一一号、一九九〇年。
＊22　酒呑童子の叡山の地主神としての性格は、浜中修「『伊吹童子』考――叡山開創譚の視点より」『沖縄国際大学文学部紀要』第一九巻一号、一九九一年でも指摘されている。
＊23　川岸＊15論文
＊24　硲慈弘「中世比叡山に於ける記家と一実神道の発展」同『日本仏教の開展とその基調下――中古日本天台の研究』三省堂、一九四八年。黒田俊雄「顕密仏教における歴史意識――中世比叡山の記家について」『黒田俊雄著作集第三巻　顕密仏教と寺社勢力』法蔵館、一九九五年。
＊25　『川西市史』第二巻、一九七四年。川合康「武家の天皇観」同『鎌倉幕府成立史の研究』校倉書房、二〇〇四年など。髙橋昌明「六孫王神社は源経基邸を起源とするか」同『洛中洛外　京は〝花の都〟か』文理閣、二〇一六年も参照。
＊26　『石清水八幡宮史』官幣大社石清水八幡宮社務所、一九三九年。
＊27　永積安明　岩波古典文学大系『保元物語　平治物語』「解説」、一九六一年。
＊28　村井章介「日明交渉史の序幕――幕府最初の遣使にいたるまで」同『アジアの中の中世日本』校倉書房、一九八八年。

【補注1】　本書文庫版刊行(二〇〇五年)以降、渡辺氏にかんする研究は急速に進んだ。まず大村拓生氏が、渡辺党という武士団が明確に現れるのは白河院政期で、それ以前摂津国渡辺の地は、遠藤氏が摂津国の在庁官人として活動拠点としていたことを、明らかにした(「平安時代の摂津国衙・住吉社・渡辺党」栄原永遠男・仁木宏編『難波宮から大坂へ』和泉書院、二〇〇六年)。続いて生駒孝臣氏が、白河院政期になって、摂津国豊島郡を本拠にしていた源姓一字名の一族を出自とする源伝が、遠藤氏との姻戚関係の締結を機に、同地へ移住し、渡辺の名字を名乗り始めた。それが渡辺氏、渡辺党の起こりであると論じた。渡辺氏初代の伝は、渡辺の地の支配権を遠藤氏から継承し、渡辺津、御厨子所領大江御厨(渡辺御厨)を管理・統轄する渡辺惣官職に就き、以後同職は治承・寿永内乱直後と承久の乱後の一時期を除き、伝の子孫(渡辺氏惣官家)によって世襲されていったと主張している。これにより本書本文にも若干の手直しの必要が生じたが、中公新書・文庫時の見解は大筋では生きているので、そのままとした。詳しくは生駒氏「平安末・鎌倉初期における畿内武士の成立と展開——摂津渡辺党の成立過程から」『古代文化』六三—二号、二〇一一年を参照されたい。なお第一章末【補注2】も参照。

【補注2】　この事件を記す「別巻詞書」第三段の後欠部分には、唐人の帰国によって、頼光・保昌の武名と一条天皇の帝徳が遠く海外に広まった、という記事があったはずである。物語末尾には通常作品の主題を念押しする文章が配置される。頼光は、足利氏が、源氏の正統を頼朝とその父祖から自流に切り替える目的で始祖と崇敬した存在だから、逸本は、頼光の武功を顕彰することで、義満の偉業を讃えることを狙ったもの、と考えるのが自然であろう。

絵巻の集積には「文化の力」という政治的効用がある。それを期待した室町殿コレクションの存在を念頭に置けば（高岸輝『室町王権と絵画――初期土佐派研究』京都大学学術出版会、二〇〇四年）、逸本が義満への献上品だった可能性も考えてみなければならない。さらにそれが鈴木哲雄氏が明らかにしたように、戦国末には千葉氏の庶子家大須賀家の所蔵になるものだったことも（本書【付録1】「大江山絵詞復元の試み」［補注］参照）、義政時代の財政難から、その絵巻コレクションが分散流出した結果かもしれないのである。

あとがき

酒呑童子の正体については、山賊説のほか、鉱山師ないし鉱山労働者説がある。都の姫をさらう話は、富裕な地方の金工長者(炭焼長者)に姫が嫁いだ、鉱山は屈強な無宿の若者たちが集まるところで、夜ごと近在の飯盛女《めしもり》を相手に酒盛りをした、などというわけである。

近世まで下ると、この説話が鍛冶職や鉱山師とある種の接触をもったことは認めてよいだろう。しかし、中世に遡る説話の発生論としては、問題にならない。ここまで本書を読んでこられた読者には、その理由もすでに明らかなはずである。

丹後大江山にも鉱山があったという声にたいしては、たしかにここには銅とニッケルの鉱山がある。しかし、このニッケル鉱山は、酒呑童子説話とはまた違った意味で、大きな思想上・歴史上の問題をはらんでいる。

すなわち、戦前、ニッケルは兵器生産に欠かせない特殊鋼の原料であり、しかもその全部を輸入に頼っていたため、国防上と輸入途絶に備える国策上の見地から、国産化が奨励された。一九三四(昭和九)年、森コンツェルンの創始者森矗昶《のぶてる》は昭和鉱業を設立、その探鉱隊によって大江山山系でニッケル鉱脈が発見された。〇・六五パーセントという低品位鉱だが、鉱量は無尽蔵である。

昭和鉱業の全額出資で大江山ニッケル鉱業(のち大江山ニッケル工業)が設立され、ニッケルの鉱石を採掘しはじめたのが三八年。さらに軍の強力な後押しのもと、新しい精錬法を導入し工場設備を拡張、本格的な操業が展開するのは、太平洋での戦争に突入後の四二年だった。この間大江山ニッケル工業は日本冶金工業に合併された。ピークの四五年春には、同社大江山支社で働く全従業員は三四〇〇人を超えたというが、戦局が厳しくなるにつれて、強制連行されてきた中国人・朝鮮人や連合軍捕虜などが採掘に従事した(以上『日本冶金工業六十年史』社史編纂委員会、一九八五年)。

四五年六月の特高警察関係のある書類には、「朝鮮人労務者」の「移入数」三八三人にたいし「現在数」八一人と記されており、過酷な労働と粗末な食事に多数の逃亡者や死亡者が出たことを推測させる。また、四四年に与謝郡加悦《かや》町(現与謝野町)の大江山製錬所に連行された二〇〇人の中国人のうち、一二人が重労働と飢え、寒さで死亡したという(池田一郎・鈴木哲也『京都の「戦争遺跡」をめぐる』機関紙共同出版、一九九一年。『京都民報』一九九一年一二月八日号)。

絶望的な環境におかれたアジアの人びとが毎日仰ぎ見た山が、その昔、囚われの「唐人」たちのいた鬼が城だったというのは、なんという歴史のめぐりあわせだろう。

こんな小さな本を書き終えるのに実質五年を要した。既発表の論文との関係を述べておくと、
第一章　酒呑童子の原像――京都と四角四堺祭
「境界の祭祀――酒呑童子説話の成立」『日本の社会史第二巻　境界領域と交通』岩波書店、一九八七年を補訂。
〈補説1〉大枝山の大江山
「大江山と『鬼』説話」『月刊百科』二二〇号、一九八一年を改稿。
第二章　酒呑童子のふるさと――中国の小説・伝説に探る
『へるめす』一七号、一九八八年掲載同名論文を補訂。
〈閑話〉疱瘡神(猩々)、やあい
「疱瘡神(猩々)やあーい」、『日本史研究』三二四号、一九八九年を補訂。
第三章　竜宮城の酒呑童子
『へるめす』二〇号、一九八九年掲載同名論文を補訂。
第四章　二つの大江山・三つの鬼退治――酒呑童子説話と聖徳太子信仰
『へるめす』二四号、一九九〇年掲載同名論文を補訂。
その他、はじめに、第一章〈補説2〉、第五章、第六章は、今回の刊行にあたって新たに筆を起こした。

本書が、論文集スタイルになっていることについて、疑問をもたれた読者もいらっしゃるかもしれない。筆者もはじめ普通の単行本として世に出すつもりであった。ところが、中央公論社の木村史彦さんが、「このままでも新書でいけますよ」と、伝統ある新書で出すことを強力に勧めてくださった。

木村さんとは十数年来のつきあいである。好意は十分わかったし、新書なら単行本に比べ格段の普及力がある。図版もたくさん入る。大丈夫かなと思いつつ、新書の魅力にひかれ、フロッピーを手渡した。

いざ校正刷りが出はじめると、案の定、文章の生硬さが気になった。遅ればせながら最小限の手直しをしたが、論文集という出自はいかんともしがたい。ことに第一章がいささか骨っぽい。さいわい、どこから読んでいただいても、それほど迷わないようにできているはずなので、読みやすい第二章・第三章あたりから入っていただくのが、よいかもしれない(いつも「あとがき」から先に読む、私のような読者の皆さんのために——)。

本書が成るにあたっては、日本中世史はもちろん、中国史、中国文学、日本美術史、日本文学、国語学、日本民俗学、考古学など隣接諸分野の、じつに多くの研究者のご教示を得ることができた。本論中にお名前をあげた方々のほか、とくに赤田光男、阿部泰郎、井波陵一、岩間香、小南一郎、勝田至、黒田彰、佐原康夫、鈴木博、竹居明男、永田英正、中野美代子、仲村研(故人)、東辻保和、水野正好、山本利達、渡辺信一郎の皆さんには、いろいろ教えていただいた。

素人のとんちんかんな質問に、当惑されることも多かったと思うが、私の方は、いつもお話をうかがうこと自体が楽しく、お別れするときには、必ず賢くなった気分にひたれた。

また逸翁美術館の伊藤ミチ子、サントリー美術館の榊原悟、京都国立博物館の若杉準治、下坂守、泉武夫、丹後郷土資料館の石川登志雄、京都文化博物館の石沢誠司の諸氏には、格別の便宜をはかっていただいた。ふだんほとんど活字史料だけで仕事をする怠惰な筆者が、今回、原史料主義・現場主義を貫けたのは、ひとえにこれらの皆さんのご好意による。

また、校正段階では木下正実氏から有益なご助言をいただいた。

最後に、本書が世に出るきっかけをつくってくださった大塚信一さん、担当いただいた中央公論社の木村史彦さん、山本啓子さんに、こころからお礼申し上げます。

一九九二年三月二一日

髙橋昌明

中公文庫BIBLIO版あとがき

一九九二年の新書版出版以後、筆者の関心は、日本における武士発生論や平家政権論に移った。その後、鬼について、まとまった論稿は、『日本通史第8巻　中世2』(岩波書店、一九九四年三月)に書いた「鬼と天狗」ぐらいしかない。酒呑童子説話研究に熱中する前も、主に政治史や社会構成史研究にたずさわっていた。

それじゃあ、本書は浮気の産物であり、寄り道、いやたんなる余技だったのか、といえば、そんなことはない。筆者が、意欲的にとりくんだ武士発生論は、『武士の成立　武士像の創出』(東京大学出版会、一九九九年一一月)に結実したが、そこでの創見の一つは、「辟邪《へきじゃ》(魔よけ)としての武」の提起である。

このアイデアは、本書第一章のもとになった、原題「境界の祭祀――酒呑童子説話の成立」執筆中に思いつき、論文が形をなすにつれ、じょじょに確信に変わり、物理的な戦闘力に還元できない平安期武士の特殊な機能、彼らの社会的役割の重要な一面として、一箇の学問的な主張に成長していった。

筆者の武士発生論全体には、生理的・感情的ともいえる反発が根強いけれど、武の一面に「辟邪」の役割があること自体を、無視・否定する、かたくなな意見の持ち主は、おそらくほとんどあるまい。その意味で、本書は、浮気や寄り道ではなく、新たな学問的旅立ちのための、自己鍛錬、あるいは武者修行、他流試合の道程を示すものでもある。

＊

本書新書版は、第三版以後増刷されることなく、わずかに二〇〇四年から電子書籍として、Web 上で配信されるにとどまっていたが、今回、はからずも中公文庫の一冊に加えていただいた。

文庫版にあたって、主な変更点は、四つである。

一つは、読みやすくするため、読点をふやした。

二つ目は、索引をつけることができた。欧米では、学術書には索引がつくのが原則である。本書も文庫になって逆に学術書の仲間入りりか、と感慨が深い。

三つ目は、新書版刊行時に収録できなかった、「『大江山絵詞』復元の試み」(『滋賀史学会誌』七号、一九八九年)を、付録(本書【付録1】)としてつけた。これによって、読者諸氏は、新書版では、簡単な要約にとどまっていた、逸翁美術館蔵『大江山絵詞』の本来の内容に、詳しく接することができるだろう。

四つ目は、新書発刊後寄せられた批判の中で、もっとも重要なものに応えたことである。というのは、新書版第四章「二つの大江山・三つの鬼退治——酒呑童子説話と聖徳太子信仰」では、日子坐王の土蜘蛛退治伝承を伝える『丹後風土記残欠』について、いささか軽率に、「古代の風土記そのものの残欠というのは無理だろうが、中世後期丹後加佐郡を中心に伝えられていた古伝承を載せる、と限定する分には使用に耐える史料である」(一五九頁)としていた。

ところが、二〇〇二年七月、丹後地域史を研究されている加藤晃氏から、私信で「これははっきり言って勉強不足です。もう百年も前に偽撰だと喝破されているのですから」との、手厳しい批判をいただいた。同時に献呈をうけた、氏の『丹後風土記残欠』伝本研究によれば、『残欠』の成立は、宝永六年(一七〇九)から享保七年(一七二二)の間となる。その前提となる伝本の悉皆調査にそそがれた情熱と努力は、まさに脱帽もので、拙論批判には、有無をいわせぬ強い説得力があった。

しかも加藤氏は、「この件(『丹後風土記残欠』を利用しようとすることなど)は、削除すればいいだけのことで、本論には関わりないことも承知しております」と、その欠陥とは別に、筆者の主張の中心部分の価値を、まっとうに評価して下さった。

それをうけて、本文庫版では、麿子親王の鬼退治譚は『残欠』の日子坐王の土蜘蛛退治伝承の翻案もの、というかつての主張を、『残欠』の日子坐王伝承の方が、むしろ先行する麿子親王伝説によって、刺激されたもの、と評価逆転させた(一七五頁以下、現代文庫でも同頁以下)。ご批判への返答を早く公開しなくては、と気になっていたが、文庫版の席をえて、やっとそれを果たすことができ、ほっとしている。結果として、本書の価値は、より高まったと思う。

本書は、筆者の四〇歳台の大半という、研究者として、脂がのりはじめたころの仕事である。多くの人の協力・教示をえ、わくわくしながらとりくんだ。愛着はひととおりでない。それが、敬愛する永井路子さんから、分不相応な解説までいただき、ふたたび世に送り出せることになった。筆者冥利に尽きる、とはこれをいうのであろう。

神戸大学大学院文化学研究科(博士課程)の横田隆志講師、同研究科院生の正木有美さんにも、御助力を得た。記して深謝したい。

二〇〇五年九月二六日

髙橋昌明

現代文庫版あとがき

本年一月二一日、本書を現代文庫の一冊に加えていただくことが、正式に決まった。その五日前には、新型コロナウイルスの国内初めての感染者が確認された、と発表されている。同月二〇日に通常国会が開会したが、首相の施政方針演説で「コロナ」についての言及はなかった。しかし二月四日になると、横浜港に停泊していた大型クルーズ船の船内で、集団感染が発生したことが明らかになり、日本でも感染が広がってゆく。

無症状だが感染しているというケースが多く、基礎疾患のある高齢者はとくに危険、特効薬もワクチンも当分実用化されないという、やっかいな感染症ゆえに、心の内の恐怖を、外へ向かって言葉にする人たちが生まれ、世界中でさまざまな差別が多発した。アメリカではアジア系の人びとに対するヘイトクライム(人種、宗教、性にたいする偏見や差別などが原因で起こる犯罪)が急増し、日本でも医療従事者に対する差別、「マスク警察」や車のナンバーで感染が多い地域からの移動を取締るなど、一部の人たちの言動が話題になった。

一方、緊急事態宣言が解除されてひと月後の七月初旬から、大都市圏を中心に感染が再び急増している。当局者は、ＰＣＲ検査を積極的に増やしたので感染数が増えただけだ、と説明している。以前は検査数を押さえていたので、感染者数の発表が実際より少なかったことを、公然と認めたわけである。感染が若者中心だからたいしたことはないかのようにいう無神経さ、また「夜の街」関連に矮小化するような報道に首をかしげるが、「若者」「夜の街」感染の比率は低下し、その他でも陽性率が上昇しているのが現状だろう。危惧すべきは、儲け至上主義、正確には新自由主義の世界制覇の結果、貧富の格差の驚くほどの拡大と公的医療施設べらし、医療水準低下が同時進行し、生活に困難を抱える人びと、途上国の人びとにたいし、新型コロナのダメージが、一層深刻に現れていることである。

見えないものはよけい恐い。この想像の不安から逃れようと、人は見えぬものに名前やビジュアルな形姿を与えた。開高健がくりかえし語ったように、ライオンという言葉がつくられるまでは、それは捉えようのない恐怖であった。「ライオン」という言葉がつくられてしまうと、恐ろしくはあるけれど、ただの四つ足獣となってしまった。

鬼もそうである。最初はてんでに、しかし思いっきり醜悪に、ついで地獄の牛頭・馬頭のような、最後は鉄棒を持ち、牛の角を生やし、腰に虎の皮をまとう姿にである。その結果、鬼は、それまでのえたいのしれない凶暴な恐怖から、輪郭を限定された類型的な恐怖へと転換、やがて恐怖を表象する力を失ったただの妖怪に転落してゆく。

本書はそうした視点を基底に据えながら、都での疫病の流行から『酒天童子物語』という中世小説(室町時代物語)として豊潤な内容を備えるにいたるまでを、可能な限り追いかけてみた。筆者の四〇歳代大半の仕事である。現代文庫に収めるにあたり、その後の社会情勢の変化や研究の進展を補注の形で追記し、また「鬼と天狗」(『岩波講座 日本通史第8巻 中世2』一九九四年)と「描かれたモノノケ」(『日本歴史』五三〇号、一九九二年)の二章編を加え、書名に定本を冠することになった。

本書は第一章発表後、書き増した上で、弊社から出版させて欲しい、続編発表の場を提供する、と岩波書店から誘われて、取り組んだ仕事である。第六章まで書き終わったが、事情の変化により、中央公論社・新社の新書や文庫として世に出た。原稿を快く引き受けてくださった同社には、こころから感謝している。そして三〇年近くたって出発点に返り、岩波現代文庫という鞘におさまることになった。感慨なしとしない。

二〇二〇年七月一五日

髙橋昌明

解説　知的探検の快い刺激

永井路子

いつ自分がそれを知ったか、記憶の根をたずねても探しあてられないものがある。たとえば大江山の鬼退治——。絵物語で読んだのか、幼稚園の「オハナシ」の時間に聞いたのか、まったく憶えていない。そのくせ酒呑童子《しゅてんどうじ》、源頼光、渡辺綱、坂田金時などは先刻おなじみで……。

『酒呑童子の誕生』はこうした記憶の曖昧《あいまい》さの中に遠慮会釈もなく突っ込んでくる。なんで大江山なのか。なんで鬼なのか。なんでそれが酒呑童子という名前なのか。なんで源頼光が登場するのか。綱は？　金時は？　当方、盲点にぎりぎりと針を刺しこまれる思いで、痛い痛い、と言いながら、あらためて、ものを考えることの楽しさを味わう。これはそういう本なのである。

髙橋氏は言う。そもそも「鬼《き》」とは外国語である。日本では長い間、鬼をモノ、鬼気をモノノケと読んだ。このモノが疫病と認識され、いわゆる「オニ」の姿が与えられる。角のある赤鬼に定着するのは大分後になってからだという。

だから大江山の酒呑童子の原像は疫病神、疱瘡《ほうそう》神だった。その邪気を内裏の四隅、都の四隅で祓《はら》う祭があり、さらに都のある山城と丹波の国境で進入してくる疫病神を追い払うことになり、これが大江山の鬼退治になっていく。

その大江山は、はじめは山城と丹波の境の大枝山で、後に丹波・丹後国境の大江山になったというのが髙橋説である。

そして疫病神の認識の意識下には、天皇や国家の秩序を乱す謀反人、さらには異境の者への排除意識があり、それを担う勇者として、頼光が登場する。

続いて、髙橋氏は酒呑童子のふるさとを求めて、中国の白猿伝説や、そのほかの中国小説に踏み込んでいくかと思えば、竜宮城まで探検の筆が及ぶ。これでおしまいか、と思うと、さらに中世の聖徳太子信仰にまで話題がひろがってくる。

読んでいくうちに、酒呑童子は、まさに説話のデパート、という感じがしてきたが、いやいやそうではあるまいと思いなおした。むしろ説話の宇宙ともいうべき壮大なひろがりがあり、酒呑童子は、そこを自在に遊泳しているらしいのだ。

だから髙橋氏は酒呑童子説話の背景に、大江山の山賊退治の史実を推測する見方には異議申し立てをされる。一、二の史実などではこの複雑な構成を持つ説話が成立するまでの意識過程、創作過程を解明し得ない、と。

髙橋氏は中世史学者として、数々の業績を残しておられる歴史学者である。氏は歴史学者として、中世のケガレすなわち疫病を忌む習慣を枠組みとしてしめしながら、さらに意識世界への知的探検を試みられた。副題に「もうひとつの日本文化」とあるのは、そのためであろう。その探検精神が、私のような説話に鈍感な人間にも快い刺戟《しげき》を与えてくれる。

（作家）

初出　東京新聞一九九二年九月一三日

【付録1】『大江山絵詞』復元の試み

一、『大江山絵詞』について

逸翁美術館蔵『大江山絵詞』は、国の重要文化財に指定されている優品である。数ある酒呑童子説話の中で、現存最古のものとされる。

田中一松氏は、鎌倉以来の本格的な土佐派的特色を顕著に示し、かといって全く古典的な様式に終始しているわけでもない、構図・描法など随所にくだけたやり方も窺われるとして、成立年代を吉野朝時代(南北朝期)、室町初期に求めた。[*1] この結論は、古くは獅崎庵(藤懸静也)、近年は榊原悟氏のそれと一致し、[*2] 一般に支持されている。ただし、京都国立博物館の若杉準治氏の教示によれば、登場人物の短軀・肥満の体形は土佐広周の時代(光信以前)より始まる画風とのことであり、となればその成立年代も一五世紀中葉まで下げねばならないだろう。

両説の可否は美術史の専門家の判断にまかせざるを得ないが、いずれにせよ、同本が酒呑童子説話の成立を示す最初の確実な徴証である「酒天童子物語一帖」(『看聞日記紙背文書』所収「応永二七〈一四二〇〉年一一月一三日物語目録」)に、時代的に近接するものだということだけは、動くまい。

なお本絵巻自体には表題が見えない。『大江山絵詞』と呼びならわしているのは、近世末期に実見した考証学者黒川春村の『古物語類字抄』(墨水遺稿巻之一)に、「標題は大江山絵詞といへり」とあることからきたものらしい。[*3]

後述するように、陽明文庫には本絵巻と同文の室町末期写本の断簡があり、「酒天童子物語　絵詞」という題がついている。これは絵巻物の詞書文の一部であり、一方『看聞日記紙背文書』所収「物語目録」のそれは一帖とあって、折本の体裁だったようだが、ともに「酒天童子物語」と表記されている点に注目したい。本説話が元来『酒天童子物語』と呼ばれていた可能性は高いと思う。

『大江山絵詞』は、もと下総香取神社の大宮司家蔵であったため、香取本とも呼ばれているけれど、本来神社に伝来したものでなく、幕末に下総佐原で質草になっていたのを、神社の大宮司家が購入したものらしい[*4](［補注］)。これが一八八七年(明治二〇)七月になって、『甲子夜話』で有名な平戸藩主松浦静山の子孫、松浦伯爵家に売却された。[*5]一九三四年(昭和九)には、同家で売り立てがあり、東京のコレクターにして美術商、本山豊実の手に入った(これを「絵巻」と略称)。

一八八七年(明治二〇)、これとは別に佐原の八木家から、絵巻散逸分の一部と見られる、四段(用紙九枚分)に区分けした詞書だけの断簡がでた(「詞書巻」と略称、「絵巻」と「詞書巻」をあわせて呼ぶときは逸本と略称)。これも一九三五年本山豊実が入手。翌年五月「絵巻」は国宝に指定された(付属として「詞書巻」がつく)。

逸本は一九三八年八月になって、本山から阪急グループの創立者小林一三(雅号逸翁)に売却された。「絵巻」を松浦家が購入したとき代金二百円、本山豊実が落札したときは二万八三五〇円、本山から逸本が小林一三に売却されたときは、俊忠卿歌合(一巻　重要文化財)他二点とあわせ、七万円だったという。[*6]

「絵巻」は、戦前に横山愛氏がみたときには支離滅裂の状態だったらしいが、[*7]一九四二年刊行の『続日本絵巻物集成』に収められたものは、絵画部分・詞書ともにすでに今日のと同じ順序で配列されているから、購入後ほどなく整理され成巻し直されたのであろう。

「絵巻」現状は、詞書が上巻五段、下巻六段、絵画部分は上巻一一図、下巻九図の二〇図となっている。「詞書巻」は、これとは別の一巻になっている。逸本は、いま小林一三が蒐集したほかの美術コレクションとともに、大阪府池田市にある逸翁美術館に収蔵されている。

二、「大江山絵詞」復元の試み――榊原悟氏説の検討

「絵巻」は前述のように、整序のうえ成巻され直されている。しかしこの整序は十分でなく、明らかに錯簡と覚しき箇所がそのままになっており、また詞書を中心とした欠失も多い。このため、これまで横山愛氏・榊原悟両氏によって復元の試みがなされている。[*8]特に榊原氏のそれは、逸本にかんする既往の研究を踏まえた今日の到達点を示し、うなづける点の多い巧論である。しかし、なお若干の検討の余地も残っており、これを吟味するなかで、私の復元案を提出してみたい。

榊原説は別掲の表に要約される(**図1**)。同説で一番問題となるのは絵③④⑤(頼光らが八幡・日吉山王・住吉明神に参詣する図)を陽明文庫本の詞章と対応させ、それぞれ上巻第三・四・五段を作っている点である。

すなわち、佐竹昭広氏によって、陽明文庫の「酒天童子物語　絵詞」と題する室町末期の写本が紹介された。これははじめの一二丁分しか残っていないが、幸いにも「絵巻」冒頭の欠失分をほとんど補える画期的なものだった(これには、「絵巻」の不完全な詞書第一段、第二段と同文の詞章が、そっくり含まれている)。[*9]榊原氏は絵③④⑤が、佐竹氏によって新たに紹介された陽明文庫本の詞書の一部と、対応するものと考えたわけである。

上段	絵	詞
第1段	絵①	(陽明文庫本)
第2段	絵②	詞①(陽明文庫本)
第3段	絵③	(陽明文庫本)
第4段	絵④	(陽明文庫本)
第5段	絵⑤	(陽明文庫本)
第6段	絵⑦	詞②(陽明文庫本)
第7段	絵⑨	絵③
第8段	絵⑩	絵④
第9段	絵⑪	絵⑤

下段	絵	詞
第1段	絵[4]	詞[4]
第2段	絵[5]	詞[5]
第3段	絵[3]	詞[3]
第4段	絵[1]	詞[1]
第5段	絵[2]	詞[2]
第6段	絵[6]	
第7段	絵[7]	詞[6]
第8段	絵[8]	別巻(4)
第9段	上巻 絵⑥	別巻(3)
第10段	上巻 絵⑧	別巻(1)
第11段	絵[9]	別巻(2)
第12段		(静嘉堂文庫本カ)

注：　部分は，逸翁美術館本になく，一部を除いて，陽明文庫本および静嘉堂文庫本によって補える．

図1　榊原悟氏の『大江山絵詞』復元案(前掲論文所載)

ところが、榊原氏は一方で、「逸翁美術館本の第三〜五段(榊原復元私案の、筆者注)、頼光たちが加護を求めて、八幡・日吉山王・住吉明神に参詣する諸図に対応する詞書は、この陽明文庫本ではわずか数行たらず」で、「これを画図に即して三段に分けること自体、その分量からして無理であろう。あるいは本来は一段であったのかもしれない」と述べ、自説の不備を自認している。

榊原説の無理はほかにもある。絵②は美々しい鎧に身を固めた頼光・保昌両将が、紫宸殿の階下に畏り宣旨を蒙るところ、および出陣の風景を描く。画面は四紙からなり右から左に渋滞なく連続している。このあとに絵③④⑤が入ると、出陣後に八幡以下の神々に参詣することになり、陽明文庫本の宣旨を蒙る以前に三社に詣る記載と矛盾する。また絵③は石清水八幡宮の拝殿のところで、社僧と狩衣姿の頼光が、竜頭・緋おどしの兜を前にしている図柄であるが、これを頼光が出陣の引出物として兜をもらっている図と解釈すると、絵②ですでにその兜が描かれていることと矛盾する。

要するに、絵③④⑤を陽明文庫本の記述と対応させることは適当でない。ここで注目されるのは、静嘉堂文庫にある江戸後期の国学者色川三中の旧蔵本『大江山酒顚童子絵詞』である。これは詞書だけだが、「絵巻」につづけて「詞書巻」に相当する詞章が写されており、しかも終わりに「詞書巻」にもない一段がある。首尾よく凱旋した頼光が、石清水八幡宮にお礼のために参詣したとき、宝殿の御影前から頼光のものだった竜頭・

緋おどしの兜が出てき、頼光もふところより水晶の念珠を取り出し、社僧が御影のものではないかと驚く、という内容である。

これは、「詞書巻」第一段に見える、鬼を退治して大江山の麓に帰りついたとき、助勢の四人の神々(翁などに姿を変えている)が別れを告げたので、頼光が形見として老僧(実は八幡)に贈ったのが兜、老僧からもらったのが念珠だったとあることに対応しているだろう。「詞書巻」にはない色川旧蔵本の一段が、元来の逸本の末尾部分の断簡だったことは疑いない。横山愛氏は佐原の八木家に伝わっていた「詞書巻」は、もと九紙ではなく一〇紙あったのでは、としているが妥当だろう。色川は弘化二年(一八四五)から嘉永元年(一八四八)の四年間、大宮司家・大禰宜家など香取神社ゆかりの諸所に伝来した文書を網羅的に採訪・調査し、『香取文書纂』を編纂したので、逸本を書写する機会があったのであろう[*10]。

私見によれば、この一段に対応する絵画部分こそ絵③である(次頁**写真1**)。絵③は宝殿の扉が開け放たれており、宝殿の右に続く拝殿中央の頼光と社僧の前には竜頭・緋おどしの兜が据えられている。絵は兜が宝殿の御影前から取り出されたことを示しているだろう。となれば、絵④⑤も凱旋後の頼光・保昌の、日吉山王・住吉へのお礼参りの姿を現している可能性が強い。色川三中の旧蔵本だけに見えるこの詞書一段は一紙分に過ぎず、しかも後欠のようだから、続けて日吉・住吉への参詣への言及があったと考えた

写真1(逸本)

い。絵③④⑤は色川旧蔵本の一段と合わせ、榊原説の下巻第一一段、頼光らの凱旋に続くものだったと修正されるべきである。

つぎは、榊原私案の下巻第一〜五段の順序についての疑問である。このうち第一・二段は頼光・保昌が翁の助けをかりて姿を消し、鬼が城のなかを偵察するという内容であり、第三・四・五段は頼光一行と童子の眷属たちの交渉を描いた段で、田楽を踊る異形の妖怪(1 2)や、一行を誑かそうと美女に化けた妖怪ども(3)が登場する。

第三・四・五段と第一・二段は、順序を入れ替えなければならないと思う。榊原私案下巻第六段は童子退治の戦端を開く内容となっているから、城内偵察も直前に置かれるのが自然のはず、というのがその理由である。榊原私案だと、間に童子の眷属たちとの交渉を長々とはさみ、盛り上がりに水をかけることになる。榊原氏が第一・二を下巻冒頭にもってきたのは、二段詞書の最後に「目もあやに覚て、本の廊に帰て、このありさまを郎等共にかたられけり」とある「本の廊」を、上巻絵⑪で童子の歓待を受けた廊のことと考えたからであるが、下巻三・四・五の絵3 1 2も「本の廊」で妖怪を見ているから、第一・二段を必ず上巻に連続させなければならない理由は存在しない。

また、サントリー美術館蔵『酒伝童子絵巻』(サ本と略称)の中巻七・八段は、鬼の眷属が一行を酒や肴にするとの歌を歌って舞い、公時も返しに鬼退治の詞で舞を舞い、酩酊し座興と思いこんでいる童子と冷静沈着な頼光を除き、双方色めきたつという緊迫の箇所である。童子の眷属らが頼光一行にちょっかいを出すという点で、榊原下巻三・四・五段とは趣向が一致しており、逸本とサ本の両本が共通の祖本から出たことを考えると、両者が対応関係にある可能性は高い。

サ本では、このあとの中巻一〇段で、頼光らがさらわれの二人の女房に城内の様子を詳しく聞き、その案内によって下巻の冒頭より鬼退治を始めるから、この点からも榊原私案を、眷属との交渉↓場内偵察↓童子退治の戦端を開く、という順序に修正したほうがよいのではないか、と思うしだいである。

つぎに、榊原私案下巻第九段唐人らが解放後帰国のことを願い出、許されて九州博多神崎の津から船出するという部分は、絵巻の最末尾に置くべきだと思う。船出の場所が遠い九州だから、一旦都へ凱旋したあとでなければならないという単純な判断と、このことを記す「詞書巻」第三段は途中までしか残っていないけれど、おそらくこの唐人の帰国によって、頼光・保昌の武名と一条天皇の帝徳が遠く海外に広まった、という記事があっただろうと考えるからである。これこそ唐人までもが童子の犠牲者であった、という構成の本説話の結びにふさわしくないだろうか。

なお、今は詞書も絵も失われているが、榊原私案下巻第七段の、童子が鉄石に守られた室の中に酒に酔って臥せっていたという内容から考えて、逸本には本来頼光の勧める酒で酩酊した童子が臥戸に入る段があったはずである。それは榊原私案上巻第九段の、身の上を語り終わった童子に、老翁が酒を取り出しつぎからつぎへと飲ます場面の、直後でなければならないだろう。

以上が私の榊原私案にたいする修正であるが、このようにならべ直してみると、上巻が著しく短縮され下巻が大幅に延びる。上下ほぼ同じ長さというのが絵巻制作の常識だろうから、下巻の一部を上巻に移動させねばならない。内容的に区切りがよく、かつ長さをほぼ均等にということになれば、先に順序を入れ替えた榊原私案の下巻第三・四・五段を、上巻末尾に移動するのが適当だろう。第一・二段の絵の具の剝落が顕著で、第三・四・五段が少ないことは、前者が下巻冒頭で、後者が上巻末尾との推定の正しさを立証しているかのようである。巻物は、一般的に言って、開く機会の多い巻首部分が最も痛み易く、芯に近い奥ほど痛みにくいからである。

以上の仮定の上に立って、さらに種々の憶測を交えながら推計計算してみると、本絵巻は上巻の長さおよそ二〇・六〜二一メートル、下巻の長さ二二〜二三メートル、併せて四二・六〜四五メートル程度だったと判断できる。わが国絵巻の法量は一巻の長さが九メートルから一二メートルくらいのものが普通で、中には『吉備大臣入唐絵巻』のように二四・四メートルに達するものがあるが、これはむしろ異例だという。[*11]私の推計は幾重にも仮定を重ねたもので訂正の余地はあるけれど、もし大筋において正しいとすれば、本絵巻上下巻はそれぞれ絵巻法量の上限に近い、長大なものだったことになろう。

逸本絵巻の現状は、上巻が一四九〇センチ、下巻が一三二五センチ、逸本詞書巻が三八七センチ、合計三二〇二センチで、さらに陽明文庫本の「絵巻」と重複しない部分を、字数計算して逸本の詞書の規格にあてはめると約三三〇センチの長さになり、色川旧蔵の断簡もいれて合計すると、およそ三五・五メートルである。すなわち本来の絵巻のおよそ五分の四程度が、ともかくも現存すると考えてよいだろう。

以上の復元構想にもとづいて逸本の順序を並べかえ、各段を内容によって幾つかのパラグラフに分け、要約してみたのが次節である。

＊1　田中一松「大江山絵詞」『続日本絵巻物集成　第一巻』雄山閣、一九四二年。

＊2　獅崎庵「松浦家所蔵の大江山絵詞」『国華』三四二号、一九一八年。榊原悟「『大江山絵詞』小解」『続日本絵巻大成　一九』中央公論社、一九八四年。

＊3　小川寿一「香取本大江山絵詞の現存(大江山絵詞の研究第一)」『国語国文の研究』四二号、一九三〇年。

＊4　榊原＊2論文。

＊5　このときの領収書によれば、売却の宛先は「松浦詮殿御内信寔殿」になっている。

＊6　以上については逸翁美術館の伊藤ミチ子学芸員の教示によるところが大きい。

＊7　横山愛『室町時代物語大成　第三』所収「大江山酒天童子(逸翁美術館蔵)」の解説、角川書店、一九六四年。

＊8　横山＊7解説。榊原＊2論文。
＊9　佐竹昭広「香取本について」同『酒呑童子異聞』平凡社、一九七七年。
＊10　中井信彦「色川三中の香取文書調査について」『古文書研究』二三号、一九八四年。
＊11　奥平英雄『絵巻物再見』角川書店、一九八七年、八〇頁。

［補注］　本稿を中公文庫版に付録として採録したときは、榊原＊2論文にしたがって本来神社に伝来したものでなく、幕末に質草になっていたのを、香取神社大宮司家が購入したものとしたが、これは鈴木哲雄『酒天童子絵巻の謎――「大江山絵詞」と坂東武士』(岩波書店、二〇一九年)が指摘するように、香取神社大宮司家の私物が質草になり、さらに大宮司家が請け戻したとするのが正しい。そしてもともとこの絵巻は戦国末には千葉氏の庶子家大須賀家の所蔵になるものだった。

三、復元私案の提示

上巻

［第一段］　陽明文庫本　☆印は該当する逸翁美術館蔵本の現状を示す。

1　一条帝時代の聖代にして人材の輩出せることを賞揚する。

2 正暦年中より都鄙遠近の貴賤男女失わること多く、暴風・雷雨とともに、若殿上人、姫君・北方、女童部数多失せる。

3 貴僧・高僧の力、霊仏・霊社の加護も空しかった。安倍晴明、帝都の西北にあたる大江山に住む鬼王の所行、手をこまねいていたら上下・諸国の人民みなが危ないと占う。

〈絵第一図〉 ☆上巻第一図(朝廷の内外、公卿等参内のところ)

［第二段］ 陽明文庫本＋☆上巻第一段

1 公卿僉議によって、致頼・頼信・維衡・保昌四将を召して、追討させようとするが、諸将、天魔・鬼神相手の合戦は力及びがたしと辞退。

2 閑院の中納言実見卿、かかる変化の者も王土にいる以上天皇のお気持ちに従わないでいられようかとて、頼光・保昌の二将を提案。諸卿賛成して両将を召し、この旨仰せ含める。頼光ら命を承って宿所に退出。

3 妻・妾・孫子に別れをおしみ、頼むところは氏神・氏寺ということで、頼光は八幡三所・日吉山王に、保昌は熊野三所・住吉明神に加護を祈念。

4 近国の武士数万騎を動員して両将にさしそえたが、頼光の朝敵を討つのはかならずしも勢の多きによるべからずとの意志で、頼光は四天王、綱・公時・貞通・季武の四人、合わせて主従五騎、保昌は大宰少監ばかりの主従二騎で追討にむかうことになる。

紫宸殿の庭上にひかえる両将の武者姿の美々しさが述べられる。頼光従者に(竜)頭の兜を持たせる。

5　のこりの郎党達は京中の供をした。

〈絵第二図〉　☆上巻第二図(両将、階下に畏り宣旨を蒙るところ、および出陣風景)

[第三段]　陽明文庫本+☆上巻第二段

1　□(長徳カ)元年一一月一日、一行都を出、大江山に発向。深山幽谷、峻しき中に尋ね入り日を重ねるが、あやしきことも見えず。王敵を平げずば都へ帰るべからずとて、なおも行く。

2　ある山のほこらに、老翁・老山伏・老僧・若き僧合わせて四人あり、種々の酒肴を用意して頼光らを待つ。

3　一行、変化のものと色めきたつが、老翁、無抵抗の態度を示し、我等は鬼王のため子ども・同行・弟子・師匠を失った、両将宣旨をたまわり鬼が城に向かうと聞き、御供しようと待っていたのだ、と語る。

4　頼光警戒をゆるめて、飯酒をとり、鬼が城を捜し出す方法を相談。

5　老翁、その姿で鬼が城を訪ずれるのは難しい、姿を変えよといい、唐櫃より山伏の装束と九丁の笈をとりだす。甲冑・酒肴を笈に入れ、頼光と翁を除く九人が笈を負い、残りの両人が先達となって進んだ。

6　この時点で馬を舎人男たちにあずけ、故郷に帰す。

〈絵第三図〉　☆上巻第七図(頼光等、四神の化身に逢い、姿を変えて山中に入るところ)

[第四段]　☆上巻第三段

前欠だが、第二パラグラフより岩穴を抜ける場面があったはず。

1　一行はやがて、川辺で血のついた衣類を洗濯して干す老女にあう。変化のものかと思えば、生田《うた》の里の賤女で、鬼王に拐かされてきたが、骨こわく筋かたしとて捨てられ、その後洗濯女として、二百余年の年月を重ねたという。

2　老女、すぐ帰れ、ここは遥に人間《じんかん》の里を離れた所、という。頼光、人間を離れたとは何事ぞと問うと、あなた方の越えてきた岩穴よりこちらを「鬼隠しの里」と呼ぶという。保昌の問いに答え、以下鬼王の城のありさまを語る。

3　城には八足の門があり、「酒天童子」の額がかかる。

4　亭主の鬼王は仮に童子の姿に変じ、酒を愛する。

5　都の姫君・北の方・貴賤上下をさらい、料理庖丁して食いものとする。

6　晴明が泰山府君を祭り式神・護法がたえず国土をめぐって守護するが故に、獲物なしで都より帰る時は「すずろに腹をするゑかねて、胸をたたき、歯をくひしばりて、眼をいからかして侍る」とのこと。
7　徒然なるままに笛を吹いて遊ぶ。
8　天台座主慈覚(覚を朱筆で恵に訂正)大師の弟子で、道長の御子なる幼き児をさらって鉄石の牢に押しこめたが、児が余念なく「法華経」を読み、諸天善神が集まってくるため、鬼王ももてあましている。
〈絵第四図〉☆上巻第九図(洗濯する老女に逢い、鬼が城の様子を聞くところ)

［第五段］☆上巻第四段
1　老女の言葉に従って少し登ると、たしかに立派な八足の門あり。四方の山は瑠璃の如く、地は水晶の砂をまいたような美しさ。頼光、綱を門内に入らせ案内を聞かせる。
2　寝殿のような内より、背丈一丈ほどの大いなる童子、笛を持ち簾をかきあげて出現。
3　道に迷った山伏と名乗って宿を乞う綱にたいして、惣門の際なる廊に入れといい、女房に案内させる。
4　この女房、ここにきた以上生きて帰れません、自分は土御門の内府の娘で、過ぎし秋の頃拐かされてきました、童子は少しでも気に入らない者を、果物と称して即座に食べてしまいますので、今日こそ我が身かと思うと悲しくつらいのです、と語る。綱、大変なことを聞くと思うが、なにごともなかったように振舞い、人びとを門の際の廊に入れる。

〈絵第五図〉　☆上巻第十図（童子の館に着く、童子簾を上げて綱を見るところ）

［第六段］　☆上巻第五段

1　しばらくして美しい女房たち酒肴を持ってあらわれる、肉はなんの肉やら。遊仙窟を思わせる歓待ぶり。

2　頼光・保昌の催促に、ややあって童子あらわる。まなざしや言葉つき、まことに尊く知恵深げ。色々の小袖に白き袴、香の水干を着る。美しい女房四・五人をはべらす。

3　童子、頼光らにどこからどこにゆくと問う。諸国一見のために罷り出、道に迷ってここまできたと答える。

4　童子、身の上を語る。

5　我は酒を深く愛するゆえに、眷属には酒天童子と別称で呼ばれる。

6　昔平野山を私領としていたが、伝教大師がこの山を選んで根本中堂をたて、麓では七社を尊崇しようとした。そこで楠木に変じてしばしば妨害したが、結界を封じられ、「阿耨多羅三藐三菩提の仏達、我が立つ杣に冥加有らせ給へ」と申されたので、力及ばず、かわりに居所として「近江のかが山」をもらった。ところが、これも桓武天皇の勅使に追い出され、ゆくあてなしの悔しさに風雲に乗って浮かれ、時々恨みを催しては大風・旱魃をおこし、国土に仇をなした。仁明天皇の嘉祥二年より大江山に住み始めた。賢王の時代こそ、我等の威力も発揮できる、などと述懐する。

7　童子、まず一献と酒を勧めれば、童子である以上稚児にておわしませ、お先にどうぞ、と頼光が言い、童子三盃する。童子返盃、頼光生臭く濃厚な酒をゆっくり飲む。保昌に注ぐが捨てる。老翁、山伏は酒をいただかないと言い、笈の中から酒をとりだし童子に勧め、つぎからつぎへと飲ました。

〈絵第六図〉　☆上巻第十一図（童子と頼光等酒宴）

［第七段？］

詞書も絵画部分も失われているが、酩酊した童子が臥戸に入る段があったのでは。

［第八段］　☆下巻第三段

1　日暮れになって眷属の鬼ども、頼光らを謀ろうとして、美しい女房に変じて登場。

2　保昌の出てゆけの叱責にひるまなかった鬼どもも、にらみつける頼光の鋭いまなざしに恐れをなし、さだめしこの山伏は故有る人に違いないと言って、正体をあらわし消え去る。

〈絵第八図〉　☆下巻第三図（化女房等、正体を現して退散するところ）

［第九段］　☆下巻第一段
その後、まもなく黒雲たち下り闇夜のようになった。血生臭い風が荒く吹き、振動・雷電著しいなかを、多数の変化の物どもが、田楽をして通った。
〈絵第九図〉　☆下巻第一図（鬼ども、田楽を演ずるところ）
［第十段］　☆下巻第二段
1　続いて、この変化の物どもはさまざまのねりものをした。面もとりどり姿もさまざまであった。
2　頼光は座席でこれを脇目もふらず見まもったので、目の底から五色の光がでた。変化の物どもは、あの目の光、顔の荒々しさは常人ではない、ちか頃都でみな人の恐れる源頼光だろう、ならば我等の欺ける人ではない、と逃げ散った。
〈絵第十図〉　☆下巻第二図（鬼ども、さまざまに変化して行列するところ）

下巻

［第一段］　☆下巻第四段
前欠だが絵画部分より、鬼が城内の偵察に先立ち、老翁が、神通力の蓑帽子で頼光・

保昌の姿を見えなくする、という内容があったとわかる。
1　都鄙の老少を押しこめた室あり。
2　つぎに銅の牢のなかに、女房たちとともに経を読む清げなる児のあるを見る。児の左右には十羅刹女・薬師十二神将、また傍らには火焔を背負った猿のようなものが立つ。
3　翁は頼光の問いに答えて、『法華経』読誦の功により十羅刹女が来臨、児の師匠七仏薬師法を行うにより十二神将来りてまもる、傍らの猿のようなものは叡山早尾権現で、その本地は大聖不動明王、猿はまた山王の使者でもあると語る。
4　頼光、翁が日頃頼みをかけた霊神の化現と気づく。児は、洗濯女の語った慈覚（覚を朱筆で恵に訂正）大師の弟子、道長の子だった。
〈絵第一図〉☆下巻第四図（翁と頼光・保昌、蓑帽子に袈裟衣姿で鬼が城内を偵察、牢内の稚児読経、諸神降臨して守護するところ）

［第二段］　☆下巻第五段
1　そこを立ち退いて城内の様子を見れば、南方に夏、西方に秋、北方に冬の情景、風雅な景色のなかにも、南には人肉の鮨桶、西には唐人多数の籠められた牢があり、北には十余の鬼や多数の変化がいた。
2　頼光らはもとの廊に帰って郎党らに見たことを語る。

〈絵第二図〉　☆下巻第五図（幽閉された唐人、庭には死骨等散乱する）

［第三段］　欠失

絵画部分から、頼光ら武具・甲冑に身を固め、童子退治の戦端を開く旨の記述があったと思われる。

〈絵第三図〉　☆下巻第六図（鬼ども斬られ逃走するところ）

［第四段］　☆下巻第六段

1　童子は鉄石にまもられた室のなかに臥せっていた。女房らに腕をさすれと命令して寝ていたのである。戸は開きそうもなく見えたが、老若の僧二人が印契を結んで祈ると、固く閉じた鉄石は消え、立派な寝所も一時に破壊された。

2　昼は童子の姿でも、夜はもとの体をあらわして、長五丈、五体は五色の色分け、目は一五、角五本の奇怪な鬼の姿。

3　若僧は、大なるものをそんな太刀で間違いなく斬りおおせるかどうかわからない、もし起き上がりでもしたら大変、我等四人で鬼王を押さえつけるので、各々心を合わせ頭一所に決めて打て、と教える。

4　手足を押さえつけられた鬼王は首をもたげ、麒麟無極はいないか、邪見極大はいないか、この連中に謀られて、いまは最期と覚える、敵をうてや、と大声でと叫ぶと、首を切られた鬼ども、起きあがって走りまわり、手を広げて踊りまわる。

5　二人の将軍、五人の兵は、心を合わせて鬼の首を打ち落とす。

6　鬼王の首は天に飛びあがって叫びまわる。頼光、急いで綱と公時の二人の兜を借り、自分の兜に重ねかぶった。

7　こは如何なることぞと見るうちに、鬼の首舞い下りて、頼光の兜の上に食いつく。頼光鬼の「眼を抉《くじ》れ」といえば、綱・公時寄って刀を抜いて左右の眼を抉ぐり、かくして鬼王の首は死んだ。

8　その後、兜を脱いでみると、上にかぶった二つの兜を食い通していた。

〈絵第四図〉　☆下巻第七図（鬼王の寝姿、鬼王を押さえつけて首を切る、首が頼光の兜に嚙つくところ）

［第五段］　☆詞書巻第四段

前欠

1　洗濯の老女、解放に悦び勇んで帰ろうとしたが、この頃は鬼の通力によって生かされていたのであろうか、鬼討たれたいま、山を出ずして倒れ伏した。

〈絵第五図〉　☆下巻第八図（鬼どもの死骸を焼く、鬼王の首を運び出し、老女死するところ）

［第六段］　☆詞書巻第一段

1　大江山のもとの道まで帰りついたとき、四人の客人が別れを告げた。

2　翁は、一条帝は慈尊（弥勒）の下生、晴明は龍樹菩薩の変化、頼光は大威徳天の化生、綱は多聞天、公時は持国天、忠道は増長天、季武は広目天、疑うことなかれ、とそれぞれの本地を語った。さてこそ世人が、一条院を権者（仏菩薩が衆生を救うために仮に姿を現したもの）と仰ぎ、頼光を二生（前世と現世に二度生まれること）の人と恐れたのである。

3　保昌が形見を乞うたことを契機に、保昌・頼光と四人の間で、互いに形見のとりかわしがあった。老僧水晶の念珠を頼光に与え、頼光返礼として兜をおくる。

4　頼光が客人の名前・在所を問うと、老翁は住吉辺の旧仁、山伏は熊野・那智辺で名を雲滝、老僧は八幡辺の僧、若僧は延暦寺辺に住む沙門と順に答え、一人ずつ消え失せた。霊神達が鎮護国家の誓い、利益衆生の願いに任せて、我等を守護したもうたものと、いよいよ頼もしく覚えた。

〈絵第六図〉　☆上巻第八図（四神と両将が形見を交換する）

［第七段］　☆詞書巻第二段

1　頼光・保昌主従七人と鬼王のさらってきた人びとは、大江山の麓、生野の道の程に仮菴をつくって待機、忠道を使いとして、迎えの馬人をよこすよう告げ知らせた。
2　思い思いに迎えが大江山に急ぎ、感激または悲しみの涙の後、各々家路を急いだ。
3　頼光・保昌は山伏姿の上に鎧を着、頭巾をまぶか、兜をあみだにかぶり、都に凱旋。
4　両将鬼王の首をたずさえて都に入るを聞いた郎党ら、馳せ参じて大軍となった。
5　見物の人びと「魔王・鬼神を随ふる事、田村・利仁の外は珍事なり」と口々にさざめきあった。
6　毒鬼を大内に入れることあるべからずとて、大路を渡したので、天皇・上皇以下が牛車を飛ばして見物。宣旨によって童子の首を宇治の宝蔵に収めた。
7　御堂相国道長は、かつて前例のない功でさっそく勧賞行わるべき、とはからったので、丹後守保昌は西夷大将軍になり筑前の国を、摂津守頼光は東夷大将軍と陸奥国を賜った。これは莫大な賞とはいえ、何人たりといえども妨害させるものかと、九重の上下一同大声をあげた。
〈絵第七図〉　☆下巻第九図（鬼の首を持って都へ凱旋のところ）

［第八段］　静嘉堂文庫色川三中旧蔵『大江山酒顚童子絵詞』の終わりの一枚
1　頼光、今度の高名は神威のいたす所と八幡宮にお礼のために参詣
2　宝殿の御影前から竜頭・緋おどしの兜が取り出されたので、頼光もふところより例

の水晶の念珠を取り出して見せた。これは御影のものではないかと疑う別当に、頼光は大江山で老僧達と形見とりかわした経緯を語った。参集の人びと随喜の涙を流す。私するは恐れありと数珠を宝前に入れた。

3 代々の氏神の助け守りたもうは理由のあることながら、まのあたりに不思議を見せられて、身の毛もよだつように思われた。

後欠か

〈絵第八・九・十図〉 ☆上巻第三、四、五図(八幡宮に参詣、日吉社に参詣、住吉社に参詣)

［第九段］ ☆詞書巻第三段

前欠

1 唐人、鬼王より解放されたことを喜び、我等の本土への帰還を許して欲しい、加えてこの珍しき事件をかりて〈不動〉明王の威験を遠方に伝え、両将の面目を異朝に施したい、と申す。

2 彼らを九州筑紫の博多に下し、神崎の津より船出させた。

後欠

〈絵第十一図〉 ☆上巻第六図(唐人帰国の図)

【付録2】鬼と天狗

一、モノと鬼

鬼とは何か。人に危害を加える空想上の怪物や妖怪変化、と一般的に述べてみても歴史学にはならない。

そこで、日本初の分類体百科事典である、一〇世紀の『倭名類聚抄《わみょうるいじゅしょう》』の「鬼」の項を引いてみよう。「鬼」は和名「於爾」で、「物に隠れて形を顕はすことを欲せず、故に俗に呼びて隠と曰ふ也、人の死せる魂神《こんしん》也」とある。そもそもオニという和名が、確かに日本語に現れるのは平安時代に入ってからで、オニは『倭名抄』がいう「隠」の古い字音onに、母音iを添えた語だという。一方、『万葉集』では鬼という漢字をモノと読ませている(『岩波古語辞典』)。モノは、神ならぬ霊・鬼・精など、劣位の超自然的存在の総称である(森(正)、一九九一)。

モノのケ(気)が、モノノケ(物気、鬼気)である。モノノケはモノの作用であり、超自然的存在の気によって引き起こされる現象である。この語の早い用例として、「鬼気御霊、忿怒して祟《たた》りを成す、彼の国(安房国)疫癘《えきれい》の患ひを慎むべし」とあるように(『三代実録』仁和二年〈八八六〉八月四日条)、モノノケの具体的なあらわれは病気だった。まだモノノケという言葉はなかったかもしれないが、平安初期の『日本霊異記』には、閻魔王の使が登場し、そのケが人間に憑着すると病や死にいたる、と見える(巻中―二四・二五)。

さて、右の場合、病をひきおこすという鬼の意味が、モノという日本語にはじめからあったものか、それとも漢字の「鬼」字を宛てたため、中国で鬼にこめられていた意味が、意図せずしのびこんでいるかであるが、もともと、中国で鬼という字は、存在すれども見ることのできない死者の霊魂を意味し、祖先の霊も人間に害をなす悪鬼も、ともに鬼と表現された。人間に祟りをなす悪鬼とは、たいてい非業の最期をとげ、人間に恨みを抱いている鬼で、祟りの方法もいろいろあるけれど、疫病を流行させることが多い、とされる(出石、一九四三。森(三)、一九四四など)。

冒頭に掲げた『倭名抄』の鬼概念は、中国の死者の霊魂説を踏襲している。また、モノも中国の鬼と重なるところが大きく、御霊(怨霊)に至っては人間に祟りをなす悪鬼そのものである。日本のオニもモノも御霊も、これら中国の鬼の観念に影響されているところが大きいようである。

モノの作用だったり、その具体的なあらわれとしての病気だったりしたモノノケは、やがてそれを引き起こすところの原因そのものに転換してゆく。もちろん、おなじモノやモノノケでも、漢字表記する場合、その性格や働きの違いによって、鬼・霊・邪霊・鬼気・霊気・邪気《ざけ・じゃき》などと書き分けられている。

霊は、固有名詞をもち霊格をそなえている点で、鬼やモノノケ一般と区別される。憑く霊と憑かれる人との間には、はっきりした因果関係がある。邪気は、モノノケの一般的・包括的な呼称で、その正体を特定できない場合や特定する必要のない場合に用いられる。これにたいし鬼は疫鬼であり、鬼とそれに憑かれる人間との関係は偶然的であった(森(正)、一九九二)。

馬場あき子氏が、鬼について、異形《いぎょう》のもの、形をなさぬ感覚的な存在や力、神と対をなす力をもつもの、辺土異邦の人、天皇の葬列を凝視するもの、死の国へみちびく力という六つの形があることを指摘するように(馬場、一九七一)、鬼の範疇に属するものは複雑多岐にわたり、時代的にも変化がみられる。そのため、内容を規定するのは容易ではないが、歴史学的にみたとき、鬼の最も重要な内容は間違いなく、病をもたらす疫鬼という側面になるだろう。

ところで、前近代の都市は、巨大な人口調節装置といわれる。人びとのたえざる接触と劣悪な居住環境・衛生状態により、しばしば疫病が荒れ狂い、農村からの流入によってふくれあがった人口が劇的に減少するからである。平安京・京都も事情は同じで、このため王権と皇都を疫神の脅威から守り、清浄・安寧を確保するためさまざまな試みがあった。

疫病が流行し始めると、国境や辻・橋・門などの境界で、疫鬼の侵入を阻止する祭祀が行われた。境界はこちらとあちら二つの空間をつなぐ通路であり、同時に遮断するところだからである。そこには、都市住人の生活圏の外と、鬼の住む異界とが重ね合わされてイメージされている。

宮城や平安京にいたる路上の各所で行われる祭を総称し、「都城の道切りの祭」と呼びたい。四堺祭《しかいさい》もその一つである。すなわち、東海道をはじめ都に通じる大道が山城国に入ろうとする四つの地点、逢坂《おうさか》・大枝・山崎・和迩《わに》(龍華《りゅうげ》)の各境で、夜半外界より侵入してくる疫鬼を迎え、これを饗応、ついで退散を強要する。しかも、当時は疫病が主に西から流行して来、かつ西北が悪霊の起こす気持ちの悪い風の吹いてくる不吉な方角と考えられていた。そのため、山陰道が通る丹波・山城国境の大枝山(大江山、京都市と亀岡市の境、現在の老ノ坂)が、四堺祭で最も重要な祭場となった(本書第一章参照)。

鬼は、また宮中の追儺《ついな》(鬼遣《や》らい)や寺院の修正会《しゅしょうえ》の追儺式に登場する。宮中の追儺は大陸の大儺《だいだ》に発し、大晦日の行事として行われ、姿無き鬼を、四つ目の黄金仮面をかぶった方相氏《ほうそうし》が追う、という形式で始まった。追儺は、目に見えない悪しきスピリット(鬼)を万人の見える姿にするというシステムで(田中、一九九四)、鬼を顕在化させ、それを追うことで悪魔払いを遂行、吉祥を発生させようとしたのである。時代が降るに従って、鬼を追う方相氏自身が鬼と見なされて追われる転換が起こったのも、見えないことへの人びとの不安感に起因する(小松、一九八八)。

一方、修正会は、平安中期以降仏教寺院で行われるようになった歳始め行事である。それが院政期に入ると、結願の夜、追儺式を行うものが現れた。この儀礼の核心は、猿楽呪師《しゅし》の扮する竜天・毘沙門天の所作に応じ、参列者が牛王杖《ごおうづえ》で鬼を追い廻して打つ「鬼走り」である。竜天は天竜八部衆のことで、毘沙門天ともども仏法の守護神であるから、三者の所作は、鬼が象徴する障碍《しょうがい》・穢悪《えあく》を打ち払うことを意味する。これにより、年頭の浄化と再生を祈る修正会のねらいが実現されると考えた。

四堺祭における さまざまな呪的行為も、モノノケのモノを見えない霊的存在から、形象化され実体感のある鬼へと転化させる契機である。この種の祭儀は、疫病発生の原因を示し、それを操作・追却する必要から、対象の実在化・可視化を求めずにはおかないからである。

こうして、たとえば「面は朱の色にて、円座《わらふだ》(ざぶとんの類)の如く広くして、目一つ有り。長《たけ》は九尺許《ばかり》にて、手の指三つ有り、爪は五寸許にて刀の様也。色は緑青《ろくしょう》の色にて、目は琥珀の様也。頭の髪は蓬《よもぎ》の如く乱れて、見るに、心・肝《きも》惑ひ、恐ろしき事无限《かぎりな》し」(『今昔物語集』巻二七―一三)といった鬼の形象が生まれる。しかし、これはまだ、鉄棒をもち牛の角をつけ、腰に虎の皮をまとう姿にはほど遠い。彼らが我々になじみ深い形姿に接近するにあたっては、地獄の獄卒の牛頭《ごず》・馬頭《めず》をはじめ、仏教やヒンズー教の神話や美術の影響が作用しているらしい。

仏典も、鬼のイメージに複雑さと恐怖をもたらしている要素で、鬼として竜・夜叉《やしゃ》・羅刹《らせつ》・阿修羅《あしゅら》・鳩槃荼《くばんだ》・餓鬼・毘舎遮《びしゃしゃ》などのデーモンがあげられている。鬼の属性として食人がいわれるのは、人を捕らえたり食ったりする夜叉・羅刹のそれが投影されているからであろう。また、仏典の鬼霊《きりょう》が非人と漢訳されたため、障害を負った中世の被差別民(非人)の身体的不幸に、夜叉や天竜・鬼霊などの奇怪で醜悪な表象が重ね合わされたりもしたらしい(黒田、一九七五)。

さらに、鬼が怨霊(御霊)の観念を内包していたことが、鬼と雷神の結びつきをつくりだした(鬼の雷神・水神としての面については、近藤、一九六六が示唆的である。本書第三章参照)。雷神が仏教の鬼の姿で画かれた早い例は、院政期平泉中尊寺の「最勝王経十界宝塔曼陀羅」(重要文化財)に見える図像であるが、九三〇年の清涼殿への落雷、雷死者の発生が、菅原道真の怨霊の働きと考えられて以来、雷神は怨霊とみなされていた。

そして雷電神は、鎌倉後期の大祓《おおはらえ》の祝詞《のりと》の古注釈に、「高津神の災、霹靂《へきれき》神の祟なり、すなはち雷電神の怪なり」、「高津鳥《かんづとん》の災、鳥類の怪なり」などとあるように、高津鳥と同一実体と考えられていた(『中臣祓訓解』)。雷神を鳥類のイメージで理解するのはこれまた外来の観念で、中国では雷公(雷神)は、鳥のくちばし、翼、また鳥の足と爪をもっており、具体的には鶏の姿をとる(本書第一章〈**補説2**〉、百田、一九九二)。

異界の住人で見えないはずの鬼が、一旦実体化され視覚化されはじめると、日常は隠れ笠、隠れ蓑を着ていると考えられるようになった。平安末期になり隠れ笠や隠れ蓑が鬼の持ち物とされたのは、このためである。ちなみに、もう一つの鬼の持ち物たる打出の小槌は、病人が頭痛腰痛などに悩まされるのを、鬼が姿を隠して小槌で打つと考えたことからきている(『今昔物語集』巻一六―三二)。

かくて、見えるようになった鬼は、同時に見えないがゆえの、えたいのしれぬ凶暴な恐怖から、輪郭を限定された類型的な恐怖へと転換し、やがて恐怖を表象する力を大幅に失ったただの妖怪へと転落してゆく。

二、天狗の諸相

天狗といえば、鼻高の赤い面に羽をつけ、高下駄をはいて空を飛ぶ姿を連想する。その姿は、修験道の山伏とのかかわりがあるのだが、鬼同様、初めから右の姿だったわけではない(天狗については、知切、一九七三。岡見、一九七八が包括的な考察である)。

天狗の登場は、『日本書紀』に、雷のような音を立てて流れる星にたいし、旻《みん》法師が流星ではない、天狗《あまぎつね》でその吠える声が雷に似ているだけだ、と言っているのが早い（舒明天皇九年春二月条）。旻の発言の背後には、彼が留学した中国における天狗の理解が揺曳しているようで、『史記』天官書や『漢書』天文志などには、天狗は、音を出して流れる一種の彗星で、地に下って狗（小犬）に類すとされており、一方では狸のようなものとも見なされている（『山海経《せんがいきょう》』西海経）。

その後しばらく天狗の記事は見当たらず、九一〇年代に成立した『本朝月令《ほんちょうがつりょう》』の逸文に、『月旧記』なる書を引用し、正月一五日は黄帝が蚩《し》尤《ゆう》を殺した日で、蚩尤の首は空にのぼって天狗となり、その身は伏して地霊になったとある。蚩尤は、中国神話で黄帝に謀反した英雄である。謀反に破れた蚩尤は怨霊神と化し、病を流行らせると考えられていた（本書第一章参照）。そのためこの日の深夜、小豆粥《あずきがゆ》を煮て天狗（蚩尤）を祭り、粥が固まってから東を向いて礼拝・長跪して食べると、病気が避けられるという。ここでは天狗は、鬼同様、病をはやらす怨霊と認識されている。

その後、『宇津保物語』に、山中での琴の調べを天狗の仕業かとし（俊蔭）、『源氏物語』では、欺いて浮舟を連れ去ったものは天狗・木霊《こだま》のようなものだとしている（夢浮橋）。天狗は山中での怪異な現象、または人をまどわす存在と思われる。

鬼の全盛期が摂関期以前であるとすれば、天狗が世を騒がすようになるのは院政期に入ってからである。そこでもやはり怨霊または一種の憑き物で、同じ対象が史料によって「天狐」または「天狗」とされている(「相応和尚伝」、『拾遺往生伝』下)。天狐は曇法師の天狗と同じくアマギツネと訓ずる。染殿后にとりついた「物の気」を「一の老狐」とする『今昔物語集』の記述もこれと関連あるかも知れない(巻二〇―七。なお、この説話には別に「鬼」＝「天宮《てんぐ》」も登場する)。

　同じころ、天狗は鳥の姿をとるという観念が広まった。多くは鳶《とび》で「鳶は天狗の乗物」という理解もあった(『源平盛衰記』巻四　京中焼失)。天狗が鳥の姿をとったのは、それが御霊類似のもので、御霊が雷神＝鳥類と考えられたこと、アマギツネとも訓まれ空中を飛翔するイメージがあったからであろう。鳥類型天狗、いわゆる烏天狗《からすてんぐ》の姿はここからきている。六字神呪経《ろくじじんしゅきょう》・聖観音経《しょうかんのんきょう》によって調伏・息災を祈る六字法という修法《しゅほう》では、「天狐」・「人狐」・「地狐」の三狐を紙で作り、小土器に入れて蓋をし脇机におく。この「地狐」は狐の姿だが、「天狐」は鳶の形をしている(『別尊雑記』)(田中、一九九二)。狐と鳶はどうやら奥深いところでつながっているらしい。

　天狗の住まいとして知られるのが、京都の西北、丹波との境にある愛宕山である。久寿二年(一一五五)、左大臣藤原頼長が、近衛天皇を呪詛するため、愛宕山の「天公」像の目に釘を打ったと噂をたてられ、失脚する事件が起こるが、このとき、頼長は「禅閤(忠実)および余、ただ愛宕護山天公の飛行《ひぎょう》を知って、いまだ愛宕護山に天公の像あるを知らず」と日記に書きとどめている(『台記』同年八月二七日条)。ふつうはこの「天公」

鼓《てんく》をテングとするけれど、テンコウとも読める。後者なら天子や天帝をさし、天公が天の当て字なら天上に鳴るつづみ、すなわち雷の意味である。

じつは、京都は全国的にみても雷の多いところで、とくに西北の丹波山地で発生し、南東にすすみ京都市内に入ってくる熱界雷を、俗に「丹波太郎」と呼ぶ。これが愛宕山を越えてくる突然の黒雲の正体で、山頂近くの愛宕神社若宮(奥の御前)に雷神が祀られているゆえんでもある。都人からみて気持ちの悪い西北の方角にあり、かつ雷の飛来し来る方角である愛宕山が、天狗ゆかりの地であるのは自然のことであった。

以上から明らかなように、鬼と天狗は重なりあう部分が多い。しかし、院政期の天狗は、とりわけ仏法に障碍《しょうがい》をなすものとして特徴づけられる。霊鬼の非仏法性にたいし、天狗は反仏法性が濃厚なのである。『今昔物語集』の構成で、天狗の話が仏法部の巻二〇に配され、鬼・霊・精などその他の超自然的存在が、世俗部の「霊鬼」と題される巻二七に収録されているのは、そのためである(森(正)、一九八六)。

『今昔物語集』に登場する天狗は、徳行の僧に術をかけようとしてさんざんな目にあったり、人々の前で奇瑞を現し、あるいは極楽からの来迎《らいごう》の様を見せて智恵なき聖《ひじり》をたぶらかすといったもので、賢い人はこれを見破り、正体を暴かれた天狗は糞鳶(ノスリ)の姿となっている。このほか、法師が天狗を祭ったり、邪執を抱いた僧が天狗になったりといった話が紹介されている。東寺の千攀《せんぱん》が寛朝に権大僧都を超越せられたことを怒り、「天狐」の相形を現したとか(『血脈類集記』)、良源が天狗となった(『康頼宝物集』下一一二)などの類である。

仏法と天狗の対立に立脚するこうした観念は、天狗が仏法の創始者たる釈迦の成道《じょうどう》を妨げようとした天魔と同様の存在とされたり(『十訓抄《じっきんしょう》』一—八)、日本の天狗道の始まりが、本朝仏法の創始者たる聖徳太子の時代と考えられていたらしいこととも、呼応しあっている(森(正)、一九八六)。

前者に関連し、文治元年(一一八五)一一月、頼朝追討のため挙兵した源義経・行家がほどなく没落すると、両名に追討の院宣を与えた後白河法皇は、その政治責任を回避するため、近習の高階泰経に「謀反の事、天魔の所為」と弁解させる。これにたいし、頼朝は「天魔は、仏法のため妨げをなし、人倫において煩ひを致すなり。(中略)日本国第一の大天狗は、さらに他の者にあらず候ふか」と法皇を痛罵している(『玉葉』同年同月二六日条)。ここでは、天狗が天魔と同一視されている。天魔は欲界の最高所、第六天《だいろくてん》(他化自在天)にいる魔王のことで、名を波旬《はじゅん》という。仏や修行者にたいしてさまざまな悪事をなし、人が善事を行おうとすると、それを妨げる魔王である。

院政期にはさらに、名利をむさぼる我執・傲慢の僧が、死後転生する世界として、天狗道(魔界)が想定されるようになった。後世高慢な人物を、広く天狗と称するようになったのは、これに由来する。

かかる天狗観を切迫した口調で述べているのが、永仁四年(一二九六)作の『天狗草紙』である。そこでは、国家による仏法擁護の結果、僧侶たちに我執が深まったとし、こうした偏執・驕慢の類は天魔外《げ》道《どう》の伴侶であり、天狗の七類を現すとしている。天狗の七類とは、興福寺・東大寺・延暦寺・園城寺《おんじょうじ》(三井寺)・東寺・山伏・遁世の僧徒である。この絵巻の力点は、諸大寺の大衆、顕密の高僧が多く天狗道に堕ちたことを非難し、さらに台頭し始めた一遍の時宗、禅宗の徒の行状を批判的に描くところにあった。『今昔物語集』の天狗は、高僧には敵対し得ないものとして描かれているが、『天狗草紙』では、顕密の高僧こそ争って天狗になるといい、しかも天狗たちは世を乱すためいよいよ邪見の法を広げてゆくとされる。

そのほか、天狗の好むものとして、「はたゝがみ(激しい雷)、いなづま、にわかせうもう(焼亡)、つじかぜ(辻風)」などがあげられており、自然変異や天災も天狗のもたらす一種の「人災」であることが主張される。そういえば安元三年(一一七七)、治承二年(一一七八)と二度にわたって京都をみまった大火を、世人は太郎焼亡、次郎焼亡と号したが(『清獬眼抄《せいかいがんしょう》』)、愛宕山の太郎坊天狗と、もう一つの天狗の拠点である比良山の次郎坊天狗の仕業、と考えられていた可能性が高い。

『天狗草紙』に示されている見解はたんなる妄想ではない。そこにあるのは、頻発する寺院大衆の無道な強訴や、名利を求め驕慢をもっぱらにする高僧たちのうごめきは、仏法の堕落・退廃の端的な現れであって、寺社勢力の存立を危うくする、さらに「王法仏法相依」の伝統的政治構造のなかでは、王法すなわち俗界の支配体制にも危機をもたらさざるを得ない、という主張である(原田、一九九四)。そして、天狗の跳梁は、まさに右の危機進行の真の原因であると、倒錯して信じられていたのである。

こうして、王朝の鬼が、疫病の流行という形で、いわば外から体制に打撃を与えるのにたいし、天狗は体制を内部から瓦解させる要素として恐れられていた。われわれには理解しにくいことだが、鎌倉後期にあって天狗の跳梁は、斜陽に立つ公家・寺社勢力の危機の集中的表現であった。

『天狗草紙』以外では、当時の天狗理解を伝える史料として、「比良山古人霊託」が注目される(『諸寺縁起集』)。これは、延応元年(一二三九)五月下旬、前摂政九条道家が病に倒れた時、比良山の大天狗が、道家邸で、彼の家僕刑部権大輔藤原家盛の妻にのりうつって霊託を下し、おりから加持護身のため駆けつけていた道家の兄慶政と問答が繰り返された、その希有の記録である。

深夜三度にわたる問答で、大天狗は、道家の病は同年隠岐島で没した後鳥羽院の霊気によって起こったこと、後鳥羽院は天狗というよりむしろ毒蛇であるが、崇徳院や長厳・仁慶・承円・法円などの天狗が与力していることなどを語り、続けて天狗界のさまざまな情報が伝えられている。

そこには比良の大天狗の霊託の形で、天狗の本質を、回向《えこう》を求める一種の亡魂と見る、おそらくはもっとも日常的で土俗的な理解が示されているとともに、慈円や九条兼実など驕慢の僧俗が天狗道に堕ちたという、『天狗草紙』的な天狗観も披瀝されている。また法然など専修念仏の輩は無間地獄に堕ち(天狗道は地獄ではなく、悪魔の世界とはいえまだ天上界の一部であった(細川、一九九三))、慶政の師で法然を厳しく批判した高山寺の明恵《みょうえ》が、弥勒菩薩のいる都率天《とそつてん》の内院に生まれ変わったという他界情報など、記録者慶政個人の思想的立場が透けて見える部分もある(慶政については平林、一九七〇が詳しい)。

三、鬼・天狗と山中他界

世を乱し、戦乱や権力闘争を企み、人に災いを及ぼすという天狗にたいする理解は、引き続く『太平記』の世界において一段と華々しく展開してゆくが、それに先行・並行して鎌倉時代以降、修験道の山伏と天狗の間に親縁関係を見る風潮が生じた。

これは、山中は死者の魂の行き着く先であり、その山中他界に踏みこみ、亡魂と交信し、救済にあたるものが山伏である、という当時の社会通念と深い関係がある(和歌森、一九八〇)。天狗の本質が亡魂や死霊である以上、山と天狗、天狗と山伏は当然密接なつながりを有している。

平安時代、天狗が山中で怪異現象を起こす、とみなされていたことについては先に触れたが、中世でも、山中で大木の倒れる音がし、多数の笑い声がどっと起こるが、行ってみると何事もないという、いわゆる「天狗倒し」「天狗笑い」の現象のあったことが伝えられている（『平家物語』巻五 物怪之沙汰）。またどこからともなく大小の小石が飛んでくるのを「天狗つぶて」とよぶが、飛礫と山伏の関係も深い（網野、一九八六。丹生谷、一九八六）。

天狗の本拠とされる愛宕山・比良山は、比叡山・伊吹山・神峰山《かぶさん》・金峰山《きんぷせん》・葛城山とならんで、平安期から修験の山伏たちの集う山岳霊場、修験の道場と認められていた。「愛宕の聖」の名も早くから文献に見える（『源氏物語』東屋）。

このように、人智で測り難い力を有し世を惑わすとされる天狗が、深山幽谷を自在に踏破し、特異な姿で世人に呪法を示す山伏と相通ずるかのごとく畏怖され、さらには天狗が山伏に憑き、これを動かして世人を愚弄するのだという幻覚も現れた。「日本ノ天狗ハ山臥《やまぶし》ノ如シ」とは鎌倉後期の無住の言葉だが（『聖財集』中）、ここに兜巾《ときん》・篠懸《すずかけ》の山伏型天狗が出現する。

いい遅れたが、天狗も超自然的な霊だから本来姿が見えないはずである。後世、天狗の隠れ蓑ということがいわれるようになるのは、鬼同様ビジュアルな形象が与えられたことの結果である。

天狗全盛の鎌倉後期・南北朝期には、鬼もまた、独自な展開を見せつつあった。従来の疫鬼としての鬼が、排外思想の対象としての国家領域外の民や、平将門・蚩尤など挫折した謀反人のイメージと結びつき、さらに仏法に仇なす第六天の魔王であるとの認識も生じた。鬼も死魂であったから、彼らの住む異界は山中、さらに「山のあなた」の王威をないがしろにする美麗・豪奢な鬼が城(他界中の王城)となった。

寺社勢力の自壊要因、体制内矛盾の表現としての天狗は、一応解脱《げだつ》・得脱《とくだつ》可能な存在、むしろ「魔仏一如《まふついちにょ》」など天台本覚《ほんがく》思想の論理を借りてでも、なんとか得脱(すなわち体制の危機の解消)させねばならない存在だった。だが異界・冥界の住人(体制外にあり体制否定者)である鬼はそうではない。鬼は退治するしかない。仏敵になったが故に、鬼退治は護法の神としての毘沙門天(四天王)の仕事であり、山中他界だからこそ鬼が城に向かうのも、山伏姿でなければならなかった。

中世には、こうした錯綜する要素と観念をとりこんで、いくつかの鬼退治物語が作られた。その代表が、丹後大江山に住まいして都に災いをなす鬼王を、源頼光と郎等の四天王が退治するという酒呑童子《しゅてんどうじ》説話である。この説話の成立は一四世紀中葉の南北朝期であるけれど、下敷きの記憶となったのは、すでにみた、平安期以来の都の度重なる疫病流行と、丹波・山城境の大枝山で繰り返された四堺祭であった。

酒呑童子の鬼が城が、丹波・山城境の大枝山から、冥界と仙境の統一としての竜宮の性格を帯び、かつ修験の霊場でもある丹後・丹波境の大江山(現京都府福知山市の千丈ヶ嶽)となったことには、しかるべき理由がある。詳しくは本書本編を参照されたい。


【参考・参照文献一覧】

網野善彦「中世の飛礫について」同『異形の王権』平凡社、一九八六年。

出石誠彦「鬼神考」同『支那神話伝説の研究』中央公論社、一九四三年。

岡見正雄「天狗説話展望――天狗草紙の周辺」『新修日本絵巻物全集27　天狗草紙　是害坊絵』角川書店、一九七八年。

黒田俊雄「中世の身分制と卑賤観念」同『日本中世の国家と宗教』岩波書店、一九七五年。

小松和彦『日本の呪い』光文社、一九八八年。

近藤喜博『日本の鬼――日本文化探求の視角』桜楓社、一九六六年。

田中貴子「鬼にとりつかれた〈悪女〉」同『〈悪女〉論』紀伊国屋書店、一九九二年。『百鬼夜行の見える都市』新潮社、一九九四年。

知切光蔵『天狗考』上　壽書房、一九七三年。

丹生谷哲一「山伏ツブテと大黒ツブテ」同『検非違使　中世のけがれと権力』平凡社、一九八六年。

馬場あき子『鬼の研究』三一書房、一九七一年。

原田正俊「天狗草紙を読む」『歴史を読みなおす5　大仏と鬼』朝日新聞社、一九九四年。

平林盛得「慶政上人伝考補遺」『国語と国文学』昭和四五年六月号、一九七〇。

細川涼一「第六天魔王と解脱房貞慶」同『逸脱の日本中世――狂気・倒錯・魔の世界』JICC出版局、一九九三年。

百田弥栄子「華麗に成熟した龍」『アジアの龍蛇　造形と象徴』雄山閣出版、一九九二年。

森正人「天狗と仏法」同『今昔物語集の生成』和泉書院、一九八六年。

「モノノケ・モノサトシ・物恠・恠異」『国語国文学研究』二七号、一九九一年。

森三樹三郎『中国古代神話』大雅堂、一九四四年。

和歌森太郎「山と鬼」『和歌森太郎著作集　第二巻』弘文堂、一九八〇年。

『酒呑童子の誕生――もうひとつの日本文化』は、一九九二年六月に中公新書として、二〇〇五年一二月に中公文庫として、それぞれ刊行された。岩波現代文庫への収録に際し、中公文庫版を底本に「〈補説3〉描かれたモノノケ」「【付録2】鬼と天狗」を加え、書名を『定本 酒呑童子の誕生――もうひとつの日本文化』とした。

索　引

あ 行

足利義満　164, 246, 252
安倍晴明　2, 8, 24, 25, 78, 90, 150, 153, 282, 284, 292
天の橋立　46, 47, 162, 164-166, 188, 247
和泉式部　47, 240
一条天皇　78, 103, 105, 133, 190, 191, 220, 230, 252, 278, 281, 292
一条戻橋　2, 6-9, 14, 16, 36, 216
市原野　2, 10, 102, 216
「斎明神縁起」　167, 171, 183
夷狄　222, 232, 237, 240
伊吹千町ヶ嶽　81, 82, 125, 202, 205, 213
「伊吹童子」　200, 204
伊吹弥三郎　197-200, 202, 204-206, 244
伊吹山　81, 91, 125, 149, 196, 197, 199-203, 206, 208, 243, 309
岩穴　78, 81, 125, 128, 131, 136, 149, 244, 245, 284
浦島太郎　132, 162
疫神　3, 9, 14, 16, 17, 20, 25, 26, 30, 58, 70, 76, 98, 100, 102, 108, 115, 116, 124, 146, 152, 153, 172, 223, 228, 246, 298
　—祭　14, 16, 17, 20, 25
疫病(疫癘)　3, 9, 18, 23, 24, 25, 28, 39, 44, 54, 58, 67, 70, 76, 99, 101, 124, 153, 160, 161, 186, 201, 212, 229, 230, 296-299, 307
絵解法師　183, 184
疫鬼　3, 22, 24, 29, 30, 37, 58, 69, 97, 100, 146, 160, 186, 222, 224, 297, 298, 310
遠藤渡辺氏　191, 212, 218, 227, 251
「円頓寺惣門再興勧進状」　167, 182
延暦寺　129, 172, 191, 232, 234, 236, 292, 306
老ノ坂　11, 46-50, 52, 76, 160, 174, 212, 243, 244, 298
逢坂(逢坂境・逢坂山)　10, 12, 21, 28-30, 55, 298
応神天皇　27, 231
黄檗宗　110, 111, 118, 119
欧陽紇　83-85, 93, 95
大索　54-56
大枝(大枝境・大枝山・大江山)　11, 12, 23, 26, 28, 34, 46-51, 55, 58, 63, 64, 66-68, 76, 97, 100, 102, 103, 105, 160, 196, 200-202, 212, 230, 238-240, 242, 243, 298, 310
大江御厨　214, 220, 251
大江山　2, 11, 24, 25, 27, 46-48, 51-54, 70, 76, 78-80, 91, 96, 125, 131, 148, 149, 160, 165, 166, 181, 189, 191, 196, 197, 200-202, 205, 220, 243, 275, 282, 283, 287, 292-

294, 310, 311
「大江山(酒天童子)」(能本)　11, 46, 47, 127, 149, 196, 197, 201, 210
『大江山絵詞』(逸本・香取本)　11, 24, 27, 48, 77, 81-83, 85-87, 90, 92, 96, 98, 102, 103, 125-128, 130, 131, 133, 135, 137, 138, 140, 141, 144, 145, 147-149, 160, 164, 166, 167, 172, 189-191, 196, 197, 199-201, 205, 207, 210, 213, 220, 226, 227, 235, 240-242, 244-247, 252, 269-272, 275, 278, 280
『大江山酒顚童子絵詞』　274, 293
大祓　15-18, 25, 28, 36, 62, 65, 300
鬼(オニ)　(略)
鬼が城　81, 91, 125, 127, 128, 130-132, 135, 138, 140, 144, 147-149, 151, 160, 162, 165, 166, 169, 174, 180, 189, 196, 197, 200, 202, 206, 208, 210, 213, 235, 236, 238, 243-245, 277, 283, 285, 288, 289, 310
鬼退治　2, 36, 53, 63, 70, 81, 82, 125, 129, 131, 133, 140, 144, 146, 147, 160, 164, 167, 169, 171, 172, 176, 177, 182, 184, 191, 199, 207, 212, 213, 220, 221, 224, 226, 229, 232, 235, 237-239, 244, 277, 278, 310
陰陽師　2, 8, 18, 20, 21, 35, 59, 60, 62, 90, 150, 151
陰陽寮　3, 12, 16, 17, 19, 20, 25
陰陽五行　131, 135, 137, 139, 150, 161
怨霊神　30, 37, 44, 63, 98, 99, 133, 153, 197, 296, 300, 302

か 行

貝原益軒　11, 50, 52, 83, 124
隠れ蓑　20, 72, 73, 141, 199, 244, 301, 309
画鶏　58-60
河童　135, 138, 139
香取神社(大宮司家・大禰宜家)　77, 270, 275, 281
勧進聖　183, 184, 187-189
桓武天皇　78, 82, 96, 286
鬼一法眼　8-10
鬼王　24, 25, 78-80, 82, 98, 125, 131, 145, 148, 158, 227, 235, 282-285, 290, 291, 293, 294, 310
記家　236, 237
鬼神　3, 21, 23, 24, 27, 37, 58, 63, 76, 96-98, 100, 102, 103, 105, 108, 167, 169, 172, 180, 186, 187, 191, 200, 212, 223, 226, 228, 230, 238, 241, 242, 282, 293
鬼同丸　2, 10, 102, 215-217
鬼魅　13, 35
境界　4-6, 8-10, 12, 14, 17, 23, 28, 30, 38, 40, 62, 100, 116, 131, 136, 151, 298
キヨメ　15, 33
公時(下毛野，金時・金太郎)　51, 80, 82, 135, 145, 191, 217, 221, 229, 277, 282, 291, 292
空海(弘法大師)　82, 205, 207
久那斗　13
首塚　11, 50-52
熊野　7, 27, 78, 80, 151, 165, 207,

210, 227, 282, 292
蔵人所　20, 30, 31, 215
刑場　10, 11
『渓嵐拾葉集』　133, 137, 234
ケガレ　5, 13, 15-18, 32-36, 56, 60, 62, 98, 146, 152, 153, 220
検非違使　30, 33, 50, 55
源姓渡辺氏　214, 215, 218, 219, 226, 227, 251
『古今著聞集』　2, 33, 102, 215, 217
『古事記』　176, 184, 203
五条渡　6, 9
国家領域外の民　98, 186, 228, 310
『今昔物語集』　2, 9, 21, 29, 50, 73, 119, 135, 149, 177, 184, 187, 217, 219, 220, 299, 301, 303, 304, 306

さ 行

最澄(伝教大師)　78, 82, 129, 190, 205, 207, 234, 235, 286
『西遊記』　88, 96, 104
塞の神(道祖神)　5, 9, 12, 13, 29, 30, 62
坂　5, 6, 29, 49, 51
逆髪　29, 30
佐々木信綱　198, 199
佐々木頼綱　197-199
貞道(平，貞通・忠道・忠通)　191, 217, 219, 221, 224, 282, 292
山陰道　11, 25, 26, 46, 48, 66, 67, 76, 124, 160, 161, 165, 298
三韓征伐　27, 228, 231
『三国伝記』　165, 197, 198, 200, 202, 203, 205, 206
三途の川　126, 127, 245
山賊　52-55, 124
四堺祭　12, 20-22, 30, 31, 38, 40, 52, 54, 58, 61, 63, 66, 76, 124, 212, 220, 298, 299, 310
四角四堺祭　12, 16, 17, 19, 22, 23, 28, 33, 212
四角祭　12, 16, 20, 31
獅子王の兜　82, 140, 144-146
四天王　2, 33, 36, 78, 91, 98, 103, 104, 178, 179, 190, 191, 213, 214, 216, 217, 220-225, 227, 238, 242, 282, 310
四天王寺　178, 191, 225-227, 236, 238
四方四季　128, 131
蚩尤　97-105, 202, 241, 302, 310
周縁　4, 9, 10, 128, 136
『重修本草綱目啓蒙』　109-111, 118
酒呑童子　(略)
「酒呑童子」(『御伽草子』，渋川板)　11, 91, 103, 105, 125, 160, 196, 197
『酒伝童子絵巻』(サ本・古法眼本)　11, 77, 80, 81-83, 85, 86, 90, 92, 98, 103-105, 125, 130, 131, 140, 144-147, 149, 166, 190, 196, 197, 199, 200, 205, 207, 210, 213, 220, 229, 241, 244, 245, 247, 277, 278
「酒天童子物語」　241, 270, 272
猩々　27, 76, 77, 85-87, 97, 108-111, 113-119, 121, 122, 139, 140
紫陽真君　89, 90
聖徳太子　177-181, 184-187, 190, 191, 204, 205, 225-227, 229, 230,

235, 236, 240, 305
『聖徳太子伝記』(醍醐寺本,『正法輪蔵』系乙類)　179, 180, 190
『聖徳太子伝暦』　178, 179
菖蒲兜　145
『正法輪蔵』　179, 180, 185, 189, 191, 229, 230
声聞師　142, 150, 151, 153
新羅　25, 27, 186, 187, 228, 230, 231
──征伐　229, 230, 240
神祇官　12, 15, 25
神功皇后　27, 130, 228, 230, 231
賑給　18, 25, 54, 55
深有　205-207
「申陽洞記」　88, 93, 94
水神　68, 133, 135, 137-139, 145, 149, 152, 153, 164, 172, 174, 202-204, 207, 246, 300
『隋天台智者大師別伝』　233, 243, 244
季武(平)　2, 191, 217, 221, 224, 282, 292
住吉　27, 28, 34, 78, 80, 81, 148, 207, 210, 227-232, 238-240, 251, 272, 274, 275, 282, 292, 294
「清園寺縁起」　167, 171, 172, 177, 182, 189
斉天大聖　89-91, 95, 96, 104, 105, 139, 238, 240
『清平山堂話本』　88, 91, 93
西北　24-26, 55, 66, 67, 76, 102, 131, 160, 161, 169, 201, 282, 298, 303, 304
摂津源氏　35, 214, 217, 219, 239
摂津渡辺　2, 34, 36, 191, 219, 225, 251
蟬丸　28-30
仙境　128-132, 136, 153, 162, 165, 202, 234, 236, 245, 246, 310
千丈ヶ嶽　11, 46, 48, 160, 165, 166, 174, 175, 189, 202, 247, 311
『剪燈新話』　94
早尾権現　148, 289
孫悟空　96, 97, 104

た 行

『太平広記』　85, 92-94, 139, 235
当麻寺　184-187, 189
当麻王　176, 177, 186
滝口　20, 30, 31, 33, 55, 56, 63, 214, 215, 220
竜頭・緋おどしの兜　92, 144-146, 274, 275, 293
手向け　6, 49
『丹後風土記残欠』　175, 176
チマタ　5, 8, 13, 14, 16
中世日本紀　204
「陳巡検梅嶺失妻記」　88, 90-93, 95, 96, 102, 110, 139, 235, 240
追儺　13, 37, 221, 222, 240, 298, 299
辻　5-8, 116, 118, 298
土蜘蛛　174-177, 184
綱(渡辺)　2, 33, 35, 63, 80, 82, 98, 145, 191, 213, 214, 216-221, 224, 226, 229, 239, 282, 285, 286, 291, 292
天狗　47, 150, 151, 301-310
「等楽寺縁起」　167, 171, 179, 180,

183, 188
峠　5, 6, 48, 49, 165
唐人　79, 80, 82, 148, 246, 247, 251, 254, 278, 289, 290, 294
東北　9, 26, 30, 190, 201, 202, 234, 235
所衆　20, 31-33
都城の道切りの祭　14, 18, 25, 38, 76, 212, 298

な 行

長尾寺　203, 205-207
七瀬祓　15, 17, 23, 34
鶏　21, 22, 58-62, 64-66, 68, 301

は 行

白猿　84-86, 89, 90, 95, 97, 102, 108, 234, 235, 237
白猿伝説　88, 95, 96, 97, 102, 104, 108, 110, 199, 235
橋　5-8, 162, 188
八幡　27, 28, 78, 80, 207, 210, 227, 231, 232, 238, 239, 272, 274, 282, 292-294
祓所　15, 34, 36
日吉　27, 28, 78, 80, 81, 148, 207, 210, 227-230, 232, 236-238, 272, 274, 275, 282, 294
比叡山　78, 82, 148, 149, 190, 205, 207, 232, 234-238, 245, 289, 309
日子坐王　175-177, 184
毘沙門天　190, 191, 203, 220-224, 227, 299, 310
人形　27, 36, 62, 121
琵琶法師　151, 183
武士　31, 37, 54, 56, 63, 147, 214, 225, 229, 239, 251, 282
藤原道長　79, 80, 138, 148, 152, 164, 227, 285, 289, 293
藤原保昌　24, 37, 47, 78-81, 90, 91, 98, 103, 104, 140, 148, 214, 221, 239-242, 246, 252, 274, 275, 277, 278, 282, 284, 286, 287, 289, 292, 293
藤原頼通　137, 138
不動明王　148, 289, 294
『平家物語』剣の巻　214, 217
辟邪　33, 58, 100, 145-147, 224
帽子兜　81, 82, 92, 140-145, 199, 244
疱瘡　12, 25-28, 37, 76, 77, 108, 109, 113-115, 117, 118, 121, 186, 230
『疱瘡心得草』　113, 116
方相氏　37, 222, 240, 299
疱瘡神　26-28, 77, 108, 109, 111, 112, 114, 115, 118, 119
「補江総白猿伝」　83-88, 92, 93, 95, 97, 102, 210, 235, 238, 244

ま 行

麿子親王　160, 166, 167, 169, 171, 174-177, 179, 181-189, 191
道饗祭　12-18, 40, 212
源宛　217, 219
源重　33, 45
源初　33, 36, 217
源頼政　35, 36, 45, 214, 217
源頼光　2, 6, 11, 24, 27, 33, 35-37, 47, 51, 52, 56, 63, 64, 67, 78-82,

86, 90-92, 98, 102-104, 125, 126, 128, 130, 131, 133, 135, 140, 144-148, 151, 160, 190, 191, 199, 205, 206, 210, 212-217, 219-221, 223, 224, 227, 229, 235, 236, 238-242, 244, 246, 252, 272, 274, 275, 277, 278, 282-294, 310
蓑笠　20, 21
蓑帽子　82, 140-144, 244, 288, 289
迎講　187, 188
謀反(謀反人)　98-105, 133, 186, 222, 228, 230, 241, 302, 305, 310
冥界　3, 13, 62, 126, 127, 131, 132, 136, 147, 148, 151, 153, 162, 174, 202, 245, 246, 310
鳴弦(弦打)　31, 32, 35, 220
モノ　3, 5, 23, 44, 58, 69, 74, 212, 295-297, 299
「物語目録」(『看聞日記紙背文書』)　77, 78, 241, 270
モノノケ　3, 4, 23, 32, 33, 35, 37, 58, 60, 62, 63, 67, 69, 70, 72-74, 212, 295-297, 299
鬼気祭　16, 17, 19, 60
物部守屋　178, 181, 191, 225, 226, 240
文殊　68, 162, 163

や 行

山崎　12, 55, 298
山伏　78, 81, 91, 92, 140, 146-151, 227, 237, 283, 285, 287, 292, 293, 301, 306, 308-310
木綿　21, 30, 58, 62
『遊仙窟』　130, 210, 236, 244

ら 行

雷神　37, 63, 64, 66, 68, 133, 135-139, 149, 169, 172, 203, 204, 300, 301, 303, 304
羅城門　6, 9, 10, 14-16
竜王　133, 137, 138, 149, 163, 202-204, 246
竜宮　127, 132, 133, 135, 137, 138, 140, 149, 151, 153, 162, 164-166, 202, 203, 245, 310
六地蔵　38-40

わ 行

『和光同塵利益灌頂』　234, 237
渡辺惣官職　214, 215, 218, 251
渡辺党　33-36, 45, 63, 191, 214-217, 220, 224-227, 229, 232, 236, 238, 239, 251
渡辺翔　33, 215
和迩　12, 55, 298

定本 酒呑童子の誕生 ―― もうひとつの日本文化

2020年9月15日　第1刷発行
2024年11月5日　第2刷発行

著　者　髙橋昌明《たかはしまさあき》

発行者　坂本政謙

発行所　株式会社 岩波書店
〒101-8002 東京都千代田区一ツ橋2-5-5

案内 03-5210-4000　営業部 03-5210-4111
https://www.iwanami.co.jp/

印刷・精興社　製本・中永製本

ISBN 978-4-00-600424-8　Printed in Japan

岩波現代文庫創刊二〇年に際して

二一世紀が始まってからすでに二〇年が経とうとしています。この間のグローバル化の急激な進行は世界のあり方を大きく変えました。世界規模で経済や情報の結びつきが強まるとともに、国境を越えた人の移動は日常の光景となり、今やどこに住んでいても、私たちの暮らしは世界中の様々な出来事と無関係ではいられません。しかし、グローバル化の中で否応なくもたらされる「他者」との出会いや交流は、新たな文化や価値観だけではなく、摩擦や衝突、そしてしばしば憎悪までをも生み出しています。グローバル化にともなう副作用は、その恩恵を遥かにこえていると言わざるを得ません。

今私たちに求められているのは、国内、国外にかかわらず、異なる歴史や経験、文化を持つ「他者」と向き合い、よりよい関係を結び直してゆくための想像力、構想力ではないでしょうか。

新世紀の到来を目前にした二〇〇〇年一月に創刊された岩波現代文庫は、この二〇年を通して、哲学や歴史、経済、自然科学から、小説やエッセイ、ルポルタージュにいたるまで幅広いジャンルの書目を刊行してきました。一〇〇〇点を超える書目には、人類が直面してきた様々な課題と、試行錯誤の営みが刻まれています。読書を通した過去の「他者」との出会いから得られる知識や経験は、私たちがよりよい社会を作り上げてゆくために大きな示唆を与えてくれるはずです。

一冊の本が世界を変える大きな力を持つことを信じ、岩波現代文庫はこれからもさらなるラインナップの充実をめざしてゆきます。

（二〇二〇年一月）